IMPULSE
why we do what we do
without knowing why we do it
Dr. David Lewis

なぜ「つい」やってしまうのか

衝動と自制の科学

デイビッド・ルイス
得重達朗訳

CCCメディアハウス

S.M.へ、愛と感謝を込めて。

「本能が導き、知性はただそれに従うだけである」

——ウィリアム・ジェイムズ『宗教的経験の諸相（上）』（桝田啓三郎訳、岩波書店、1969年）

なぜ「つい」やってしまうのか［目次］

第4章　発達途上の脳　ティーンエイジャーはなぜ衝動的に行動しがちなのか　75

第5章　様々な感覚と衝動性　91

第12章　自制心を鍛えるには　253

はじめに

Introduction

この文章を書いている間にも、わたしの頭が部屋の向こう側からわたしを見つめている。時折、わたしと同じ色の目でまばたきをする。その口は、ときどき静かに開いたり閉じたりする。これは、わたし自身の型を取って製作したものだ。わたしの頭と肩全体に、どろっとした青い樹脂を注いで作った（その間、わたしは鼻の穴にストローを差しこんで呼吸していた）本物そっくりのレプリカである。

そっくりの、とはいっても、1つだけ異なる点があり、それがわたしに厳しい現実を突きつけてくる。自分自身が老いてしまった一方で、10年以上前に作った第2の頭はといえば、まるで立場が逆転した3D版ドリアン・グレイのように若々しいままなのだ（訳注：オスカー・ワイルドの小説『ドリアン・グレイの肖像』では、モデルとなった青年本人は若々しいままで、肖像画の方が年老いていく）。レプリカの方には、いまだにふさふさと髪が生えているのだが――1本1本、手作業で丹念に植えたものだ――それに比べてわたしの髪は急速に薄くなりつつある。レプリカのひたいはスベスベしているのに、わたしのひたいにはシワが寄っている。

さらに重要な違いはといえば、わたしの分身の頭は上の部分が取り外し可能であり、脳を取り出すことができる点だ。実際、人にはよく、レプリカは元々神経心理学を教える際に注意を引き付け、講義の助けとするために作ってもらったものだと説明している。いったいなぜ、あんなへんてこなもののために、そこまでの時間と貴重なお金をなげうったのですか、と聞かれたとき、とりあえずはこのように返答しておくことが多い。

実際のところ、これは不合理でバカげた衝動買いを正当化しているに過ぎない。大概の衝動的な行動と同じく、あのときはいい考えに思われたのだ、と言うほかには、何とも釈明のしようがないような買い物だった。

第2の頭を製作してもらうきっかけとなった衝動は、これまでの衝動の中でも高くついた部類には入る。それでも、人生を大いに変えた衝動というわけでは決してなかった。これまでのところ、そのような衝動は3回訪れている。2つはわたしの人生の道筋を180度変えてしまい、3つ目については第1章で述べるつもりだが、わたしの命を救ってくれた。

人生に変化をもたらす衝動が初めて沸き起こったのは、わたしが21歳の頃、ロンドンのチャリングクロス通りに面した古本屋で立ち読みをしていたときのことだった。

その日、あの奇跡的な瞬間が訪れるまで、わたしの目標は医師の資格を取ることだった。10歳のとき、わたしが生物学に並々ならぬ関心を抱いていることを知っていた両親は、大人が使う本物の実験用顕微鏡を与えてくれた。わたしはそれからの8年間、道路ではねられて死んだ動物の死体から、親切な地元の肉屋からもらった羊の目玉、牛の心臓、豚の脳みそに至るまで、ありとあらゆるものの解剖に空いた時間のほとんどを費やした。

解剖した成果を記録するために、わたしは写真の撮り方を覚え、やがては写真への興味を生かして、地元でニュースとなった出来事を記録するようになった。撮影した写真は地元の新聞社に売り、科学研究用の資金の足しにしていた。そのうち、わたしは医学部に合格し、長らく抱いてきた夢を実現すべく勉強に取りかかった。

医学部の勉強をスタートして18カ月が過ぎた頃、その古本屋を当てもなくぶらぶらしていたわたしの目に偶然飛び込んできた本が、フリート街（訳注：ロンドン中央部のかつての新聞社街）で活躍した最初期の新聞カメラマンであるジャム・ジャルシェの『People I Have Shot（わたしが撮った人々）』だった。ジャルシェの人生の物語にわたしは魅了され、写真への興味は再び燃え上がった。わたしは夜中までその本を読んで過ごし、明くる朝、解剖室内のホルマリンに漬けこんだ動物の脚の前にかがみ込みながら、医学をやめて写真を勉強しようと衝動的に決意した。

翌日の午後、現在ではウエストミンスター大学の一部になっている、当時のリージェント・ストリート・ポリテクニック写真学部の3年制写真課程に出願し、入学を許可された。課程を終えると、わたしはまずパリへと引っ越し、それから再びロンドンへと戻って、『パリ・マッチ』『シュテルン』『オッジ』『ライフ』といった雑誌の報道写真家として働いた。

興味をもって楽しく続けていた仕事だったが、数年後には2度目の進路変更をすることとなる。再び衝動に突き動かされたのだ。

それが沸き起こったのは、1976年12月23日午後4時半きっかりのことだった。その数週間前、雑誌の仕事で臨床心理士に会い、その働きぶりをカメラにおさめる機会があったのだが、これがきっかけとなり、わたしは心理学という魅力的かつ重要な学問に目を向けるようになった。写真エージェンシーのフリート街営業所で1杯の紅茶を飲みながら、わたしは大学に戻り心理学を専攻しようと急に思い立ったのだった。

そのときの衝動は、結果として人生の方向性をすっかり変えてしまい、30年以上たった今もわたしを魅了しつづける職業へと導いてくれた。また、「衝動性」の心理学に長年職業的関心を抱き続けてきたのも、このときの衝動がきっかけである。われわれの人生を変えてしまうことも少なくない思いつきの決断というものを、詳しく知りたいと思ったのだ。

多種多様な面をもつわれわれの行動を理解するためには、衝動について理解することが欠かせない。というのも、われわれの行動の大部分は（第2章で説明するように）衝動で成り立っているからである。われわれはみな、自らを理性的な人間だと捉えがちだ。慎重に熟慮し、よくよく考えた上で行動を起こしていると信じてしまう。しかし、実際のところ、われわれの行動は「思慮深い」ものなどではなく、「思慮をともなわない」ものであるケースの方がずっと多い。論理と理性の所産ではなく、感情に駆り立てられた習慣的反応の所産なのだ。

喜びや怒り、嫉妬や羨《うらや》み、愛や欲望、同情や強欲、憎しみや復讐心に動機づけられているとき、われわれは常に衝動的に考え、話し、行動してしまう。軽はずみな物言いをし、判断を急ぎ、急な決断を下し、結論に飛びつき、盲信し、理性的な分析よりも直感をずっと重んじる。自分のおろかさに気づいてはいても、どうしようもないのだ！　後で自分の衝動的行動を悔やむことがわかっていようが、どうしようもない。

人にはただただ自制心を失う瞬間があり、結果として合わない相手と恋に落ちたり、本当は必要のないものを衝動的に購入したり、向こう見ずな金銭的リスクを負ったり、おいしいチョコレートケーキをおかわりしてウエストを太らせたり、「2、3杯」のつもりが閉店時間まで絶え間なくアルコールを流しこむことになったり、暴飲暴食で健康を害したり、仲間からの圧力に負けて危険ないたずらに加わったりしてしまう。肥満、浪費、望まぬ妊娠、喫煙、心の問題、ぎくしゃくした人間関係、学業不振から大切な人生目標の不達成に至るまで、ほとんどの個人的、社会的問題の根底には衝動の存在があるのだ。

衝動とは何か

科学の中でも、分野によっては「衝動（impulse）」の意味は明確に定まっている。物理学者にとって、衝動（impulse）とは「ごく短時間の間作用し、運動量に変化をもたらす不定量の強い力」を指す。神経学者にとっては、「刺激に反応して神経繊維を伝わる物理的、化学的興奮の波」が衝動（impulse）だ。

驚くべきことに、約1世紀にわたる研究を経た今でも、衝動とはそもそもいかなる意味なのか、なぜ他の人よりはるかに衝動的な人がいるのかについて、心理学者たちの間ではっきりとした意見の一致があるわけではない。定義づけを目指した最初期の試みの1つに、先駆的なアメリカの心理学者ウィリアム・ジェイムズが１８９０年に行ったものがある。ジェイムズは、「衝動とは、たいていの場合強力な欲望と結びついている、つかの間の思いつきである」と述べた。のちの心理学者たちが与えた定義の多くも同じようにぼんやりとしたものであり、時には相互に矛盾することもあった。[1]

第2章では、脳内で働く2種類のまったく異なった思考方式について探究しつつ、わたしなりの衝動の定義を示そうと思う。差し当たり指摘しておきたいのは、先に挙げた定義はどれも

(物理学的であれ生物学的であれ心理学的であれ、はたまた日常語における定義であれ)ある共通の観念を表しているのだということだ。すなわち、何かを動かすという観念である。

衝動(impulse)という単語自体、その由来はラテン語のimpulsusであり、これは「動かす」という意味の単語impellereと関係がある。そして実際、衝動によって人生を動かされることも少なくない。だとすれば、文明のおこり以来ずっと、哲学者や神学者や思想家たちが衝動という存在に魅了されてきたのもうなずける話だ。

歴史の中の衝動

古代ギリシアの医師ヒポクラテスは、紀元前5世紀に衝動的な行動に関する最初の説明の1つを提示した。ヒポクラテスの理論は、人間の人格は黒胆汁と黄胆汁、粘液と血液という4つの体液のバランスで決定されるという考えに基づいていた。憂鬱な人間は黒胆汁が過剰であるのだとされ、無気力な人は粘液が多すぎなのだと考えられた。衝動性の原因としてヒポクラテスが考えていたのは、黄胆汁の過多だった。これによって、怒り——彼はこれをkakia、すなわち感情の悪と呼んだ——から衝動を生じる人格が生まれると考えたのである。逆に、体液中の血液が増えすぎると血の気が多い人格が生じ、aporia——大雑把に訳せば「混乱」——から衝動が起きるようになるとされた。

キリスト教徒や、その他アブラハムの宗教であるイスラム教、ユダヤ教にとっては、衝動の存在はやっかいな問題であり、信仰の厚い人々は何世紀にもわたって議論を交わすことになった。彼らにとっては、神は完全であるという信仰が前提としてあったため、衝動的な行動を取るような不完全な存在が創造されるはずはなかった。それにもかかわらず、人間が明らかに衝動的と思われる行動をとることは珍しくなかった。この明らかな矛盾に対して彼らが編み出した解決策は、悪魔の存在を持ち込み、すべての衝動を悪魔のせいにすることだった。[2]

15世紀と16世紀は、聖書に登場する悪魔「サタン」の全盛期だった。ヨーロッパの小氷期中に気温が低下して不作となり、人口の増加も手伝って、多くの人々が飢餓に苦しんだ。1683年から1684年の間、グレート・フロスト（大霜期）として知られることとなるこの時期に、テムズ川は2カ月にわたってカチカチに凍りつき、川の真ん中では牛のあぶり焼きが行われたほどだった。30センチ近い厚さの氷が沿岸地域を覆い、イングランドやフランス、および北海沿岸の低地帯の沖合数キロまで割れずに延びている氷は多くの港を塞ぎ、海運に深刻な問題をもたらした。

疫病や犯罪、泥沼の戦争に苦しむ国にとって、このような気象災害は不吉な前兆と見なされていた。信心深い人々の間には、憐れみ深い神がこのような痛みや苦しみをもたらしたことへの困惑が広がった。1486年頃、ヤーコプ・シュプレンガーとヘンリクス・インスティトリス（訳注：ハインリヒ・クレーマーの名で有名）は、悪名高き『Malleus Maleficarum（魔女に与える鉄槌）』を出版した。2人が明言したところでは、出版の目的は、サタンに身を捧げて仕えている魔女、魔法使いの巨大なネットワークを暴露することだった。[3] 当時は魔女狩り将軍や魔女裁判、魔女の火あぶりや絞首刑の存在した時代だった。人々は集団ヒステリーに支配され、地獄行きへの恐怖が理性を破壊した時代だった。

いかなる形の衝動であれ、サタンの影響であるとして片付けられた。[4] 16世紀イギリスの著者不詳の教理問答集『Principia Theologica（プリンキピア・テオロジカ）』は、増えつつあった教養ある中産階級に向けて書かれたものであるが、この中で書き手は読者に対し、悪魔のやり口は「衝動的で抗いがたい性質をもつ、卑しく穢《けが》れた考え」を心に吹き込むことだと警告している。

ドイツでは、マルティン・ルターが信心深い人々に対して「衝動的に売春婦と交わることを避ける」よう奨励し、「大酒飲みは衝動から始まる」ことを述べつつ、信徒たちに対しては、衝動に「意思を支配」されないよう、衝動を受け入れないよう勧告した。ルターにとっては、悪魔とは非常に現実的で決していなくなることのない存在だった。彼は慢性的な腸の痛みを抱えていたため、大腸にサタンが住みついてしまったのだとかたく信じていたのである！

しかし、18世紀に入ると、サタンが大衆の想像に及ぼしていた影響力は徐々に低下し、魔女裁判も段々と過去の歴史になっていった。「サタンの影響であるという都合の良い説明は、次第に受け入れられなくなっていったのである」。ウィリアム・マカウンとフィリップ・デシモーネはこう指摘している。[5] 衝動性が霊的な観点からのみ説明され続けていた間は、その根本原因の理解はまったく進まなかった。

実のところ、「衝動」という単語が初めて文章中に現れたのは、16世紀半ばになってからである。この時は、悪魔的な原因によるものではなく、自然な原因により発生する「あしき」考えを表すために用いられた。17世紀までには、この単語を用いて異常な行動を説明する著述家、思想家も現れるようになった。あるいは、18世紀フランスの作家・哲学者であるジャン＝ジャック・ルソーのように、衝動を「自然人がもつ長所」のうちでも最上なものの1つであると捉える人々もいた。自然人とは、理性よりも本能や衝動に従って行動する人のことである。

1684年、衝動性の科学的な説明に初めて本格的に取り組んだのが、もう1人のフランス人哲学者であり医師のテオフィル・ボネだった。[6]ボネは、衝動的思考、強迫的思考、衝動的人格、および躁鬱病に見られる気まぐれで不安定な気分をそれぞれ区別した。衝動は人類の「卑しい」本質から生まれると主張しつつ、衝動的思考をコントロールできる人間と、「心の弱さゆえそのようなもの（衝動的思考）に間断なくとらわれる」ような「あわれな人間」とを、ボネは慎重な態度で区別した。「あわれな人間」の中にボネが含めたのが常習的犯罪者、酒浸り、そして「道徳的に正しい行いを実践しようとしつつも、同じ過ちを繰り返してしまうような人間すべて」であり、彼らは「すべきことがわかっていてもそうすることができない」ため、永久に道徳的な板ばさみから逃れられぬ運命である、というのがボネの主張だった。

のちにこの議論に加わった3人目の特筆すべきフランス人は、同時代で最も偉大な医療改革者だったと現在では評価されている人物である。その人、フィリップ・ピネル博士[7]はフランスの医者で、18世紀後半、精神病患者に対するより人道的な治療と保護の基礎を据えた。パリの雑然としたサルペトリエール精神病院――約7000人の患者がおり、精神病院というよりは小さな町だった――の主任医員として、ピネルは女性患者の鎖を外すよう監視人に命令を下し、物議を醸した。また、監禁したり残虐な扱いをするのではなく、愛情と忍耐をもって患者を治療すべきだと主張した。

ピネルは、当時のほとんどの「良識ある論評家」や医師たちと同じように、ある矛盾を解消する術《すべ》を模索していた。人は、それぞれが有すると想定される「自由意志」を働かせ、自分の行為に責任を持つべきだという考えがある一方で、ピネル自身が毎日目にしていたように、多くの患者は自分の行為がもたらす結果を「理解」できないという、無視できない事実があったのだ。混雑した無秩序な病棟をまわっていたとき、ピネルは患者たちの悲惨な光景を目の当たりにした。患者らの理性は狂気の影響を受けていないように見えたが、それにもかかわらず、彼らは衝動的な自傷行為に及んでいたのである。

ピネルの目にさらに奇妙に映ったのは、「理性狂（la folie raisonnante）」と彼が呼ぶものを患う人々は、自らの自傷行為で頻繁に痛い目を見ているにもかかわらず、そこから何ら学習できていないように見えるということだった。そのような患者は「譫妄《せんもう》なき狂気（manie sans délire）」、すなわち「精神の混乱をともなわない狂気」を患っているというのが、ピネルの出した結論だった。

19世紀末までには、精神科医のほとんどを含め、医療従事者の大多数がピネルの意見に賛同するようになっていた。彼らの統一見解では、「理性狂」を患う人々は強力な「衝動」に悩まされており、そのために、本来なら道徳的に悪であると自分でも判断できるような行動をとってしまうのだとされた。

1900年には、実験心理学の確立者であるヴィルヘルム・ヴントのもとで研究していたアメリカのウォルター・ディル・スコット[8]が、衝動の心理学に関して長い論文を執筆している。この中で、スコットは神学的、道徳的な要素を一切排除した科学的定義を、衝動という概念に与えようと試みた。スコットは、科学的な事実と宗教的な説教とを分離しようとする際に、新たに確立された心理学という学問を役立てることができると指摘したのだった。

2年後、史上初めて出版された精神医学の教科書数冊のうちの1冊において、ドイツの精神科医エドゥアルト・ヒルト[9]は、古代にヒポクラテスが提唱した4体液――黄胆汁、黒胆汁、血液、粘液――についての説を再び唱えた。ヒルトの主張は、すべての精神病理学的状態はこれらの体液に照らして説明できるというものだった。

過度に血の気が多い気質をもつ患者の人格的特徴として彼が考えたのは、表層的に興奮しやすいこと、熱意があること、そして、信頼性に欠けることだった。ヒルトは、この種の患者の主要な問題は「衝動をコントロールできないこと」であると考えた。黄胆汁が過剰な患者は「激しやすい気性」を示し、怒りっぽくやかましい人間で、同じく衝動をコントロールできないとされた。黄胆汁と血液が合わさった場合には、過度の衝動性、他人に対する横柄なまでの無頓着さ、そして、時折あまりに強烈で「理性狂」と見なされるほどの爆発的な怒りの発作を示す人格が生じるとされた。人に対する悪魔の力の霊的顕示であると見なされていた衝動も、この頃には心理学的に調査、説明されるべきテーマへと変化していたのである。

本書の執筆にあたってわたしが目指すのは、われわれがその場の思いつきで（たいていは理由もわからず！）行動してしまう理由について、心理学と神経科学が明らかにしてきた内容を説明することだ。最新の研究結果を紹介し、われわれの卑しい衝動がしばしば商業目的や政治目的で意図的に操作されている様子を示そうと思う。また、脳内で同時並行的に行われている2種類の思考タイプについても考察する。このうち、片方はゆっくりとした思慮深い思考であり、もう片方はスピードはあるものの誤りも多い思考である。

大人と比べ、ティーンエイジャーがより衝動的で向こう見ずな行動をとってしまう理由を理解するため、生まれてから20歳になるまでの脳の発達についても詳しく見ていこう。リスクを背負う際に性格がどのように影響するかを観察するとともに、多くの衝動的な誤判断の原因である「経験則的な」思考戦略（いわゆるヒューリスティクス）が、決断を下す際に果たす重要な役目についても述べる。衝動を引き起こす際に五感が担う役割や、自制心のもつ性質とその限界についても調べていこう。

本書の後半では、衝動が大きな役割を演じる人生の重大な4つの局面、すなわち「恋愛」「過食」「衝動買い」そして、「衝動が自己や他者の破壊へとつながるケース」について詳しく見ていこう。衝動のもつ長所と短所を理解し、衝動に身を任せた方がよい場合と任せない方がよい場合とを判断できるようになれば、われわれはより豊かで価値ある人生を送れるようになるかもしれない。

第1章 命を救ってくれた衝動

The Impulse That Saved My Life

「欲望と衝動とは、信仰や自制と同様に、完全な人間の一要素である。そして強力な衝動は、適当に均衡がとられていない場合にのみ危険なのである」

――ジョン・スチュアート・ミル『自由論』
（塩尻公明、木村健康訳、岩波書店、1971年）

1971年12月4日、ジャーナリストとして働いていた頃、わたしは北アイルランドのベルファストで衝動に駆られて映画館へ行った。その衝動は、わたしの命を救ってくれた。

北アイルランドを初めて訪れたのは1969年の9月、プロテスタントの徒弟少年団がデリーのカトリック居住区であるボグサイド地区をデモ行進しようとし、3日にわたる暴動が発生してから数週間後のことだった。暴動から3日後の8月14日、市民の不安と宗派間の暴力の増加を受け、イギリスのハロルド・ウィルソン政権は「限定的な活動」と称し軍隊を送り込んだ。ここに始まったのが、20年にわたる対立、爆破事件、殺人、破壊であり、それはイギリス本土にも広がって婉曲的に「ごたごた」として知られるようになった。

プロテスタント側の暴力に対する防衛手段として、最初こそカトリックのコミュニティに歓迎されていた兵士たちだったが、まもなく憎むべき占領軍だと見られるようになる。70年代前半までには、「ごたごた」は悲惨な内戦へと発展。特にインターンメント（強制収容）[1]が1971年に導入されて以降は激化し、IRA（アイルランド共和軍）暫定派――いわゆる「プロボ」――とイギリス兵が戦い、2つの宗教コミュニティ同士が抗争した。

この頃のカトリックのコミュニティの雰囲気は、当時の大ヒット曲であり、バーリーコーン・フォークグループのパディ・マクギガンが作詞作曲を手がけた「The Men Behind the Wire（ザ・メン・ビハインド・ザ・ワイヤー）」の中で知ることができる。[2]プロテスタント側のグループにはアルスター義勇軍（UVF）、タラ、シャンキル・ブッチャーズ、アルスター・プロテスタント・ボランティアなどがあり、時折イギリス兵士を襲うこともあったが、彼らの暴力の標的は主にカトリック教徒だった。

1971年11月下旬、6度目の訪問でベルファストへ戻った頃には、殺人や爆破事件は日常茶飯事となっていた。12月初めの2週間だけで70個の爆弾が爆発し、30人が殺害され、それを遥かに上回る負傷者が出た。それまでの訪問でも、特にフォールズ通りで写真を撮ってまわっているときには、ひどい暴行事件――もしくはそれ以上――に巻き込まれそうになったことが何度かあった。[3]この6度目の訪問では、危うくテロリストの爆弾の餌食になるところだった。

マガーク一家との約束

わたしはカトリック、プロテスタントを問わず多くの友人を得ていたが、そのうちの1人がジム・ライアン医師だった。彼はカトリックの開業医だったが、その一生を捧げ、カトリックの人々が住むフォールズ通りと、プロテスタントの人々が住むシャンキル通りの双方にあるスラム街の貧困者たちを、彼らの属する宗教にかかわりなく世話していた。

12月の晴れつつも肌寒いその日の昼時に、ベルファスト市内最古のケリーズ・セラーズというパブで、わたしはジムと飲んだ。[4] わたしは彼に、暴力がベルファストの若者に与える影響について書くのが目下の仕事なのだが、インタビューできそうなティーンエイジャーがいる家族を知らないだろうかとたずねた。ジムはすぐさま、マガーク家の人々と話してみてはどうかと提案してくれた。パトリック・マガークとフィロミーナ・マガークは、トラモアというパブを経営していた。パブは地元の人間には「マガークス」という名で知られ、ノースクイーン通りとグレートジョージ通りの角に立っていた。ここは市の中でも筋金入りのカトリック教徒、アイルランド国家主義者の地域だったが、パトリックとフィロミーナは宗教的な頑固さがないことでよく知られていた。2人には、かしこくて可愛く、おしゃべりの上手なマリアという14歳の娘がいた。わたしはこの提案をありがたく受け入れ、ジムはその日の夜8時半ごろにわたしが母娘《おやこ》と会えるように手配してくれた。

わたしは2人に会う前に食事をとろうと、7時少し過ぎにホテルを出た。肌寒い夜で、暗くなった街の通りは特別に憂鬱で不吉に見えた。突然の思いつきで、わたしは映画館へ行くことにした。映画が終わったのはほぼ9時前だった。タクシーは簡単に見つかり、わたしはドライバーに、グレートジョージ通りへ行ってくれと告げた。だが、われわれが目的地に着くことはなかった。

ノースクイーン通りとの交差点にさしかかると、ちょうど大きなテロ事件が起こったところだとわかったのだ。肌寒い夜の空気に、濃い煙が満ちていた。爆薬と燃える木のつんとした臭いがした。通りは消防車や救急車、パトカーや軍のトラックでいっぱいだった。非常用ライトと、新聞カメラマンが時折光らせるフラッシュのざらざらした白い光に不気味に照らされつつ、兵士と街の人々はがれきの山の上をはうように歩き回り、焦げた木材や粉々になったレンガを必死に掘り起こし、かき分けていた。「マガークス」の原形をとどめているものはほとんどなかった。ぽつんと残った、ススで黒くなった壁。粉々に砕けた木材とぐにゃりと曲がった鋼材の中で、寂しく佇んでいる金属のアーチ。まるで子どものおもちゃを踏みつぶす巨人の足のように、爆発は古い建物をぐしゃぐしゃにしてしまったのだった。

わたしが映画館を出たのとほぼ同時刻に、茶色い小包に見せかけた爆弾が混みあったパブの入口で爆発したのだという。死者は17名。その中には、フィロミーナと娘のマリアもいた。マリアは爆発が起きたとき、パブの2階のリビングで宿題をやっていた。即死だった。もし彼女らと一緒にいたなら、わたしもほぼ確実に死んでいただろう。[5]

命を救ってくれたこの衝動がなぜ発生したのかについては、じきに考えられる理由を検討していきたいと思う。だが、ひとまず先に、衝動に従って行動した結果、ほぼ確実だった死をまぬがれたという例をさらに3つ見てみよう。

決して遅刻しない男

54歳のフレッド・アイヒラーは、ニューヨークの証券会社アクセレラの最高財務責任者で、決して時間に遅れないことが自慢だった。その明るく晴れ渡った秋の朝も例外ではなかった。あと数分で8時15分となる頃、フレッドはビルの高速エレベーターに乗り込み、ワールドトレードセンターのノースタワー84階にあるオフィスへと向かった。

日付は、2001年9月11日。フレッドの周りのオフィスで働く、男女合わせて2800人以上の命が無惨にも奪われようとしていた。8時40分、フレッドはデスクを離れ、トイレへと向かった。その途中で彼は同僚のグループに会い、急に近くの会議室に寄って世間話をしようと決めた。会話のさなか、会議室の窓から見える光景に、皆の目は突然釘付けになった。ボーイング767型旅客機が、雲ひとつない青空の中をまっすぐ向かってきていたのだ。グループの1人が不安まじりに驚いて言った。「おいおい、ずいぶん低空飛行だな！」

「ケネディ空港を出た飛行機がトラブルを起こしたんだろう」。フレッドは答えた。

のちに、フレッドはこう振り返っている。

「すべてがスローモーションでした。飛行機は時速1000キロメートル近くでこちらに向かって飛んできていたそうですが、ぶつかってくるまでには果てしなく長い時間が流れているようでした。その間は、15秒ほどだったでしょうか。飛行機が本当にビルにぶつかるなんて、わたしたちの誰も予想していませんでした。けれども、飛行機はどんどん近づいてくるばかりでした。飛行機はずっと……窓のすぐ外に見えていて。次の瞬間には、もうぶつかる寸前でした。翼の継ぎ目と、アメリカン航空のシンボルマーク全部が見えました。コックピットの中も直接のぞくことができましたが、人の姿はよく見えませんでした。窓は小さかったし、日の光が窓に注いでいたからです。ハイジャック犯のモハメド・アタが見えたような気もしますが、はっきりとはわかりません」

ビルまで約180メートルというところで、飛行機は突然機首を持ち上げ、ふいに右へ機体を傾けた。気がつくとフレッドは、驚きのあまり信じられない心持ちで、銀色に光るボーイングの腹の部分を見つめていた。それからすぐ後の8時46分26秒、会議室の約20メートル上にあるオフィスに、翼の先端が衝突。95階から99階に突入した飛行機は鉄柱を破壊し、金属製のファイリングキャビネットを粉砕し、コンピューターを乗せたデスクを押しつぶした。ほとんど瞬時に、飛行機に搭載された1万ガロンの燃料が着火して巨大な火の玉となり、進路上にある物や人すべてを灰にしていった。衝撃の大きさゆえ、着陸装置は投げだされてタワーの南壁を突き破り、5ブロック離れた通りに音を立てて落下した。

最初の爆発の衝撃波で、フレッドと仲間は床に叩きつけられた。炎とつんとした臭いの黒煙が、部屋の外の廊下でもうもうと渦を巻いた。もしも廊下にまだ立っていたら、フレッドは即死だったろう。

だが、自分がどれほど間一髪で死をまぬがれたのかをフレッドが理解したのは、ずっと後になってのことだった。最初の衝突を生きのびた人は1000人以上いたと考えられているが、フレッドのほんの7階上で働いていた人は、誰1人としてビルから生きて出ることはなかった。ノースタワー中に広がった灼熱地獄の中で、彼らは生きたまま焼かれたか、煙で窒息したか、ビルが倒壊したときに亡くなったか、もしくは熱に耐えられず飛び降りて命を落としたかのいずれかだった。「誰も状況が理解できませんでした」。フレッドは語る。「わたしは、いまだに理解できません」
廊下は濃い煙と炎に満たされ、階段が粉々になった吹き抜けには壊れたスプリンクラーから流れ落ちる水が溜まり、破滅をむかえたこのビルからの脱出を困難なものにしていた。フレッドと同僚たちが避難していた会議室のすぐ外の廊下では、スプリンクラーから噴出される水で火災の広がりは食い止められ、明かりはなおもあかあかとついていた。9時30分、突然フレッドたちは、建設作業員とともにやってきた消防隊員のもつ懐中電灯の光を目にした。消防隊員に導かれ、フレッドらは階段を下っていった。大きな水たまりの中をよろけながら下へと向かう途中、フレッドらは、燃えさかる上の階を目指して駆け上っていく消防隊員たちとすれちがった――隊員たちは、生きて帰ることはなかった。
フレッドたちが1階に到着したとき、エレベーターのシャフトが粉々に砕け、ガラガラと落ちてきた。先のほうに壊れた窓を見つけ、フレッドはそこからよじ登って通りへと脱出した。4分後の午前10時28分、ノースタワーは崩壊した。「あの体験は、頭から離れません」。フレッドは悲しげに話す。「わたしのフロアでは15人が亡くなり、10人がひどい火傷を負いました――そのうち1人は男子トイレにいたのです。もしわたしがあのとき向かっていたトイレへと入っていたら、今ここにはいなかったかもしれません」[6]
フレッド・アイヒラーもわたしも、命が助かったのは疑いなく衝動のおかげだった。しかし、いずれのケースも、差し迫った危険を感じた結果だったわけではない。一方、次に紹介する2つの話では、その事情は異なっている。どちらのケースも、少年と男性の行動は、説明がつかないながらも強烈な恐怖感を覚えた結果だったのだ。

トンネルの中の少年

サセックス大学で臨床心理学と精神病理学の講義を受け持っていた頃、わたしはある慈善団体を運営していた。アクション・オン・フォービアズという名で、様々な不安や恐怖症に苦しむ人々を支援する団体だった。また、個人的に患者の診察を行った経験もある。これから紹介する2つの話は、潜在意識における恐怖感が、どのように生命を守る衝動を引き起こすかを示す患者たちのケースである（名前やその他詳細は個人情報保護の観点から変更を加えた）。

11歳のトニーと14歳の兄マイケルは、父が経営する西部地方の農場に暮らしていた。農場にはとても大きな納屋があり、夏の間には何百もの俵でいっぱいになった。少年2人は、この俵の間にスペースをつくり、納屋の中央部分を秘密の基地にしていた。ここへたどりつくには、俵と俵の間の、長く狭い道を通って行くしかなかった。小さな男の子が四つんばいで通れるぎりぎりの高さだった。

ある晩、2人は秘密の隠れ家で一夜を過ごすことにした。暗くなると、まずはマイケルが寝袋を押しこみつつ体をよじって進んでいった。トニーが後に続こうとしたとき、マイケルが再び顔を出して、キッチンに夜中のご馳走を忘れたから走って取ってくると言った。トニーはマイケルがいないうちに1人で先に行くことに決めた。34年がたった後も、トニーはトンネルの闇の中をはい進んで行ったときのことを、トニーは細部まで思い出すことができた。[7] 藁《わら》がチクチクとむき出しの膝にささり、腕は引っかかれ、頭には擦り傷をつくりながら、トニーは納屋の奥深くの秘密の場所を目指して、カビ臭く藁のにおいに満ちた漆黒の闇の中をはっていった。

10メートルほどトンネルを進んだとき、トニーはふいに固まり、突然先へと進めなくなった。説明のつかない恐怖感で、その場から動けなくなってしまったのだった。恐怖がどっと押し寄せ、トニーは面食らった。これまでトンネルの中で恐怖を感じたことはなかったし、閉所恐怖症ともまったく縁がなかったのだ。衝動に駆られ、そしてこの予想だにしていなかった恐怖感につき動かされ、トニーは急いで退却を始めた。狭い道で向きを変えることはできなかったので、後ろ向きにはわねばならなかった。

あと3メートルほどで新鮮な外の空気に触れられるというとき、トンネルの奥にオレンジ色の光が見えた。かつて経験したことのない強烈な熱が押し寄せ、続いてオレンジ色の光が驚くべき速さでトニーへと向かってきた。まるでアーク灯に照らされたかのように、トンネルの天井や壁となっている藁が明るく光り輝く光景は、トニーの記憶に細部まではっきりと刻み込まれた。

トニーは後になって知ったことだったが、兄がろうそくを秘密基地へと持ち込んでおり、食料を取りに戻っている間も火をつけっぱなしにしていたのだった。それが藁に引火し、火災が起こって納屋を全焼させたのだろう。すっかりパニックに陥りながら、トニーが湿った夜の空気の中へとはい出た瞬間、炎と煙とがトンネルから噴き出し、トニーの髪は焦げ、顔には火傷を負った。すぐに納屋は灼熱地獄と化した。もしあの場で引き返していなければ、トニーはほぼ間違いなく炎に焼かれて灰になっていただろう。

電車を乗り換えなかった男

ピーターは、今日ではPTSD（心的外傷後ストレス障害）と呼ばれる症状でわたしのところへ診察に来た。深刻な不安に罪悪感の入り混じった彼の病状は、死をまぬがれた1年前の驚くべき体験がもたらしたものだった。

1987年11月18日の夜、32歳のピーターはいつもより若干遅くロンドン中心部の職場を出て、ピカデリー線の電車に間に合うように急いだ。自宅へ帰るため、まずはピカデリー線でキングズクロス駅へと向かい、そこからサークル線に乗り換えるのだ。それまで何百回と繰り返してきたパターンである。電車はキングズクロス駅に7時半少し前に着き、ピーターは急いでエスカレーターに乗った。エスカレーターで乗車券売り場まで上がり、そこからサークル線へと乗り継げるのだ。

ターミナル駅であるキングズクロスの混み具合はあいかわらずひどいものだったが、すべてはまったく普段と変わらない様子だった。しかし、エスカレーターで乗車券売り場まで上がりはじめたピーターは、突然来た道を引き返したいという抗いがたい衝動をおぼえた。あまりに強烈な感覚だったため、他の乗客が怒って抗議するのもお構いなしに、ピーターは向きを変えて無理やりエスカレーターを逆走し、つい先ほど通ったばかりのプラットホームに戻ってきた。電車はちょうど出発するところだった。ピーターは電車に飛び乗り、自分が不合理な行動をとった理由もまるでわからないまま、息を切らして座席に倒れこんだ。

ピーターが駅を出発してから数秒後、駅は炎につつまれた。数分のうちに、駅全体は地獄へと変わってしまった。乗車券売り場とピーターの乗っていたエスカレーターは崩壊し、31人が死亡した。亡くなった人の多くは、ピーターが大慌てでわけもわからず逃げ出したあのエスカレーターに乗っていて、ピーターの前後にいた人々だった。

このような偶然の衝動について、どう説明できるだろうか？　わたし自身のケースでは、当時ベルファストにいた間は常に不吉な予感がつきまとってはいたものの、それ以上の危険を知らせる予兆は特になかった。

ひょっとすると、暗く陰鬱な12月の街と比べ、映画館のロビーには明るい光がともり、クリスマス用の飾りつけも華やかで、その対比がわたしの目をひいたのかもしれない。もしかすると、映画を見ることで我を忘れ、夢中になれるかもしれないという期待感に心をひかれたのかもしれない——今となってはタイトルすら思い出せないし、ましてや細かい筋などは言わずもがな、といった程度の印象しか残らない映画だったのだが。もちろん、さえないレストランで1人夕食を食べるという選択肢と比べれば、こちらの方がより魅力的だったわけである。

フレッド・アイヒラーがノースタワーから脱出したときの話には心を揺さぶられるものがあったが、彼はトイレに行くのを後回しにして同僚と会話することを選んだとき、心の中にひっかかったことは何1つなかったとはっきり述べている。

トニーとピーターの命を救った衝動に関しては、2人とも自分の行動の説明はつかなかったものの、意識的な気づきのレベルより下部の領域において、危険をしらせるにおいに反応していたのではないかというのがわたしの直感である。2人は次章で説明する「ゾンビ脳」を使い、かすかでほぼ知覚不可能な危険の気配に対し、本能的に反応したのである。

例えば、噴き出した炎がトンネル内をトニーに向かっておそいかかって来る前までにも、兄のろうそくから付いた火はしばらくの間燃え続けていたはずだ。同じように、キングズクロス駅全体が炎につつまれる前までにも、しばしの間、火は燃え続けていたのである（報告書によると、キングズクロス駅の火災において最初に出火した場所は、エスカレーターの下だったという。おそらくは不注意でマッチか火のついたタバコを落とした結果であろう）。ピーターの乗った電車が駅に着いたとき、消防隊はすでに現場にいたのだが、人々に危険が及ぶことはほとんど、あるいはまったくないだろうと考えていた。帰宅することに集中していたせいかもしれないが、ピーターは逃げようと急に決めるまで、何かおかしなことに気づいた覚えはなかった。だが、潜在意識下で彼は何かのにおいを感じ、目撃し、あるいは聞き、それが脳の深くにある警報ベルを鳴らしたのかもしれない。

ただ、もちろん、ベルファストのマガークスがあの晩爆破されていなかったら、倒れたろうそくが納屋を灼熱地獄に変えていなかったら、そして、キングズクロス駅での悲劇が起こっていなかったとしたら、トニー、ピーター、そしてわたしも、おそらくすぐに自分の取った行動を忘れてしまっていただろう。

トニーは少しの間自分の意気地なさを恥ずかしく感じたかもしれないし、兄にはおそらくそのことでからかわれていただろう。ピーターは、昇りエスカレーターを大慌てで下に向かって逃げたことを、恥ずかしげに、そして自嘲気味に笑いながら時折物語っていただろう。しかし、われわれ3人ともに、たとえ不正確な部分があるとしても、ここまで鮮明に事件の詳細を長く記憶していることはありえなかったにちがいない。

ここから、衝動についてのある重要な点が浮かび上がってくる。続いて起こる出来事があるからこそ、衝動にも意味がでてくるということである。例えば、英国ダウン州キルキールの老婦人、マリー・マクキビンが抱いた、ある幸運な衝動について考えてみよう。マリーは、普段は1枚だけ買っていたクジを、衝動がきっかけで5枚購入した。5枚目のクジで彼女は100万ユーロを超える額を手に入れ、[8]結果としてそのときの衝動は記憶に刻まれ、またニュースとして伝えられるほどのものとなった。もしクジに当選していなかったなら、マリーはそのときのことをすべて忘れてしまっていた可能性が高いだろう。

19世紀の著書『心理学の根本問題』の中で、ウィリアム・ジェイムズはこう指摘している。「そのようなケースでは、衝動的な観念は異常なほどに強まり、ほとんどの人であれば一瞬心をよぎる思いつきにすぎないものであっても、それによって絶え間なく苦しめられ、実行に移さずにはいられぬほどの渇望を感じるのだ[9]」

本書の中でわたしが主張しているのは、目覚めてから眠るまでにわれわれが話したり行ったりしていることのほぼすべては――それらの大部分が「思慮深い」ものではなく「思慮をともなわない」ものであるという点において――衝動的なものと見なすことができるということである。われわれの行動の大部分は、意識的な気づきより下のレベルで働いている精神機能から生じたものなのだ。もしこのことが正しいとするならば、衝動に流されているときのわれわれは、理性的な人間としてではなく、いわば「ゾンビ」として行動していることになる。

第2章 無意識のゾンビ脳

Impulses and Your Zombie Brain

「あなたの中にはゾンビが潜んでいて、あなたの意識的な自己が意識上で処理できる情報すべてを同じように処理することができる。ただし、決定的な違いが1つある……ゾンビは無意識なのだ」

――アンソニー・アトキンソン、マイケル・トーマス、アクセル・クレールマンス
『Trends in Cognitive Sciences』誌[1]

イングランド南岸にあるわたしの研究所を訪れた人々は、しばしば不快な感情を味わうはめになる。他にも、怒りや不安、楽しみ、驚き、フラストレーション、困惑、ストレス、動揺、ショック、さらには性的興奮を与えられることもある。すべては、全面的な同意を得た上で、科学的な研究として行っていることだ。われわれの研究が意図するのは、衝動的な行動を引き起こす際に感情が果たす役割をさぐることである。

代表的な研究プロジェクトの1つとしては、ボランティアの被験者を機器につなぎ、実験の最中に脳内や体内で起こっていることを記録するというものがある。電極を被験者の頭皮に取り付け、それを脳波計（ＥＥＧ）へとつなぎ、脳内の電気的な活動を調べるのだ。

アルファ波として知られる比較的ゆっくりとした脳波が多くを占めているのか、それとも、

図1｜自傷行為の画像

意識が覚醒しており、そのためにより速いベータ波が出ているのかを見ることで、被験者たちのリラックスの度合いを測ることができる。他のセンサーは、心拍数や呼吸、皮膚の電気伝導度などの変化を記録する。これらの数値に増加が見られた場合、ストレスレベルが上がっているということがわかる。被験者の顔にはビデオカメラが向けられ、実験中の表情をスローで記録する一方、赤外線検出器がスクリーン上の視線の動きを追いかける。

実験を始めると、脳の活動が急速に変化する様子を観察することができる。脳の活動が活発になるにつれ、ゆっくりとしたアルファ波がベータ波にとってかわられるのだ。それに伴って、心拍数や皮膚の電気伝導度が上昇し、さらには呼吸の増加が見られる。呼吸については、概して、速く浅いものとなる。被験者に見せる種々の画像の一例を示そう。図1の写真2枚を見てほしい。自傷行為を映したある動画から取ったものだ。

画像を見て、どう感じただろうか。鋭利な肉切り包丁で自分の腕を切断している光景に、興味をそそられただろうか。それとも、ショックを受けただろうか。目をそらしたり、ページをとばした方もいるかもしれない。もしかすると、写真をよく観察して、これが本当におぞましき自傷行為をしている人間を映したものなのかどうか、確かめようとした人もいるかもしれない。もしそうなら、疑って正解である。この腕は筆者の腕であり、ナイフは手品用。そして、「血」はボトルから流れ出たものなのだから！

このような実験を行うと、程度に個人差はあるものの、身体的反応は即座に現れる。先ほどの「手の切断」は、用意した画像の中ではまだ恐怖の度合いとしては低いものだが、このような気分の悪い写真を見せられた場合、被験者はたいてい鋭く息を吸いこみ、時には目を見開きながら手で口を覆う。このような衝動的な反応が起こるのは主に、ポジティブなものであれネガティブなものであれ、強い感情が存在し、かつ何を見たり聞いたり味わったり触ったりしているかがわからない、不確実な状態がそれに合わさった場合である。

これが、わたしが行動における「システムＩ（Ｉはimpulsive：衝動的な）」思考と呼んでいるものの例だ。このシステムは、裏で何が起きているのかわれわれがまったく気づかないまま、素早くかつ自動的に働く。これと対比されるのが「システムＲ（Ｒはreflection：熟考）」思考である。より時間をかけ、かつより秩序だてた意識的判断であり、難解で慣れない問題にチャレンジする際や、通常の範疇を超えた意思決定を下す際に用いられるものだ。

思考の大部分は舞台裏でなされる

1896年、2人のアメリカ人心理学者レオン・ソロモンズとガートルード・スタインが研究していたのは、当時「二重人格」と呼ばれ、のちには「人格の分離」として知られることになる現象だった。2人が指摘したのは、第2の人格による「無意識の」行動と、意識的に注意を向けることなく幅広い物事をこなす「普通の」人間の行動との間には類似が見られるという点だった。

2人は自らモルモットとなって数多くの実験を行い、読むことと書くことを同時に行う術を身に付けることは可能だと証明してみせた。十分に練習を重ねた2人は、筋の通った文章を素早く書きつらねつつも、それと同時に複雑な物語の細部までを読んで理解することができるようになった。その後2人は、本を読みながら、ミスのほとんどないディクテーション（読み上げられた文章を書き取ること）を行うという、不可能とも思われるような技術まで会得した。ある研究の中で2人は、本の一節を音読しつつ、読み上げられている別の話にも細かく注意を払えることを示している。

ソロモンズとスタインは、このような奇妙で珍しいスキルを獲得することにより、読み書きのように知能を要すると思われている多くの行為も、まったく自動的に行うことが可能であるのを示すことに成功した。「正常な人は、特別望んだり意識したりしなくても、それまでの習慣にだいたい沿った形で行動するという一般的な傾向が証明されたのである」。これは、2人の先見の明がうかがえる言葉だ。[2]

今日では神経科学によって、多くの人にとっては注目と驚きに値するであろう事実が確かめられている。すなわち、思考の大部分は、われわれがそれに気づかないまま進行しているという事実だ。認知心理学者のジョージ・レイコフとラファエル・ヌーニェスによれば、「私たちの思考の大部分が無意識であり、基本的に直接的、意識的な内観ではそれに到達することは不可能だということかもしれない。ほとんどの日常の思考は、あまりにも速く、深いレベルで起こっているために、意識的に制御できない。ほとんどの認知は舞台裏で起こっている」(『数学の認知科学』植野義明、重光由加訳、丸善出版、2012年)[3]。

ネット越しにボールを打ち込んでいるときのビーナス・ウィリアムズは、意識的な注意と無意識的な認識とを結びつけ、途切れのない動きを生み出している。どこでボールをとらえればよいか、どの角度でラケットを握ればよいかなどが正確にわかっているのだ。だが、ボールが向かってくるのを目にしてから相手コートへと打ち返すまでのわずかな間に、あなたの脳はどのような計算をしているのですかと問われれば、ビーナスも言葉に詰まるだろう。

このような「自動的な」相手の行動を妨害するには、今やっていることについて相手に考えてもらえばよい。今度テニスで相手にこてんぱんにされてしまったら、この方法を試してみよう。いかにも感心しましたといった様子で、こう話しかけるのだ。「素晴らしいサーブですね。いったいどうやればあんな風にできるのですか?」おそらく、相手は自分がどうやってサーブを打っているのだろうかと考えるようになり、それ以後はダブルフォールトを連発するはめになるだろう!

システムI思考は、人間と他の動物とに共通するもので、コントロール可能な意識の外側で作用する。カテゴリーを設け、その中に出来事、人々、行動、状況を自動的に振り分ける。システムI思考が本領を発揮するのは、変化の速い出来事に反応する必要があるときである。システムI思考はスピードがあり、感情的かつ一般化されているため、われわれは即座にまた自動的に、自分でもほとんど説明のつかない形で反応することができるのだ。また、システムI思考は簡単にだまされやすいという性質もある。

思慮深い思考、すなわちシステムR思考は、われわれの意識的なコントロール下にある。このシステムは理性的かつ論理的、懐疑的であり、絶えず疑問を投げかけ、答えを探している。分析を行い、計画を立て、計算や予測をし、衝動的なシステムが生み出した考えや言葉や行動を――うまくいかないことも多いが――管理しようとする。

システムR思考のおかげで、「思考について思考する」ことが可能となり、抽象的で仮定的な推論に没頭したり、計画を立てたり、予測したり、メンタルモデル（訳注：人が心の中に作っている外部世界のイメージや観念、仮定）を構築したり、想像上の未来を創りだすこともできるようになる。問題解決時、意思決定時において、より高いレベルの合理性を発揮できる素晴らしい可能性を与えてくれるのだ。思慮深い思考は、意識的な思考である。その速度は遅く、分析的で、順序だてられ、制御され、そして言語と結びついている。処理能力は低く、記憶に重い負担をかけ、また高いレベルの労力を要する。[4]

システムRは、（進化の過程でずっと古くから備わっている）システムIの思考形式と共存している。あるときは2つのシステムは共同作業を行い、あるときは対立し、また別の場面では完全に一体化することもある。初めは衝動に駆られた結果の思いつきだったものが、思慮深い思考へと移行することもあるかもしれない。一見すると思慮深い思考の結果のように思えるものでも、より詳しく調べてみると、衝動に基づいたものだとわかるのだ。これら2つのシステムがどのようなものかを知るために、行動におけるシステムIとシステムRの例を次に見てみよう。

システムI――速く、直感的に

少年時代、アメリカンフットボールのプロ選手になるという夢を抱いていたボブ・ナルデリだったが、その夢は、ナルデリがまだティーンエイジャーだったころに打ち砕かれた。ナルデリに決意が欠けていたのではなく、身長のせいだった！　約178センチ、88キロだった彼は、西イリノイ大学で1番小さな選手だった。「周りはどんどん大きくなったのに、わたしはもう伸びなかった」。ナルデリは回想する。

若き日の夢は忘れ、ナルデリは経営学学位の取得を目指して努力し、ゼネラル・エレクトリック（GE）に職を得た。父も一生を勤め上げた会社だった。ゆっくりと、だが着実に、ナルデリは出世の階段を上がっていった。誰よりも長い時間を働き、最も困難な課題を引き受け、常に時間と予算を守ってプロジェクトを遂行していったのだ。GEの伝説的CEOジャック・ウェルチをして「今まで見たなかで最高の経営幹部」と言わしめた。

だが、2000年11月、ジャックがついに職を退いたとき、CEOとして最後に出した決断は、ボブ・ナルデリではなくライバルのジェフ・イメルトをCEOに昇進させるというものだった。ショックと信じられないという思いとで、ナルデリは自分が外されたわけを知りたいと迫った。「どうすればよかったのですか。足りなかったのは数字ですか。イノベーションでしようか。人材開発でしょうか。ウォール街との関係ですか。理由を教えてください」。ウェルチはこう言うしかなかった。「わたしが決めたことだ。自分の心の声に従うしかなかったのだよ」[5]

システムR――ゆっくり、整然と

1940年の秋、イギリスがドイツの侵攻に備えていたころ、諜報機関が予期せぬ奇妙な信号を傍受した。傍受した信号は、ロンドンの約100キロ北方にあるブレッチリー・パークの英国暗号学校に送られた。同校の暗号解読者、ジョン・ティルトマン准将が、信号はドイツの最新型テレプリンタ、ローレンツ暗号機から送られたものだと突き止めた。ベルリンにある製造会社の社名を冠したローレンツ暗号機は、メッセージを暗号化して送信することもできれば、それを受信して解読することもできた。[6]

連合国が待ち望んでいた突破口が開けたのは1941年8月30日、アテネに配置されていたドイツ軍の通信士が、ウィーンにいる仲間に4000字の長さのメッセージを送るという任務を与えられたときのことだった。そのような長いメッセージを打つことはうんざりする作業であり、ウィーンの仲間に「受信に失敗した！　もう1度送ってくれ」と告げられたときには、通信士は気力を失ってしまったに違いない。

フラストレーションのためか、通信士は不注意な失敗を犯してしまう。機械をリセットする規則を無視して、初期設定を用いることで時間を節約しようとしたのだ。もしこれが唯一の失敗だったなら、暗号学校の面々は2つのまったく同一のメッセージを傍受するだけだっただろう。だが、苦心して2度目のメッセージを打ったとき、ドイツの通信士は小さな変更をいくつか加えた。その結果、それまで安全だったローレンツ暗号機は、その後4年間、ドイツ国防軍最高司令部の重要機密を漏洩《ろうえい》し続けることになった。

ドイツ軍通信士の不注意を利用するのは、簡単な仕事だったわけではない。ケンブリッジから徴用されたばかりだった化学専攻の若き大学院生ビル・トゥッテは、暗号を解読するまで8週間、精神を集中して取り組まねばならなかった。コンピューターがなかった時代に、トゥッテはこの知的離れ業を、ペンと紙だけを使ってやってのけた。トゥッテは、2つのデータの流れをパターンが浮かび上がるまで丹念に見比べた。パターンが現れると、個々のメッセージの内容が明らかになっただけではなく、「解読不能」と想定されてきたローレンツ暗号機の論理構造までもがつまびらかにされたのだった。[7]

上述の2つの事例では、ジャック・ウェルチが直感的な思考、彼の言うところの「心の声」という感情を頼りにした一方で、ビル・トゥッテは一見して理解不能なデータから意味を引き出すために、理性的で高度な論理的思考を採用した。

トゥッテは常に、自分の行っている一連の推論についてはっきりと意識していた。暗号を解こうとしているときに、何が自分の頭の中で起こっているのかがわかっていたのである。ウェルチの場合、なぜ自分がボブ・ナルデリではなくジェフ・イメルトを支持することにしたのか、まったくわからなかった。ほとんどの場合、われわれの思考プロセスは、ビル・トゥッテのそれよりも、ジャック・ウェルチの思考プロセスの方にはるかに似通っている。

思慮深い思考と衝動的な思考

システムIがシステムRをいかに簡単に、かつ頻繁に打ち破ってしまうかをわたしに教えてくれたのは、わたしがサセックス大学で臨床心理学と精神病理学の講義をしていた頃に、わたしの個別指導グループにいた若く聡明な学生の悲劇的なケースだった。

その2年前、彼は数人の友人とともに休暇中ギリシアを訪れていた。ある日の午後、きらめくエーゲ海にそそり立つ崖の上を友人たちと散歩していたとき、彼は衝動的に崖下の水に飛び込んだ。彼はきらめく水面の下にかろうじて見えるほどだった岩に体を打ち付け、背骨は粉々に砕けた。ほんの一瞬の衝動のために、腰から下が麻痺した状態で残りの一生を送ることになったのだ。愚かだった、軽率だったという言葉を用いて、その衝動的な飛び込みを言い表すこともできるだろう。実際、この2つの言葉は他ならぬ若い男子学生本人が口にしていた。それでも、もし彼が無事に海へ飛び込めていたなら、その勇気ゆえ女子たちからは称賛のまなざしを、男子たちからは羨望の視線を送られていたにちがいない。

「日常生活では私たちはなにか問題がおこらないかぎり、ことさら自分の行なっていることに注意を向けたりしない」(『心はマインド…――〝やわらかく〟生きるために』斎藤茂太訳、フォー・ユー、1989年)。ハーバード大学心理学教授のエレン・ランガーはこう述べる。「結果は、ごくささいなものから、きわめて重大なものまでさまざまである」[8]

ランガー教授は、自らが「マインドフルネス」と呼ぶものを生涯にわたって研究し、衝動に駆られたマインドレスネス（訳注：思慮を働かせないこと）によって、いかに頻繁にマインドフルネスが制圧されてしまうかを、シンプルかつ説得力のある調査を行い説明してきた。

あるとき、ランガー教授は「このメモは二四七号室へ返さなければなりません」と無愛想に書かれたメモを大学の複数の研究室へ送った。メモの半分は学部間で送られている典型的なものと同一だった。残り半分は少し異なっている。指示に目を通す際にシステムR思考を採用している人ならば、疑いなくすぐにこう自問したはずである。「送った人にとってそれが必要だというのなら、なぜわざわざそれだけしか書いていないメモを送ってきたりするのだろう」と。だが、実際そうはいかなかった。メモが正式なものであるように見えた場合、受け取った10人のうち9人が指示に従いすぐに返却したのである。普段のものと見た目が若干異なっていた場合でさえ、10回中6回は返却された。[9]

別の実験において、ランガーらは、図書館のコピー機を使おうとしている人たちを説得し、順番を譲ってもらえるかどうかをテストすることにした。[10]この変わった実験の舞台となったのは、ニューヨーク市立大学大学院センターである。実験を行う者は、コピー機がよく見えるテーブルに座っておく。誰かがコピー機を使いに来た瞬間、実験者は近づいていき、先にコピー機を使わせてほしいと頼む。頼み方は、３つの形式のうちのいずれかだ。

１つ目の形式では、割り込む人間は単に「すみませんが、ゼロックスを使わせていただけませんか」と言う。これは、「要求のみ」のアプローチだ。２つ目の形式では、「すみませんが、コピーをとりたいのでコピー機を使わせていただけませんか」と頼む。この場合、要求に見かけ上の説明が加えられてはいるが、これは実は無意味な説明だ。そもそも、コピーをとる目的以外で誰がコピー機を使うというのだろう？　３つ目のアプローチでは、もっともな理由をつけて要求する。「すみませんが、急いでいるのでコピー機を使わせていただけませんか」。要求の性質を変えるのみならず、実験者は小さな頼み事「５枚コピーをとってもよろしいでしょうか？」、もしくは大きな頼み事「20枚コピーをとってもよろしいでしょうか？」をする。

ランガーはこう報告している。「私たちはちゃんとした理由と意味のない理由のどちらかを述べた。この両方の頼み方に対して同じ返事が返ってきた場合は、相手がこちらの言葉の意味に注意を向けていなかったことになる」[11]。理由を加えた２つの形式のうち、最初の「……コピーをとりたいので」という形は、システムR思考を用いている人ならばばかげていると感じるだろう。しかし、この形もシステムI思考を用いている人々には、まったく理にかなない筋の通ったものに思えるだろう、というのがランガーの仮説だった。

ランガーは正しかった。小さな頼み事（コピー５枚）の場合、「要求のみ」の形式でアプローチされた人々のうち60パーセントが、こころよく順番を譲ってくれた。要求に加え、ばかげた説明（「コピーをとりたいので」）もしくは理にかなった説明（「急いでいるので」）を述べた場合、承諾率は2番目の形式で93パーセント、３番目の形式で94パーセントにまで上昇した。

大きな頼み事（コピー20枚）の場合、承諾の度合いに差が出たのは、「急いでいるので」と理にかなった説明を加えた形式のみで、42パーセントが要求に応じてくれた。これに対し、説明がまったくないか、もしくはばかげた説明を加えた形式ではいずれも24パーセントだった。かなり少なくなったものの、衝動的に順番を譲ることに同意した人の数はなお驚くべき多さである。

ここで何が起きているのだろうか？「私たちがマインドレスネスの状態におちいる、もう1つの原因がある。それは、一度あることを体験すると、二度目に同じ事態に遭遇したときには、最初の体験に固執するようになるという心の傾向である」と、エレン・ランガーは説明している。「印象や情報を額面通りに受け入れた場合……その印象はひっそりとわれわれの心に根を下ろす……かつて自分が思慮もなく受け入れたものについて、われわれのほとんどは再考しようとはしない……思慮のない人間は前もって決められた情報の使い方に縛られていて、他の可能な使い方や応用法を探し求めようとはしないのだ[12]」

システムI思考とゾンビ脳

図2のイラストをじっと見つめていると、ある奇妙なことが起こる。

図2の立方体は、この現象を発見したスイスの結晶学者ルイス・アルバート・ネッカーにちなみ、「ネッカーの立方体」として広く知られている。これをよく観察してみると、形が急に変化するはずだ[13]。例えば、ある瞬間は立方体の前面にあるように見えていた右下の辺が、次の瞬間には奥にあるように見えることに気づくかもしれない。もし今そうなっていないようであれば、試しにまばたきをしてみるとよい。切り替えがいつ起こるかについて意識的なコントロールは及ばないし、切り替えが起きるのを阻止することもできないとわかるだろう。

この自動システムは、決まりきった知的作業を行う際にも用いられている。例えば、もし2＋2は何か、と問われれば、あなたは自動的に4と答えるだろう。しかし、暗算で228÷19

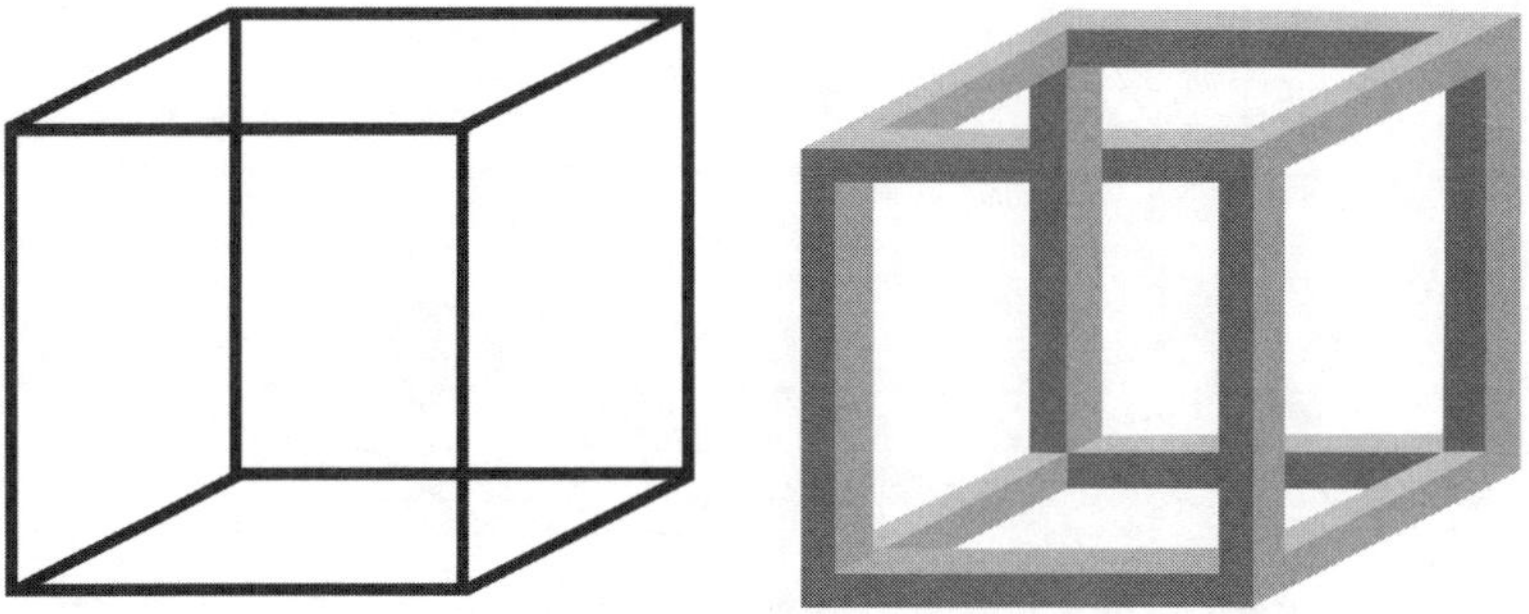

図2｜ネッカーの立方体

を計算しろと言われたなら、おそらく頭の中で数字を思い浮かべようと努力し（システムR）、12という答えにたどり着くはずだ。これらは両方とも、無意識の「ゾンビ脳」が機能している例である。

われわれが持つゾンビ脳は、カテゴリーをつくりだすことによって、われわれを取り巻く世界や自らの内面環境を理解しようと努める。カテゴリーは「マインドセット」とも言いかえることができるが、これは入ってくる情報を振り分けるための小さな箱のようなものである。分類を行うことで、大雑把かもしれないが迅速な決定が下すことができ、まったく不正確なこともあるにせよ、素早く結論に至ることができるのである。

先ほどの錯視のケースのように、ゾンビ脳は受け取った情報があいまいな場合、2つのどっちつかずの解釈を意識的な心に提示する。事実上、ゾンビが肩をすくめて「わたしにもわからないね！」と言っているのと同じだ。ゾンビの思考は、「機能的固着」と呼ばれる問題に陥りやすい。つまり、選択肢

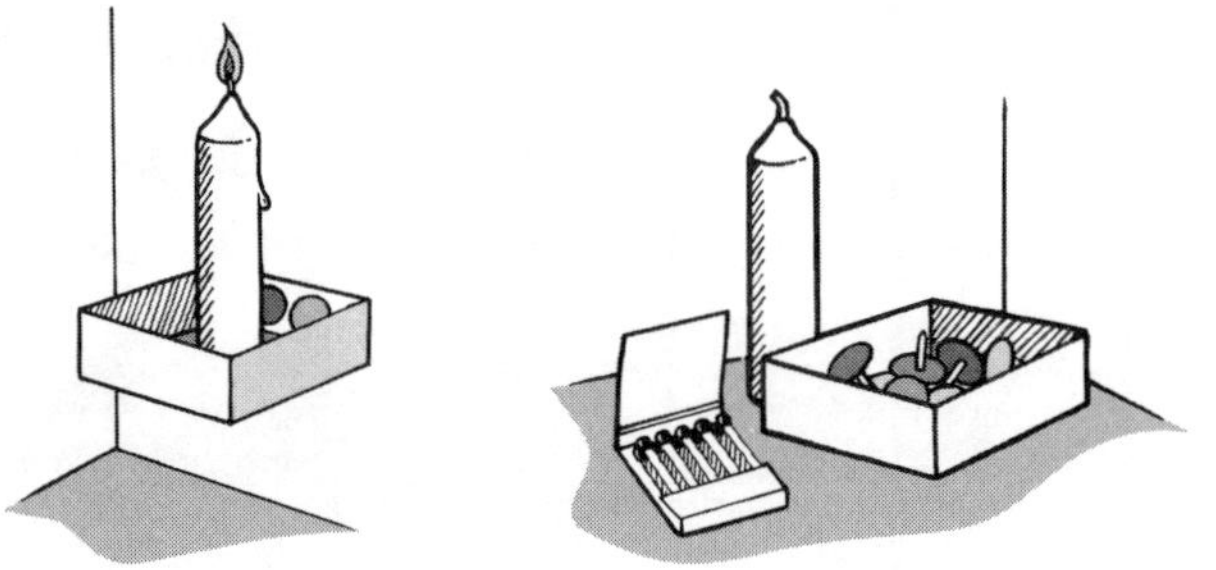

図3｜ろうそく、画鋲入りの箱、紙マッチ

の幅を狭め、われわれの創造性や問題解決能力が制限されてしまうのである。

この現象について調べた、初期の有名な研究を見てみよう。20世紀前半のドイツの心理学者カール・ドゥンカーは有志の被験者たちに、図3に示す3つのものを与えた。すなわち、ろうそく、画鋲入りの箱、紙マッチである。

被験者に与えられた課題は、ろうが下のテーブルに垂れないように壁にろうそくを取りつけるというものだった。結果わかったのは、画鋲でろうそくを壁に取りつけようとするか、もしくはろうを少し溶かして取りつけようとする被験者が大多数であるということだった。[14] 空にした箱を燭台として使い、これを画鋲数個を用いて壁に取りつけることを思いついたのは、ごく少数の被験者だけだった。

しかし、次の実験で被験者に空箱を与えた場合では、問題解決率は2倍になった。箱の利用を思いつけなかった理由の説明として、被験者が箱の通常の用途、すなわち画鋲入れとしての使い方に「固執」してしまった結果、問題解決に役立つような視点から箱を見ることができなくなった可能性をドゥンカーは示唆している。被験者たちは、創造性を阻害するシステムⅠの「マインドセット」を創り出してしまったのだ。マインドセットは、衝動による反応をわれわれに起こさせることで思考速度を速め、時には命を救う思考モードともなりうるが、その一方で、ばかげた行動から致命的な行動にまでつながる可能性もあるのである。

機能的衝動と逆機能的衝動

1990年、当時オースティンのテキサス大学にいたスコット・J・ディックマンは、2つの異なるタイプの衝動性を区別し、それぞれを「逆機能的」「機能的」と呼んだ。[15] 逆機能的衝動とは、愚かで向こう見ずで自滅的だと一般に見なされるような衝動のことである。周りから批判を受けるなど、常に思わしくない結果を招き、場合によっては命を落とすことにもなりかねない。これとは対照的に、機能的衝動は、思い切りよく大胆で度胸があると評価されることが多い。周りからは称賛を受け、結果は好ましく、有益な場合がほとんどだ。

スコット・ディックマンは、これら2つのタイプの衝動性は「他の人格的特徴との関係、およびある特定の基本的認知プロセスが遂行される形式との関係において異なる」ことを発見した。[16] 機能的衝動と逆機能的衝動とでは、もたらされる結果は大きく異なるかもしれない。だが、そのような違いが生じる要因としては、判断の良さよりも運の良さの方がはるかに大きいこともしばしばである。

機能的衝動性——空を飛んだバス

1952年12月30日の朝、乗客20人と車掌1人を乗せた78系統の2階建てバスが、テムズ川の上を「飛んだ」。とはいえ、46歳の運転手アルバート・ガンターも、はじめからそうするつもりでロンドン市内約10キロの運転をスタートさせたわけではない。アルバートにとってそれは知りつくしたルートであり、それまでも何百回と何事もなく運転してきた道筋だった。

その日、アルバートのたどる道筋は、普段とはずいぶん異なったものとなる。ルートの途中には、タワー・ブリッジを通ってテムズ川を渡る箇所があった。ときどき、タワー・ブリッジの1000トンもの巨大なスパン（訳注：橋の支点と支点との間の部分）2つが上に持ち上げられ、下を船が通れるようになっている。

スパンを持ち上げる際には、明確な手順を踏まなければならない。監視員が警告のベルを鳴らし、2つの遮断機が下りて通行をさえぎる。こうやってから初めて、当番の監視員は跳ね上げ部分を持ち上げるよう指示を出す。その朝は臨時の監視員が当番だったため、この安全手順が見事なまでに無視されてしまったのだった。アルバート・ガンターのバスが南側の跳ね上げ部分を走行中、約30メートルのスパンが、警告もなく急激に上へ傾きだした。タワー・ブリッジが開き始めたのだ！「目の前の道路が崩れていくように見えました」。アルバート・ガンターはのちにこう語った。「すべてはあっという間のことでした。自分たちのいるところが上がり始めたのだと気づきました。恐怖でしたよ！」

運転手のアルバートに残された選択肢は2つだけで、それについて考えるひまもなかった。急ブレーキをかけ、バスが約18メートル下の濁った灰色の川に飛び込む前に止まってくれることを祈るか。それとも、アクセルを思いきり踏み、12トンあるバスが向こう側まで飛んでくれる可能性に賭けてみるか。システムR思考を使う時間はなかったため、アルバート・ガンターの「ゾンビ脳」が活動を開始し、アルバートはアクセルを力いっぱい踏みこんだ。

スピードを上げながら、バスは轟音を立てて激しく傾いたスパンをかけのぼった。次の瞬間、運転手と車掌、そして叫ぶ乗客らを乗せたバスは、空中を一気に駆け抜けていた。赤い2階建てバスが大きく開いた裂け目を飛び越えたとき、テムズ川の渦巻く灰色の水面が車輪の下でキラリと光るのがアルバートには見えた。それからすぐ、バスは向こう側の跳ね上げ部分にドシンと着地した。上がり方が南側の跳ね上げ部分よりゆっくりしていたため、約1・8メートル下への着地だった。バスはばねが破損し、車掌は脚を骨折、そして乗客20人のうち12人が軽傷を負った。それでも、アルバート・ガンターの衝動的な反応が全員の命を救ったのはほぼ間違いないだろう。

「機転が利く」「大胆」「高い運転技術」「勇敢」。これらは、報道機関や大衆がアルバートの行動を言い表す際に用いた言葉の一部だ。バス会社の上司は大いに喜び、その素晴らしい運転を称えて、アルバートに10ポンド――今の約230ポンド――の報奨金を与えた。だが、この一件はまったく正反対の結末を迎えていた可能性もあっただろう。次に紹介する、同じく衝動的な決定を下した人の話のように。

逆機能的衝動性――あるスキーヤーの死

1995年2月12日、3人の経験豊富なスキーヤーたちが、ユタ州ワサッチ山脈の斜面を目指して出発した。グループのリーダーは37歳のスティーブ・カラザーズで、地形を熟知したベテランのクロスカントリースキーヤーだった。

出発から数時間後、スティーブと仲間2人は別のスキーヤー一行と出会い、山を移動する最適なルートについて話し合った。24時間前の吹雪で斜面には60センチもの新雪が積もり、今や霧も深くなってきていた。コンディションが急速に悪化しつつあったため、スキーヤーたちの何人かはより慎重に低斜面のルートを選び、他のスキーヤーたちにもそうするよう強く勧めた。

衝動につき動かされたスティーブは、彼らの助言を無視し、2人の仲間とともに、並木のある山の上のより危険なルートを選ぶ。そして1時間後、スティーブは亡くなった。スティーブたちは不用意にも雪崩を引き起こし、何百トンもの雪が山の斜面を時速80キロ以上のスピードで轟音を上げ落ちてきたのだ。避けることができなかったスティーブはポプラの木の幹に叩きつけられ、雪の下深くに埋まってしまった。ようやく掘り出されたときには意識はなく、最後まで意識が戻らないまま、スティーブは病院へ搬送される途中にドクターヘリの中で亡くなった。残り2人のスキーヤーは助かったものの、メディアや当局、スキーヤーのコミュニティから非難の集中砲火を浴びることになった。

件《くだん》の山道は雪崩の起きやすい地形として有名であり、また2月は危険の大きい時季だったにもかかわらず、スティーブのように知識豊富なクロスカントリースキー競技者がこのように衝動的に行動してしまったのはなぜだろうか？　同じような斜面で20年以上の経験がある男が、ここまでの無謀な判断ミスを犯し、自分自身と仲間を危険にさらしてしまったのはどうしてだろう？[17]　おそらく、ゾンビ脳がシステムI思考を用いたせいで、スティーブはもっと注意深く考えるより先に衝動的な行動をとってしまったのだろう。

だが、もしこの話がハッピーエンドで終わっていたならば、誰もスティーブの決断を責めなかっただろうし、その不用意さを批判することもなかっただろう。同じことは、バスの運転手アルバート・ガンターがテムズ川を飛び越えたケースについても言える。結果的に成功したからこそ、アルバートの衝動は勇敢であっぱれなものだと見なされた。もしバスがテムズ川に転落し、乗員乗客全員死亡という結末を迎えていたとしたら、アルバートの衝動は向こう見ずでばかげており、自殺行為だと見なされる可能性すらあったのはほぼ間違いないだろう。

要約すれば、ゾンビ脳の初期設定であるシステムI思考は、日常の行動の大部分をコントロールしているのである。どうしてそんな風に話したのか、なぜそんな行動をとったのか、と問われたときにだけ、われわれはシステムR思考を作動させ、自らのふるまいについて気のきいた説明を、あるいは、少なくとももっともらしい説明を考え出そうとするのだ。

この役割において、システムR思考は「自己」のPR担当部門として機能している。自分自身に、そして他人に向けて、自らの行動を説明し、脚色し、正当化しているのだ。やっかいなことに、自分の言動について合理的な説明がつかず、「あのときはいい考えだと思えたんだ」という説得力のない言い訳に頼るしかないケースもままあるのだが。

第5章では、周りの環境がどのように衝動の引き金となりうるのかについて、そのパターンをいくつか見ていく。この引き金は往々にして働きかけが微細なため、われわれはそれが与えている効果にも、われわれの行動様式にどのように影響しているかにも気づいてすらいない。

第3章

衝動性と脳科学

Inside the Impulsive Brain

「人間の脳はユニークな存在である。臓器の中では、取り立てて魅力的というわけではない……丸く、しわの寄った肉で、固さはゼリーと冷えたバターの中間くらいだ。肺のように膨らんだり縮んだりはしないし、心臓のように鼓動もなく、膀胱のように目に見える物質を排出するわけでもない。もし誰かの頭の上部を切り取って中をのぞきこんだとしても、何も変化は見られないだろう」

――リタ・カーター『The Human Brain（人間の脳）』

1848年9月13日水曜日、午後4時30分。このとき発生した奇妙な事故により、19世紀の無名のアメリカ人鉄道作業員だったフィニアス・ゲージは、21世紀に入ってなお語りつがれる有名人へと変わってしまった。[1] 事故の数カ月後に撮られた26歳のゲージの写真には、やや斜めの方をじっと見つめるきちんとした服装の青年が写っている。左目は事故の影響で閉じられているが、他の傷跡は小綺麗にブラシをかけた黒髪の下に隠れている。手には、爆発で彼の頭蓋骨を貫通した長い鉄の棒が握られている。これは、ゲージが鉄道での作業用に特別につくり、墓場までも持って行った「込め棒」である。

その寒い日の午後、ゲージはバーモント州キャベンディッシュの村落ダットンスビル南方で、鉄道工事に従事する少人数作業チームの監督をしていた。彼らの仕事は、鉄道敷設作業員の進む先にある岩を爆破して取り除くことだった。監督者としてのゲージの仕事はタンピング[2]、すなわち、鉄の棒を使って、岩にドリルで開けた穴に爆薬を詰めることだった。

それまで幾度となく引き受けてきた簡単な仕事だった。まずは穴に爆薬を入れ、その周りに不活性物質をやさしく叩いて詰め、位置を固定する。次に起爆装置を挿入し、砂か粘土で穴をふさぐ。それから、長い込め棒で入念に押し固める。タンピングに高度な技術は不要だが、注意深く丁寧に行わなければならない仕事だ。火花を散らしてしまうと、爆薬が予定より早く爆発してしまうからである。その運命の午後に起こったのは、まさにそのような事故だった。

20年のち、事故直後にゲージの治療を担当した鉄道医ジョン・マーティン・ハーロウ医師は、満員となったマサチューセッツ医学学会の大会で、ある論文を発表した。「鉄製棒の頭部貫通からの回復[3]」と題されたその論文は、件の事故とその結果生じた傷害について生々しく記述したものだった。議長からの短い紹介のあと、ハーロウ医師は立ち上がって発表を始めた。細身で職業意識の高さをうかがわせる風貌である。顎ひげと口ひげ、広い額の上の白髪はすべて小綺麗に整えられていた。ハーロウはまず、ゲージの性格描写からスタートした。ゲージは頼りになる思慮深い青年であり、雇い主からは「有能で腕がたつ」監督と評価されていたことなどを説明した。背景を説明した後、ハーロウは事故が起きたその午後の様子を聴衆に伝えた。

「爆薬と起爆装置はすでに穴の中にセットされ、ゲージは砂を流し込む前のいわゆる『タンピング』をしている最中でありました」。ハーロウは解説する。「この作業中、背後の穴の中にい

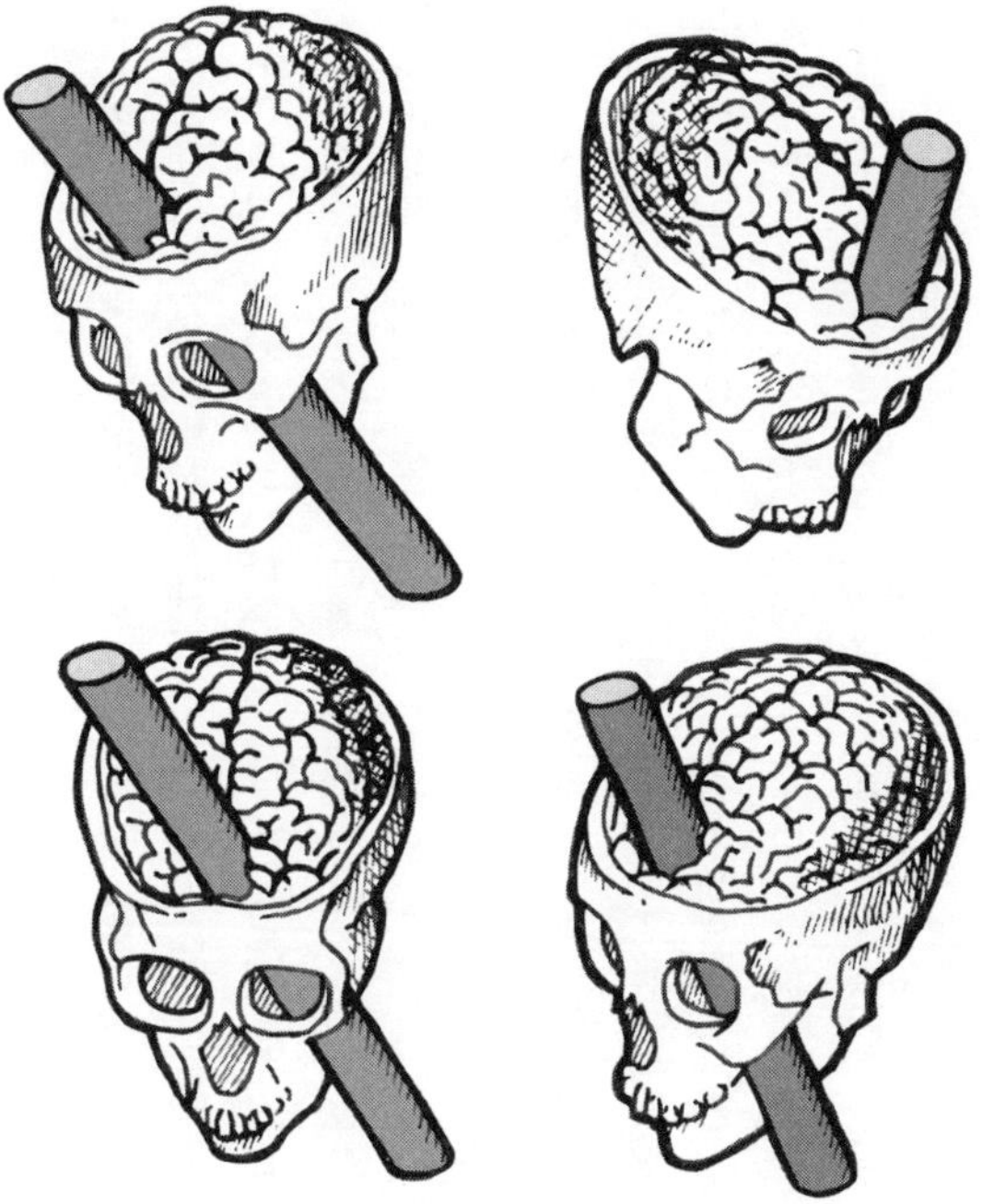

図1｜ゲージの頭蓋骨を貫通した込め棒

た部下にゲージは気をとられ……同時に鉄の棒を爆薬の上に落とし、岩に当たって火がつき、爆発が起こったわけであります。鉄の棒は斜め上へ一直線に飛び、ゲージの頭部を貫通して空中高くまで上がったあと、ゲージの背後の、棒が何本か置いてある地面へと落下しました。その鉄の棒はのちに部下たちに拾い上げられましたが、血と脳みそでべとべとになっておりました」

ハーロウは静かに、ゆっくりとした口調で

話し続けた。込め棒はゲージの左頬骨を上向きに激しく突き破った後、左眼窩《がんか》のすぐ後ろの頭蓋基底部を貫通し、血や脳組織や骨の破片にまみれつつ、最終的に頭のてっぺんを勢いよく貫いて出てきたのだった。「骨は破片となって飛び出し、脳はあいた穴からはみ出し、ぐちゃぐちゃな状態で髪にかかっておりました……頭皮は外にめくれ、前頭骨は広範囲にわたって砕け、だいたい5センチ×9センチのいびつな長方形の穴が頭蓋骨に残されました。左目の眼球は、その直径の半分ほど眼窩から飛び出し、顔の左側は右側より突き出た状態となりました」

ハーロウは同業者たちの驚いた顔をさっと見回した。誰もが聞きたいのは「一体どうやってゲージは生きのびたのか？」という質問だとハーロウはわかっていた。それは、ハーロウも答えを出せない疑問だった。

ハーロウは事故後のゲージの様子を語った。ゲージは、苦難の中においてもずっと意識をはっきりと保ち続け、助けを借りて立ち上がると、牛車まで歩いていった。そこでゲージは補助されつつ運転手の横の席に乗り、背筋をピンと伸ばして座り、現場近くの居酒屋に借りていた自分の部屋へと運ばれていった。「到着するとすぐ、ゲージは自分で立ち上がり、荷台の後ろ側まで歩き、2人の部下に手伝ってもらって車を降りました。部下の助けを借りて階段を上がってポーチまで行き、そこで椅子に座り治療を待ったのです」

ゲージは楽観的にも「1日か2日で仕事に戻る」と主張していたが、診察に来た医師は2人とも、ゲージが生きのびるとは考えていなかった。実際、2人は予後については厳しい見方をしていたので、地元の葬儀屋のトーマス・ウィンスローを呼び、ゲージの体長を測って「いざというときのために」棺を準備した。

大方の予想に反してフィニアス・ゲージは全快し、事故後わずか3カ月で、ニューハンプシャー州レバノンにある自分の家へと帰ることができた。ハーロウはゲージの回復に関する自分の功績を謙虚にも否定し、「手当てをしたのはわたしです。ですが、治ったのは神の御業と言えましょう」と述べて発表を締めくくった。驚くべきことに、ゲージは言語能力にも運動能力にも障害を負わなかった様子で、記憶も影響を受けていなかった。当初、ハーロウはこの理由について、込め棒が脳の「不要な」箇所のみを破壊したためだと考えていた。だが、ゲージは医者が思っていたよりもはるかに多くを失っていたことがじきに明らかになった。

ハーロウの目には、「知的能力と動物的性質」のバランスがゲージから失われてしまったように映った。礼儀正しく思慮深かったゲージが、自己中心的で下品な言葉を吐くことが多くなったのだ。ゲージの人格、気質があまりにも変わってしまったため、友人たちやかつての仕事仲間も、彼がゲージであると認めることができなくなってしまった。「ゲージは時折ひどく頑固で、それでいて気まぐれで心が定まらず、将来の行動の計画をたくさん立てたかと思えばすぐに放棄してしまうのです……知能面では子どもであるのに、屈強な男の動物的感情を持ち合わせているのです」[4]。友人たちはこう述べている。「ゲージは、もはやゲージではありませんでした」

その後数年間、ゲージは様々な場所で様々な仕事に就いた。頻繁に仕事を変え続け、「どこへ行っても、自分に合わない部分を見つけてばかり」だった。1854年、ゲージは南アメリカへと船で渡り、チリで乗合馬車の運転手として働いたのちに、1860年に合衆国へ帰国、母と姉とともにサンフランシスコに住んだ。ゲージは1861年5月21日午後10時、発作と痙攣を続けたのちに亡くなった。

それから約5年後、ハーロウはゲージが亡くなったことをようやく知り、「死亡時の脳の正確な状態を知ることができたかもしれない」にもかかわらず検死が行われなかったことをひどく残念がった。ゲージが脳に負った正確な損傷についての証拠を、今や腐敗が進んでしまった遺体から復元できるかもしれないというはかない望みを抱きつつ、ハーロウはゲージの母親に手紙を書き、頭蓋骨を取り出して医学研究用に保存できるよう遺体を掘り出させてはくれませんかと頼み込んだ。ハーロウはさらに、ゲージの望み通りに棺の遺体のそばに埋められていた込め棒も掘り出したいと申し出た。

申し出はどちらも、医学の発展のために「称賛しきれないほどの寛大な心により」了承されたとハーロウは仲間の医者たちに伝えた。ハーロウは、学会の発表でこの説明の際に、帽子からウサギを取り出すマジシャンのような手際の良さで、変形したゲージの頭蓋骨と彼の込め棒を、集まった医師たちに誇らしげに見せた。[5]

ハーロウは論文の中で、ゲージの性格の変化は、脳の前頭部に負ったダメージに起因するかもしれないと仮説を立てている。洞察力に富んだ意見であり、もしこれが取り上げられていれば、脳機能に対する理解も促進されたかもしれない。だが、ハーロウのこの洞察を褒め称える代わりに、医師たちのほとんどは彼の意見を即座に退けた。彼らがあざけった理由を理解するには、19世紀中頃の脳科学の知識がどのようなものだったかを概観しておく必要がある。

新しい脳科学の台頭

ハーロウがゲージの事例を紹介した時代、医学界の一致した見解では、脳は全体として機能するのであり、特定の仕事に特化した部分などは存在しないとされていた。医者たちは長らくこの考えに固執していたが、すでにこの見解を一部揺るがすような発見が2つなされていた。

ハーロウが論文を書く7年前、ピエール・ポール・ブローカという名のフランス人外科医が、パリ郊外ビセートル病院のルボルニュという患者についての報告を公表した。21年間にわたってこの男性は徐々に発話能力を失っていったのだが、理解力や精神機能は影響を受けていなかった。彼は「タン」としか発音できなかったため、病院の職員からは「タン」とあだ名をつけられていた。タンの死後、ブローカが検死を行うと、彼が予想していたように、左大脳半球の前頭葉に損傷した組織が見つかった。このことから、われわれの話す能力は、脳の小さなこの部分に依存しているということをブローカは提唱するに至った。これにちなんで、その部分は「ブローカ野」と呼ばれるようになった[67]。

ブローカの発見から3年後、ドイツの神経学者カール・ベルニッケもまた検死で得られた発見を利用し、ブローカ野のさらに後ろ、脳の左側にある第2の場所が、話された言葉を理解する働きを持っているのだと結論づけた。

発話能力、および話された言葉を理解する能力の局在性はあっさり認めた医師たちだったが、人格や合理性もまた脳に局在しているとしたハーロウの理論を認めようとはしなかった。理由の1つとして、ブローカもベルニッケも、検死から得られた証拠に基づいて意見を述べたということがある。フィニアス・ゲージは、脳のどの範囲がダメージを受けたかについては、墓の中へ葬ってしまっていた。2つ目の理由として、重大な脳のダメージを示す明白な兆候がゲージにあらわれなかったこともある。事故の後も、ゲージの発話能力や動作、記憶はどれも変化がないように見えたのだ。[8]

歴史に埋もれようとしていたジョン・ハーロウとフィニアス・ゲージを救ったのは、イギリスの生理学者デービッド・フェリアーだった。1878年、フェリアーはハーロウの意見を否定する潮流に対して反駁する論文を発表した。[9] ゲージの脳のうち、動作や発話を司る部分は傷つかなかったものの、左前頭前皮質として知られる部分は損傷を受けており、ハーロウがゲージの「精神的堕落」と表現したものの原因がおそらくこの損傷なのではないか、とフェリアーは論じた。

現代のフィニアス・ゲージ

フィニアス・ゲージのケースと同様に、長期にわたる脳のダメージについて最も徹底的に研究したケースの1つが、バルセロナ大学精神医学・心理生物学科のマリア・マタロらにより2001年に報告された。[10]

EVRと呼ばれるその81歳の男性患者は1916年、バルセロナの裕福な家庭に生まれた。1936年にスペイン内戦が勃発したときは大学生で、すぐに当時の不穏な政情に巻きこまれることになった。逮捕令状が出され、警察が彼の住むアパートの3階に現れて、銃をつきつけ逮捕しようとした。ＥＶＲは窓から外へ出て、排水管をつたって下へ逃げようとした。排水管は壊れ、ＥＶＲは下へと投げ出された。落下だけなら大ケガになるようなものではなかったかもしれないが、不運なことに、彼は門の鉄製の忍び返しの上に頭から落下し、頭部が刺し貫かれてしまったのだった。

この不運な若者は意識を保ち続け、突き刺さった棒を救急隊員が切断する際には、それを手伝いさえした。病院では両側の前頭骨から突き出ていた忍び返しの棒が取り除かれた。医師の記述によれば、棒は「左前頭部を刺し貫き、両方の前頭葉を通り、左眼球を傷つけ、右側から外へ出ていた」。

ＥＶＲはこのケガを生きのび、2年後には少年時代から好きだった女性と結婚し、2人の子どもをもうけられるほどにまで回復した。彼は定年まで小さな家族経営の会社に勤めた。基本的な精神テストの成績は正常なままだったが、マタロらによると「社会的行為、仕事上の行動、個人的振る舞いについてはケガの影響が大きく、それは離婚や破産、そして普通の勤務態度を守れないことなどに表れていた」。

長い人生を通じて、ＥＶＲは他者に大きく依存したままだった。会社でまかされた仕事は主に単純な手作業で、それも常に周りに管理されチェックされていた。家庭内で日々の活動を営むときでさえ、常に監督が必要だった。彼は計画を実行したり、責任を果たしたりすることができず、金銭管理もままならなかった。「子ども心にも、父が『保護されている』人なんだという認識はありました」。娘はこう振り返っている。「若いうちに、すぐ『問題』の正体に気がつきました。ずっとそうではないかと疑ってはいましたが。17歳でわたしも父親の保護を手伝うようになり、今も続けています[11]」

時に落ちつきなくせっかちなEVRだったが、特に際立っていたのが気力、やる気に欠けているところであり、仕事を初めから終わりまでやり遂げることは困難だった。長所は底抜けに陽気なところだったが、これにもややうんざりする面があった。何度も何度も同じジョークを繰り返すのである。決してイライラせず悪意もない彼は、怒りをぶちまけることもなければ、感情をコントロールすることに苦労もしなかった。

この状況は、負傷後60年間はだいたい変化なしだった。マタロらは次のように述べている。「われわれの知る限りでは、ここまで長く展開を記述した文献は存在しない。この症例は、前頭骨の大きな組織損傷は行動や人格を変えてしまう可能性があることを示している……おそらく、保護と計画のゆきとどいた家族環境、仕事環境のおかげで、彼は比較的普通の生活を営むことができたのではないか[12]」

衝動性について脳損傷からわかること

これらの研究は、衝動の背後に潜む神経科学について多くを解き明かしてくれるのみならず、前述のようなケガがどのように大きな衝動性へ結びつきうるのかについてわれわれの理解を助けてくれる。先に挙げた例では、ケガの原因は込め棒と門の忍び返しだったが、いずれにおいても眼窩前頭皮質（OFCとしても知られる、頭部前方、目の上にある部分）と呼ばれる脳の箇所が傷を負った。そして、脳の右側よりも左側のダメージの方が大きかった。前帯状《ぜんたいじょう》皮質《ひしつ》（ＡＣＣ）と呼ばれる部位もまたダメージを受けた。これは脳梁をとりまく「えり」に似ている。脳梁は大量の神経線維が集まった束で、脳の右半球と左半球をつなぎ、メッセージの伝達を担う。帯状皮質の役割は幅広く、例えば、血圧や心拍数を調節したりする。われわれが決断を下したり、感情を表したり、共感を示したり、見返りを期待したりできるのも帯状皮質のおかげである。

研究の結果、ＡＣＣは誤りを探知・監視し、誤りの程度を評価し、それを正すにはどのような行動が最も適切かを提案する際にも主要な役割を果たしていることがわかっている。明らかに、衝動性の原因を理解する上では欠かせない部位というわけだ。もし、衝動的な人が自らの衝動的行為によって起こった過ちをすぐに探知できなければ、それを是正するためのタイムリーな手段を講ずることもできないからである。

適切な行動と不適切な行動とを区別する助けとなるもう1つの脳の部位は、側坐核《そくざかく》と呼ばれる箇所で、進化論的観点からいえば最も古く原始的な脳の深いところにある。「最終的に報酬に結びつくような正しい行動はどれか、また正しくない行動はどれかを学ぶには、何らかのメカニズムによって、行動と結果の間の空白を『橋渡しする』必要がある」。こう説明するのは、ルドルフ・カーディナル博士、ジョン・パーキンソン博士、バリー・エベリット博士である。「側坐核は強化学習を行う器官である。特に、後で得られる報酬から学習し、後で得られる報酬を選ぶという、難しい仕事をこなしている」[13]

この部位を手術により切除されたラットは慢性的に衝動的となり、後に得られる大きな見返りよりも、すぐに得られる小さな見返りを求めるようになる。側坐核が成熟するのは人間ならば20歳を過ぎてからかもしれないが、それまでは、ティーンエイジャーが活動に費やす用意のある努力量と期待する見返りのレベルとの間にはギャップがある。一般的に思春期の子どもは、最低限の努力で最大の見返りが最も早く得られる活動を求める傾向があるが、そのことの説明がこれでつく。この話題に関しては、ティーンエイジャーの脳がどのように成熟するかを述べた第4章で改めてとりあげる。

思春期における変化の波の影響を受けるものとして、さらに小脳扁桃《しょうのうへんとう》(amygdala) が挙げられる。その形から、「アーモンド」を表すギリシア語に由来する名前だ。視床下部とともに、小脳扁桃は学習された恐怖、「驚き反応」、怒り、攻撃性、嗅覚、ある種の学習、記憶を司っている。小脳扁桃は、恐怖と驚きを表す目を見開いた表情に「しっかりと」反応する。目を開いたようになるのは目の形が変わるのではなく、虹彩を取り巻く白い強膜の露出度が上がるからである。[14]

多くのティーンエイジャーが衝動的な反応をしてしまうのは、小脳扁桃に生じた変化のせいかもしれない。また、他人の中立的な、もしくは好奇心からくる表情を、自らに対する怒りや攻撃ととらえてしまう傾向もティーンエイジャーには見られるが、これも小脳扁桃の変化が原因かもしれない。そのような誤解のために、ティーンエイジャーにとってこの世界は大人が見るよりずっと危険で悪意に満ちた場所に見えてしまう可能性がある。これもまた、第4章でさらに詳しく扱うトピックである。

フランク・ベンソン博士とディートリヒ・ブラマー博士[15]は、フィニアス・ゲージやEVRが負ったような脳のダメージは、２タイプの人格変化をもたらす可能性が高いとしている。１つ目は、無計画さ、無気力、やる気のなさや将来への無関心などに特徴づけられ、前頭の大規模な組織損傷と関わっている。２つ目は仮性精神病質と呼ばれ、「特色は、大人としての機転や自己抑制を欠く点にある」（『精神医学と神経学の境界領域』山下格監訳、金剛出版、１９８２年）。

これらの衝動的な行動は、先に述べた眼窩前頭皮質（ＯＦＣ）の損傷と関連する。ＯＦＣは人間の脳の中で最も理解の進んでいない部位の１つであるが、報酬と罰に対する感度と関連性があり、計画的な行動を司ると考えられている。衝動的な人は非衝動的な人と比べ、罰に対する感度が希薄な一方で報酬にはより敏感に反応し[16,17,18]、罰のリスクを考えれば自制した方がよい場面でも報酬を求めに行くという点から、ＯＦＣの機能と衝動的な行動との間には繋がりがある可能性もある[19]。衝動的な人は、受動的回避が苦手である。つまり、得られるものより失われるものの方が大きくとも、それをやり続けてしまうのだ。やはり、衝動的行為を管理するのは前頭皮質であるといえるのかもしれない。

人生に変化をもたらす脳の変化

脳腫瘍を取り除く手術を受けた際に前頭皮質の大部分を切除することになった35歳のある男性のケースは、まさにこの「人生に変化をもたらす脳の変化」を説明してくれる。手術の結果、人格が大きく変わってしまったのである。

充実した学校生活を送る2人の子どもを持ち、それまで幸せで安定していた男性の結婚生活は、結局離婚に終わってしまう。数カ月の間に男性は再婚を果たすも、長続きはしなかった。以前は鋭い金銭感覚を持った有能なビジネスマンだったが、何度もベンチャービジネスに失敗するようになった。「職にとどまれるくらいにはスキルも知性もあるが、時間通りの定期的な出社ができないのだ」。ポール・J・エスリンジャーとアントニオ・ダマーシオは言う。「長期的な利益を考えられず、価値のない周辺的な利益を追うことも多い。以前の彼とは異なり、判断力に欠け、しばしば不適切な行動もとってしまう」[20]

もちろん、この章で見てきたような劇的な出来事のみが、何らかの形で脳にダメージを与え、以前よりずっと人を衝動的にしてしまう唯一の原因ではない。同様の結果は、病気、薬物摂取、加齢による変化などで損傷を受けた場合にももたらされる可能性がある。

OFCの小さな損傷でも、「ふざけ症」として知られる珍しい神経学的状態につながるかもしれない。ふざけ症（Witzelsucht）はドイツ語でジョーク、冗談を言うを意味するwitzelnと、中毒、欲望を意味するsuchtから来ている。ふざけ症は、不適切なジョーク、無意味で無関係な逸話、しゃれなどを話したいというコントロールしがたい衝動が特徴である。それを見た人々は、退屈で恥ずかしく迷惑な行動だと考えるが、患者はひどく面白いと思っている。灰白質の減少により、年配の人々はこの疾患にかかりやすい。とりとめなく話し、冗談を言う老人のステレオタイプは、この状態にその起源があるのかもしれない。

前頭皮質へのダメージに起因するもう1つの奇妙な結果に、「他人の手症候群」がある。これは、まるで磁石に吸い寄せられるかのように、近くにある物や人に衝動的に手を伸ばしつかんでしまう疾患である。[21] これと関連して「利用行動」と言われる症候群もまた、ＯＦＣのダメージと関係がある。これをもつ者は必要ないときでも手の届く範囲のものを利用せずにはいられなくなる。[22] 例えば、テーブルの上にメガネが置いてあれば、患者は衝動的にそれをかけてしまうかもしれない。もしもう1つメガネがあれば、患者は同じ行動を繰り返すだろう。最初にかけたメガネの上に、もう1つメガネをかけるのである。

右に挙げた脳の部位、特に眼窩前頭皮質と前帯状皮質が、システムⅠ思考において主要な役割を担っているのは明らかである。われわれをより衝動的にするのではなく、そのような衝動を自制する力を与えてくれるのだ。ゾンビ脳に「ブレーキ」をかけることで、思考や言葉、行為について熟慮し、場合によっては考え直すための時間をくれる。

もしこれらの部位がケガや加齢、病気やアクシデント、例えば卒中や腫瘍などでダメージを受けたり破壊されたりすれば、コントロールが失われてしまって、元に戻らないかもしれない。アルコールや薬物によって眼窩前頭皮質と前帯状皮質が衰えれば、少なくとも短期間は、衝動的な行動を抑えづらくなる。どちらのケースでも、ゾンビ脳がわれわれの行動を決定する力を取り戻しているのだ。

断っておくが、衝動的にふるまう人すべてが脳に何らかの形のダメージを負っていると言っているわけではない。少数のケースにおいては正しいかもしれないが、遺伝や脳内の化学物質、若さや出生前もしくは出生後における人生経験など、衝動性の上昇につながるような要素は他にもたくさんあるのだ。そこで、疑問がわいてくる。自己破壊的でダメージを与える行為を生み出す可能性の高い衝動というものを持ったまま人間が進化したのはどうしてだろう。その答えを1つ挙げるとすれば、人間が周りの世界を把握し、生存していくために必要だったからである。

ゾンビ脳と人間の生存

今度混み合ったエレベーターやラッシュアワーの電車に乗ったときには、こっそり辺りを見回してみてほしい。そこでの様子を見れば、衝動がわれわれの思考の初期設定となっている理由を説明しやすくなるだろう。赤の他人と限られたスペースを共有する必要に迫られると、同じオリに入れられた初対面のサルたちとまったく同じ反応を人間は見せる。

見知らぬサルに囲まれたサルは、攻撃性を弱める意図で非言語的な合図を送る。サルたちも人間と同様、そのような混んだ環境を潜在的に好ましくないと感じるのだ。この感覚が与える不安のために、彼らは自分の中に閉じこもり、最小限の社会的接触しか取らなくなる。混んだエレベーターや満員電車で、われわれはまったく同じ行動をとる。アイコンタクトを避けるために視線を逸らし、床を見つめたり、本や雑誌や新聞などを自分と相手との間に置いたりする。ペンをもてあそんだり、腕時計に何度も目をやったり、エレベーターの中なら、不必要にボタンを押したりと、気をそらすための行動に頼ることもある。

何らかの理由で、例えば、電車に乗っていて信号機トラブルがあったとして、見知らぬ人と共に過ごさねばならない時間が延びてしまったときに初めて、人々はバリアを下ろし、初めは恐る恐る、相手に近づいていく。サルたちも同じ行動をする。しばらく苦心して互いを無視したのち、サルたちは序列内での自分の位置を示すために毛づくろいを始める。興味深いことに、旧世界、すなわちアフリカやアジア出身のサルたちの場合、序列が下のサルがより上のサルの毛づくろいをする。これに対して、新世界、すなわち南アメリカ出身のサルの場合は、上位のサルが下位のサルの毛づくろいをするのである。

このような行動のルールは、人間にせよサルにせよ、外敵の多い世界で生き残るために何百万年もかかって発達させてきたものだ。生き残れるかどうかは、どんな状況に直面してもうまく対処できるよう、極めて素早くまた十分な正確性をもって推論をし、決断を下せるかどうかにかかっていることが多い。

このプロセスにかかわってくるのがゾンビ脳のシステムI思考で、これによってどのような新しい状況にもこのように判断を下せるようになる。たいていの場合、初めて出会ってから数千分の1秒という間に、われわれは相手が好きになれる人間か、性的魅力を感じる人間か、興味が持てない人間か、それともそばにいて居心地が悪い人間なのかを感じ取る。ある人を好きになれない（システムI思考）が、それがなぜだかは説明できない（システムR思考）という感情は、17世紀のトーマス・ブラウンという名の学生が大学の学部長ジョン・フェルに捧げた詩の中にきれいにまとめられている。

フェルせんせい　ぼくはあなたがきらいです
どういうわけか　きらいです
でもたしかです　まったくたしか

フェルせんせい　ぼくはあなたがきらいです[23]
（『マザー・グースのうた　第1集』谷川俊太郎訳、草思社、1975年）

潜在的に危険な状況に備えるため、脳はヒューリスティクスとしても知られる「思考のルール」を数多く発達させてきた。ギリシア語の「見つける」「発見する」にその名が由来するヒューリスティクスは、必要が生じたときにいつでも素早く自動的に働くようになっている単純で効率的なルールである。

「異なった環境では、異なった特定の簡素なヒューリスティクスがあり、特定の情報構造を利用し、適応するための決定を下している可能性がある」[24]。研究者のゲルト・ギーゲレンツァーとピーター・トッドはこう話す。彼らはゾンビ脳が一生を通じて用いる何百というヒューリスティクスを「適応のための道具箱」という言葉で表現している。脳に元来組み込まれているヒューリスティクスも多く、それらはわれわれの最初期の祖先たちの生存の必要性を反映しているが、ほとんどのものは世代から世代へ、ある文化から次の文化へと受け継がれたものである。

宇宙探索、そびえる摩天楼、ｉＰａｄ、ソーシャルネットワークなど現代生活の虚飾に囲まれたわれわれ人類は、文明的であると見なすものすべてが実はごく最近のものであることをいとも簡単に忘れてしまう。現代人の先祖である道具を作る人類が出現したのは約３００万年前だが、今日の文明の最初期の基礎は、最後の氷河期が終わった約1万２０００年前に築かれたものである。人類という種が地球上に存在してきた時間のうち99・５パーセントの間は、ほぼ全面的にシステムI思考による指示を受けていたのだ。この時期、変化はゆっくりと起きた。

新しい技術が発達するまで10万年かかるような時代だったため、磨き上げられたヒューリスティクスは(限界はあったにせよ)非常に効果的だったのである。

『暴走する文明――「進歩の罠」に落ちた人類のゆくえ』(星川淳訳、日本放送出版協会、2005年)の中で、著者のロナルド・ライトもこう指摘している。「都市にしても記念物にしても、五千年以上古いものはない。文明の発祥以来、七十年の生涯を七十回ほどつなげただけで現在にいたる。文明史全体でも、私たちの祖先がはじめて石の先を尖らせてから二百五十万年におよぶ経験の、わずか〇・二パーセントを占めるにすぎない[25]」

つまり、人間の進化の過程では生存に対する物理的脅威が非常に多く存在したため、素早く決断を下し行動を起こすことを可能にする目的で、脳はヒューリスティクスを発達させたのだ。例えば、驚き反応はリラックス状態から瞬時に最大限に注意を払った状態へと移行するものだが、これはあらゆる茂みの中に危険がひそんでいた時代には生死を分ける重要性があった。

問題は、ヒューリスティクスは数千年前には効果的だったものの――そうでなければ、わたしはこの文章をこうして書いてはいないだろうし、読者のあなたもこうしてこの文を読んではいなかったろう――今日では人間の生存にとってまったく厄介なほどに不適切である可能性もあり、潜在的には致命的ともなりうるのだ。情報量の増加を例にとってみよう。計算によると、現代文明の夜明けから2003年に至るまでの約5000年の間に、人間活動は約5エクサバイト(50億ギガバイトに相当する)の情報を生み出した。2003年から2010年にかけては、2日ごとにそれと同じだけの情報量が生み出された。2013年までには、10分ごとに同じ量が生み出された。数時間のうちに、それまで書かれていた本すべてに含まれる全情報量を超えてしまったのである！[26]

このような急激な変化にもかかわらず、われわれ自身はいまだに（コンピューターのたとえを続けて用いるなら）５万年以上前を最後にアップグレードされていないハードウェアとソフトウェアを用いつつ、21世紀の世の中を理解しようとしているのだ。

ヒューリスティクスはゾンビ脳を動かし、自身が生み出す無思慮な行動や衝動的行動の中にその姿を現す。ヒューリスティクスのスイッチを入れるのは、周りの環境に存在する様々な要素であることが多い。例えば、視覚や音、においなどは意識的な気づきの下のレベルで影響を及ぼす。その結果、われわれは往々にして自分自身でも驚くような、そして理性では説明のつけられないようなことを言ったり行ったりしてしまう。本書ではこれから、これら潜在意識の影響のいくつかについて説明し、なぜそれによって衝動的に、時には自己破壊的にわれわれが行動してしまうのかについて解説していく。

第4章 発達途上の脳

ティーンエイジャーはなぜ衝動的に行動しがちなのか

The Teenage Brain—A Work in Progress

「人生は、長きにわたり、大きな投資であり、知識経済であるが、そうさせたのはティーンエイジャーたちである。だから、青年期は苛立ちの多い過渡的な段階ではなく、人間の人生設計において、文字通り回転軸なのである。その軸を中心に残りの人生が回転するのだ」

——デービッド・ベインブリッジ『Teenagers: A Natural History（ティーンエイジャー——ナチュラル・ヒストリー）』

1999年7月28日、フロリダのハイウェイパトロールに所属するシングルマザーのキャスリーン・グロセット＝テイトは、親友の6歳の娘ティファニー・ユーニックの面倒を見ることを引き受けた。キャスリーンの12歳の息子ライオネルがその小さな女の子とはじめて会ったのはほんの数週間前だったが、2人の相性は良いようだった。

夕食後、キャスリーンが上の階で家事を済ませる間、ティファニーとライオネルはテレビを見るためにリビングに入った。10時頃、リビングから大きな音が聞こえたので、キャスリーンは子どもたちに静かにしなさいと叫んだ。40分後、息子が階段を上ってきて、ティファニーが死んだと静かに告げた。

12歳のライオネルは、体重77キロものがっしりした体格だったが、彼の話では、テレビのレスラーの真似をしているときに華奢なティファニーの頭がテーブルにぶつかってしまったとのことだった。最初は、子どもらしい取っ組み合いの遊びが不幸にも間違った方向に行ってしまったゆえの悲劇だと思われた。しかし、病理学者の報告書は異なった説明をした。ライオネルが供述した1回の転倒どころではなく、6歳のティファニーが5分にもわたって激しく打ちつけられた様子が書かれていたのである。35カ所の傷害には、脾臓破裂、部分的肝臓剝離、頭蓋骨の骨折、脳挫傷、肋骨損傷などがあり、さらに小さな体の至る所に裂傷や打撲傷が見られた。

殺人容疑でのライオネルの裁判中、ライオネルが小さい頃から学校で定期的にトラブルを起こしていたことが裁判所に報告された。ケンカ、嘘、脅迫、窃盗により、15回停学になっていた。IQは90と測定され、「社会的成熟度」は6歳の子と同等であると評価された。プレティーン（訳注：思春期直前の9歳から12歳までの子ども）を研究してきた、行動科学法学研究所に所属する犯罪心理学者のマイケル・ブラノン博士は、ライオネルは精神病ではないものの、12歳という年頃が持つ「暴力を振るう高い可能性、抑えられない怒りや敵意といった感情、衝動をコントロールする能力の欠如」があると裁判所に述べた。

2時間もかからずに、陪審は有罪の評決を出した。裁判にはほとんど関心を示さず、ほぼずっと弁護士の机で絵を描いて過ごしていたライオネルには、執行猶予なしの終身刑が言い渡された。アメリカの歴史上、12歳という若さでこのような刑が下ったのは初めてのことだった。

２００３年の終わりごろ、フロリダの控訴裁判所は、ライオネル・テイトが裁判を受ける精神能力を有するかどうかの検査をさせなかった裁判官は間違っていたとする弁護側の申し立てを支持した。ライオネルの年齢、法制度に不慣れである点、検察側の主張の複雑さなどを考慮すると、彼に裁判を受ける能力があるとした第一審の裁判官の判断は妥当ではないとされたのだ。数週間後、すでにティーンエイジャーとなっていたライオネルは釈放され、母の監督下に置かれた。第二級謀殺（訳注：殺意はあるが計画性のない殺人）に対する答弁をする代わりに、ライオネルの刑罰は自宅監視1年と保護観察10年に減刑された。さらに、ライオネルは強制的にカウンセリングを受けさせられ、地域奉仕活動に従事することとなった。

初めは、ライオネルの生活は平穏さを取り戻しつつあるように思われた。だが、彼の物語はハッピーエンドでは終わらなかった。時間が過ぎるにつれ、ライオネルは支援者たちと連絡をとらなくなり、収監されていたころ面倒を見てくれた教会の集まりにも参加しなくなってしまった。次の年の9月、ナイフ所持で警察はライオネルを逮捕。保護観察は15年へと延び、再度違法行為を行えば再び刑務所行きになると警告を受けた。

7カ月後、ライオネルは3度目の逮捕となり、武装強盗の容疑で起訴された。ピザを注文後に配達員を小型拳銃で脅し、その後警察から隠れるために近所のアパートに押し入った様子が裁判所に伝えられた。２００８年2月19日、多岐にわたる審理の後、ライオネルには州刑務所への収監10年に加え、保護観察違反でさらに30年の刑が科せられた。

ライオネル・テイトに暴力的で衝動的な行動を抑える力がほとんど、もしくはまったくなかったことは明らかである。ただ、ライオネルの示した暴力のレベルは異常だったものの、衝動を抑えられないこと自体は、自然で普通の成長過程の一部分である。日常的に若い人々と触れ合う機会のある方ならわかってもらえると思うが、思春期という発達段階の特徴は、衝動的かつ往々にしてリスクを伴う行動なのである。

限界を試してみたい、制約に抗いたいというこの欲求は、依存から自立へと向かわせる進化圧に起因するものだ。[1] 不幸なことに、その結果は――アルコールや薬物の乱用、少年犯罪、性的体験などがここに含まれるが――時に悲劇的となる可能性があり、[2] またライオネル・テイトのケースのように、しばしば長期的な影響をもたらすのである。[3]

幼少期の衝動

衝動的な行動は、決してティーンエイジの時期に限られるものではない。就学前の児童にも観察することができる。30年ほど前、わたしは12カ月間をある幼児グループの中で過ごし、小さな子どもたちのボディーランゲージを研究したことがあった。幼児たちにとっては、言語的なコミュニケーションよりもむしろ非言語的なコミュニケーションの方が子ども同士で、そして大人と触れ合うための主要な方法だ。

小さなスーツケースほどの大きさの重たい記録装置に、持ち運びに不便な大きくて重い白黒カメラを取り付けた最初期のビデオレコーダーを使ってビデオを撮り、後で幼児たちの触れ合いを分析した。[4] すぐに明らかになったのは、2歳の時点ですでに、衝動性のレベルは非常に大きく異なっているということだ。[5] 何人かの幼児たちは行動的で支配欲を持ち、高い衝動性を有していた。他の子どものおもちゃが欲しければ、単純に奪い取る。滑り台を使いたいと思えば、他の子どもたちを乱暴に押しのける。このような幼児は、近くに大人がいようが思いとどまることはめったにないし、叱られても衝動を加減しようとはしない。

このような外に表れる行動に基づき、生後わずか数カ月でも衝動性を区別することができる。[6]ある研究では、生後6カ月の段階で気質が「難」と判定された幼児は、学校に通い始める頃には普通以上に衝動的であると見なされる実例を見出している。[7]ただし、2歳3歳の段階で衝動性が見られたとして、その子どもが成長してもそのままであるとは必ずしもいえない。実際のところ、他の多くの研究者たちは、生後12カ月間の衝動性の度合いと成長してからの衝動的な行動との間には、まったく相関関係を発見できなかったとしている。

「これはもっともなことのように思われる。というのも、生後1年という時期は、体は急速に発達し、高い応用力が育まれるが、行動能力は制限されているため、脳の状態を正しく捉えていないかもしれないからだ」。テュレーン大学医学部のホルヘ・ダルナ博士とニューオリンズ青少年病院のパトリシア・バーンズ博士はこう述べる。[8]

生まれてすぐ引き離された双子の研究により、衝動的行動には遺伝的要素も大きいことが示されてはいるが、考えなしに行動する傾向は、育ちではなく生まれが原因だというわけでは決してない。[9]ダルナとバーンズはまた、衝動性の兆候が早期に見られたとしても、「周りと比べ、神経系の発達が一時的に不調和である」にすぎないこともしばしばだと主張している。

さらに、親の接し方や幼児の社会環境が「衝動的な行動へと向かう傾向を弱める」可能性もあるだろう。[10]自立を促す母親は罰を与えることは少なく、就学前の期間に子どもと温かく頻繁に会話を交わし、結果、衝動的な子どもに育つ可能性は低くなる。これに対し、過干渉で押し付けがましい母親は、衝動性が高くなる遺伝的傾向を促進してしまう可能性が高くなる。[11]

赤ん坊がまだ子宮内にいる間の発達もまた、衝動的な子どもを生み出す要因の1つかもしれない。母体のストレス、病気、肥満といった外部的要因は妊娠中の子宮内環境に影響を与えるので、脳の発達や遺伝的な設計図の発現の仕方に深い影響を及ぼす可能性があるのである。[12]

さらに、貧困のせいで、ありふれた病気に対する抵抗力を乳児期に高められないため、生涯にわたって広範囲に影響を及ぼす可能性がある。社会経済的に弱者の家庭で育てられた子どもたちは、従来のリスク要因とは無関係に、大人になってから伝染病、呼吸器疾患、代謝障害、循環器障害になる確率が高まるという結果が出ている。[13]加えて、貧困のもたらす心理的影響も、衝動性や性急さ、向こう見ずなふるまいの原因となりうる。

幸いなことに、これらの結果は不可避というわけではない。実のところ、貧困家庭に生まれた子どもたちの約半数は長生きし、まったく健康的な生活を送っていることが研究の結果示されている。違いを生んでいるのは、両親や他の保育者からどれだけ愛情と思いやりを受け、この世界は安全な場所で他人は信用できるのだという感覚を得られたかどうかである。「このような信頼感を持つことで、恵まれない子どもたちは実社会において、より脅威を感じずにすむかもしれない」。ブリティッシュコロンビア大学のグレゴリー・ミラー博士はこう述べている。「結果として、警戒感を抱くことによる身体機能の消耗が少なくなるのだ……また、このような信頼感は、子どもたちが感情の調節方法を学ぶ手助けとなり、実際に彼らがストレスに遭ったときにも、生理的な影響は弱められるのである」

生物学的な視点から言えば、これらの恩恵は、ぬくもりや安心感を得たときに放出されるペプチドであるオキシトシンの生産が増えることによりもたらされている可能性がある。病気を起こす病原体の中には、オキシトシンで弱められるものもあることを動物実験は示している。

ADHD——衝動に支配されるとき

衝動的行動は、ADHD（注意欠陥多動性障害）の重要な特徴である。ADHDは男子に多く、世界中で約20人に1人が罹患している。[14] 患者の4割から6割は、ADHDが大人になっても治らず、学業不振に陥ったり、社会的アイデンティティの確立に失敗したり、交通事故が増加したりと、様々な問題を引き起こしている。[15]

最も広く用いられている治療法は、メチルフェニデートやアトモキセチン、デクスアンフェタミンといった薬を処方し、症状のコントロールを試みることである。残念ながら、ADHD患者のうちだいたい5人に1人は薬に対して反応を示さず[16]、ほかの多くの場合も効果は部分的にすぎない。さらに、薬にはどれも副作用がある。[17,18] 習慣性が形成され、乱用に結びつく可能性もある。長期にわたる追跡調査の結果、子どもたちが薬の摂取をやめると、ADHDの臨床症状が再発していたことがわかった。[19,20]

このような数々の問題から、主にアメリカにおいて、ニューロフィードバック訓練として知られる比較的新しい形の治療法を用いる療法士も現れ始めた。これは、頭に取り付けられたセンサーを通じてコンピューターゲームをプレイし、「脳波」をコントロールできるようになることで、自らの衝動を抑える方法を患者に会得してもらうというものだ。パターンの異なる電気的活動を感知し、スクリーン上のキャラクターを信号を使って動かす。わたしの研究所ではこのような治療は行っていないが、イギリス国内からの問い合わせがあれば、数少ないプロのニューロフィードバックトレーナーを1人、いつも紹介している。この手法の有効性を検証したこともあり、一定の効果が期待できると考えられる。

この治療の一例では、2人のティーンエイジャーの男の子が、赤と青のイモムシでレースをするゲームをする。2人の頭皮につけられた電極から、細い金属線が伸び、2人の前にある台の上のコントロールボックスへと繋がっている。これが脳内の電気的活動を感知し、感知した「脳波」を使って画面上でイモムシが動くのだ。自身をある特定の心理的状態にすることができれば、2人はイモムシを画面上で速く動かすことができる。2人のうち、マークはADHDと診断されている。症状は、衝動性、授業中の集中力欠如、多動性などだ。ライアンはマークのクラスメイトであり実験のパートナーだが、彼にはそのような症状はまったく見られない。

ゲームの間、ライアンの青いイモムシは、コース上を素早く動く。ライアンは、「シータ波」として知られるゆっくりとした動きの脳波を減らすと同時に、より速い動きの「ベータ波」を増やすことをたやすくコントロールできるからだ。マークはゲームに意識を集中できないため、シータ波が多くなりベータ波は少なくなる。結果、マークの赤いイモムシは、スタートラインからかろうじて動くばかりだ。しかし、治療が進むにつれ、マークはシータ波を減らしベータ波を増やせるようになる。このようにして、マークは自らのADHDをコントロールできるようになるのだ。このような訓練には数週間から数カ月を要することもあるが、40パーセントの子どものADHDの症状を大きく軽減することがわかっている。

子どもの脳はどのように発達するのか

ADHDは、医師の診断で仮装した「行儀の悪さ」にすぎないと片付けてしまう大人はまだいるが、それが神経の成長における医学的な障害であり、脳が適切な抑制的コントロールを獲得することができなかった結果であるという点で、ほとんどの医師の意見は一致している。子ども時代を通じて、特に思春期の始まりから成人期初期にかけ、脳は絶えず大きな変化を受ける。初期の数年間で、脳内のニューロン（神経細胞）の数は着々と増加し、同時に相互の連結部分も増えていく。しかし、女子は11歳、男子は13歳になる頃から、より効率的な脳にするため、これらの神経細胞は「剪定《せんてい》」されるようになる。

「ガーデニングのメタファーを用いて言えば、枝、小枝、根のような余分な連結部分を脳が発達させることがある。このような連結部分がつくられた後、これもガーデニングのメタファーを使うならば、剪定作業が行われる。すなわち刈り込みのことで、余分で使っていない連結部分を取り除く作業だ」。国立精神衛生研究所の長期的脳イメージング・プロジェクトを率いるジェイ・ギード博士は説明する。「それは、多くつくっておいてから連結部分すべてを激しく競争させ、われわれが環境に適応するにはどれが有用で役に立つのかを探るプロセスなのだ[21]」。メルボルン大学の神経学者スティーブン・ウッド教授は、このプロセスを彫刻づくりに例えている。「最終的に使う石材や粘土の量は少なくなるが、そちらの方がより完成度の高い作品になるのである[22]」

磁気共鳴映像法（ＭＲＩ）が１９８０年代後半に導入され、生きている脳を細部まで観察することが可能になると、脳の発達についての見方が大幅に見直されることとなった。１９８９年から２００７年にかけ、ジェイ・ギードと彼のチームは、およそ２０００人の脳を、約２年間のインターバルをおいてスキャンした。約５０００回のスキャンを行ったほか、神経心理学的評価、行動評価も併せて実施し、ＤＮＡのサンプルも収集した。これら２０００人のうち30歳から30歳までの約４００人が、典型的かつ健全な脳の発達のモデルとされた。

「思春期は神経心理学的にも行動的にも相当な変化を受ける時期だが、ティーンエイジャーの脳は大人の脳が壊れたものでもなければ、欠陥のあるものでもない」。ギード博士はこう述べる。「過剰生産・選択的排除というプロセスの適応力、異なる脳機能の連結と統合の促進、報酬系と前頭皮質・辺縁系バランスの変化、生まれた家庭からの独立に伴う行動、自己責任の増加、センセーションシーキング（訳注：新しい感覚や経験を求める性質）の増加などは、過去において大いに適応の助けとなってきたし、今後もそうだろう。ティーンエイジャーの脳はこれらの変化や大きな可塑性があるので、思春期は大きなリスクと大きなチャンスがある時期なのだ[23]」

思春期における脳の変化は、脳の後ろ側にある小脳と呼ばれる部位から始まる。小脳の機能は、身体の協調や知覚情報の処理をコントロールすることだ。ボクサーがパンチを頭に受けて「パンチドランカー」になった場合、一番のダメージを示すのは脳のこの部分である。次に成熟するのが側坐核で、小脳扁桃がこれに続き、最後に前頭前皮質が成熟する。前頭前皮質は額の後ろ側に位置し、前章で詳細に説明した眼窩前頭皮質の上部にある。一般に、成熟プロセスは連結と統合の増大を伴い、それまで分散していた部位がより緊密に関連づけられるようになる。

プレティーンのピーク時から灰白質の量は減少する一方、ミエリンと呼ばれる脂肪質の物質からなる白質は増加する。神経繊維のほとんどを覆っているミエリンは、電気の絶縁体のような機能を果たし、信号の流れを速め、脳を超高速な情報伝達路へと変える。ある作家は、「インターネットをダイヤルアップ接続からブロードバンドにかえる」ようなものだと述べている。[24] また、脳梁の大きさも増大する。この組織は2億もの繊維からできていて、左右の脳半球をつなげ、脳の両側の主要な伝達経路の1つを形成している。最後に、感情を生み出す辺縁系と、前頭皮質内にあるより高次の思考を行う部分との間のバランスにも変化が生じる。それでは、これらの漸進的な変化によって、思春期の子どもたちの周りの世界への理解、反応の仕方にどのような影響がもたらされるだろうか？

自己抑制、判断力や慎重さを担う脳の前頭部分が最後に成熟するという事実は、ティーンエイジャーは衝動的で向こう見ずであり、感情が爆発しやすいと評価される理由を部分的に説明してくれる。前頭前皮質が未成熟であるということが、ティーンエイジャーが判断力に乏しく、衝動的に発言や行動をしてしまうことが多い理由の1つなのである。これらの変化が脳内で生じているとき、ホルモンの急激な増加によってティーンエイジャー、特に男子は、新しいスリルと経験を求めてしまうのだ。「欲求は増えるのにブレーキはきかないという、発達上のミスマッチが存在している」とスティーブン・ウッドは述べている。

精神疾患とティーンエイジャーの脳

ティーンエイジャーの脳は、様々な形の精神疾患に特に侵されやすい。精神病全体の約4分の3は（診断自体はかなり後になるかもしれないが）15歳から25歳の間にその原因がある。2005年の報告書によると、約270万人の子どもや青年たちが、精神面や行動面で深刻な困難を抱えていると見積もられている。これらの困難は大人になっても残り、さらに深刻な形の精神病を含め一生続く障害へとつながる可能性もある。

このような形で病気になる若者の脳は、通常と比べて発達速度が速いらしいことが、スティーブン・ウッドらの研究により示されている。さらに、健康を保っている人々と比べると、精神疾患のある人々には年齢のわりに大量の灰白質の減少が見られる。「思春期の病気に関して脳と行動のメカニズムが段々とわかってきており、ある思春期の子どもが病気に罹患するリスクや死亡するリスクに関する洞察を得ることができるはずだ」。エリザベス・マカナーニー博士はこう述べる。「予備データは有望なので、これらの症状1つ1つの複雑性と特異性がわかってくれれば、より早期に病気の診断と治療ができるようになるだろう[25]」

子ども時代の衝動性は生物学だけで説明がつくのか

フィラデルフィアのテンプル大学のローレンス・スタインバーグは、これまで思春期の脳の研究に生涯を捧げ、若い世代の衝動性の根本原因をいくつか発見してきた。[26] スタインバーグは研究成果として、思春期の衝動が発生する原因は、第二次性徴以後、劇的に増大するセンセーションシーキングと、20代初期から中盤に至るまでは完全に成熟しない自己抑制との間の不均衡であると示唆している。このように、システムI思考（センセーションシーキング）とシステムR思考（自己抑制）との間の連絡が断たれている結果、ティーンエイジャーは単に衝動的に行動しやすいだけでなく、逆に、直感を使って対処した方が良い問題について長く考えすぎる罠に陥ってしまう可能性もあるのだ。

ある研究では、誰かの髪に火をつけるといった明らかに危険な悪ふざけが「良い考え」かどうかをティーンエイジャーに質問した。答えを出すまでにかかった時間は大人より著しく長く、行動の抑制に関連する脳の領域への負荷は大人と比べ少なかった。問われた事柄がまったく安全な場合には――例えば「サラダを食べる」など――そのような熟慮する時間は見られなかった。

スタインバーグの言葉を借りるなら「良いブレーキシステムが準備される前にアクセルが作動してしまう」という結果となり、[27] システムIとシステムRとの不均衡が最も大きくなるミドルティーン（14歳から17歳）にそうした傾向が特に強く表れている。スタインバーグが発見したのは、ティーンエイジャーは成人期初期の人間と比べ、行動する前に思考にかける時間が短く、後の報酬より目先の報酬を求める傾向が強いということだった。言いかえれば、ティーンエイジャーは大人と比べ、システムI思考とゾンビ脳によってコントロールされている度合いが著しく高いのだ。

仲間からの圧力も、成人期初期の人間よりもティーンエイジャーにはるかに強い影響を及ぼす。スタインバーグは、ティーンエイジャーと19歳から22歳の大人に、黄色信号に近づく運転シミュレーションを行ってもらった。この運転は、1人だけでやるか、もしくは同性同年齢の友人2人に見られている状態でやるかのどちらかで行った。見られている場合、ティーンエイジャーが黄色信号で止まらずに事故の危険を冒す可能性ははるかに高くなった。[28] 成人期初期の人間にも同じ効果が見られたものの、その度合いははるかに小さいものだった。[29]

このような調査結果は、飲酒や乱暴な運転、非行といったリスクを伴う思春期行動の実に多くが、グループで行われる理由を説明する助けとなる。若者は仲間とともに過ごす時間が長い。1人でいるときには対人関係によらない報酬によってある神経路が活性化されるが、これと同じ神経路が、他の思春期の子どもがそこにいるだけで活性化され、リスクをはらんだ状況の有益な側面が強調されるのだ。これは、第11章で暴動や公序に反する暴力に見られる模倣的行為を取り上げる際に、再び扱うトピックである。

世間一般のステレオタイプでは、ティーンエイジャーは衝動的で非理性的な存在として表現される。しばしば向こう見ずで無責任な若造（もしくは小娘）と言われ、過度な飲酒をし、薬物に手を出し、ケンカ沙汰を起こし、危ない運転を行い、軽犯罪や暴力行為に手を染め、チャンスあらば避妊なしの性行為に及ぶような人々、という扱いである！ タブロイド紙の編集者や読者の頭の中では、ティーンエイジャーは――ライオネル・テイトの裁判で検察官が用いた用語を使えば――「若き肉食動物」なのだ。

この思春期に対するバイアスのかかった見方は、詳細で信頼のおける多くの調査研究によって否定されている。実際のところは、15歳の論理的推論能力は大人のそれにもひけを取らないことがわかっている。また、リスクを認識し自らのもろさを判断する能力に関しても、思春期の子どもは大人と同等である。よって、システムI思考がティーンエイジャーの行動や認識、思いこみを規定する可能性があるにせよ（そして実際そうなることが多いのだが）、ゾンビ脳をコントロールすることはまったく可能なことなのである。

ティーンエイジのリスクと報酬

ティーンエイジがリスクをはらんだ時期であることに疑いはない。しかし、それは同時にチャンスのある時期でもあり、創造性、学習の時期でもある。成熟しつつある脳にはまだ「自由に形を変えられる可塑性」があるため、思春期に若者を尊重し大きな期待を抱く大人たちから、安定的かつ繊細なケアを受けることで人生が変わりうるのだ。

そのような援助や助言の与え方は、それがどのように受け止められ実行されるかということと深い関わりがある。思春期の子どもに、避妊なき性行為や薬物乱用、乱暴な運転などのリスクに関して信頼できる情報を提供すれば、たいていそのような行動に対する考え方は改善するものの、実際の行動に変化が起きることはめったにない。

研究によると、一般に、健康を害する行動の減少が最も期待できるのは、リスクが冒される背景に変化が生じたときである。例えば、タバコの値上げや、酒類販売の厳格化、避妊の無料化などは、みなリスクを伴う行動を良い方向へ変えていく可能性を持っている。「われわれはティーンエイジャーを批判すべきではない。祝福すべきである」。デービッド・ベインブリッジは、『Teenagers: A Natural History』の中でこう主張している。「われわれが見失っているのは、ティーンエイジの時期は人生で最もドラマチックであり、強烈で刺激的だという事実だ。すべてがとても生き生きとしているのである」[30]。ティーンエイジの時期に、思春期の子どもが大人の生き方へと向かう航海の針路が決定される。ティーンエイジャーたちの未来すべてが、脳と身体に大きな変化が訪れ、混乱と無秩序が支配するこの人生の一時期に下した決断におそらくかかっているのだ。

第5章 様々な感覚と衝動性

Impulse and the Senses

「何かを信じるのに必要なのは、自分の感覚だ。世界をみるのに使う道具、つまりは視覚、触覚、記憶だ。そうした感覚に裏切られたら、何も信じられなくなる」

——ニール・ゲイマン『アメリカン・ゴッズ（上）』（金原瑞人、野沢佳織訳、角川書店、2009年）

1572年、コンデ公アンリ1世・ド・ブルボンの結婚を祝し、ルーブル宮殿で王室舞踏会が開かれた。お相手は16歳のマリー・ド・クレーブで、「人目に立つ美貌と自然な可愛らしさ」をもつ若い女性だった。その夜の出来事について、約2世紀後のフランスの解剖学者ジュール・ジェルマン・クロケーは、こう記している。

「長時間のダンスの後、舞踏場の熱気に少しぐったりしたマリーは控え室に入り、そこで王妃の侍女の1人の手を借りて、きれいなシュミーズへと着替えた。たまたま控え室に入ってきたアンジュー公（のちのアンリ3世）は、偶然にも脱ぎ捨てられたシュミーズを拾い、それを使って顔を拭いた。その瞬間から、アンジュー公は彼女に激しく燃え上がる情熱を抱くようになった」

この結果として起こった醜聞は宮廷を憤慨させ、フランス社会に衝撃を与えたが、同時にこのことは、意識的な自覚のレベルより下部において1つもしくは複数の感覚が刺激されることで、いかに強い衝動が思いがけない形で引き起こされうるかを示す格好の実例である。ここで言う感覚とは、ある特定の物理現象に反応し、信号を受け取り解釈する特定の脳領域に対応する感覚細胞の集まりを指す。

世界を理解する21の方法

われわれ人間が有する感覚は、一般に認識されている五感――視覚、聴覚、味覚、触覚、嗅覚――だけではなく、だいたい21の様々な感覚が存在する。いくつかを次に説明しよう。

視覚　専門的にいえば視覚は2つの感覚から成っている。色覚を生み出す受容器（錐状体《すいじょうたい》）と、薄暗い中で見えるようにする受容器（杆状体《かんじょうたい》）とが存在する。

聴覚　内耳にある毛が気圧や水圧の変化を感じとり、これらの振動を脳内にある特定の聴覚中枢へと伝達する。

嗅覚　嗅上皮にある化学的感受性をもつ細胞によって伝達される。最も原始的かつ影響力のある感覚の1つであり、本章の少し後でさらに詳しく見ていく。

味覚　これは5つの感覚を1つにまとめたものだとする研究者もいる。というのも、舌には甘味、塩味、酸味、苦味、うま味を感知するのに特化した受容器が存在するからである。うま味とは1908年に日本で発見された成分で、この言葉は美味しい肉のような味を表すために用いられる（訳注：日本語の「うま味」がそのまま英語Umamiになった）。うま味受容器は、肉や一部の人工調味料に含まれるグルタミン酸というアミノ酸を感知する。ちなみに、特定の味覚に特化していると考えられる舌の領域を示した「味覚地図」は完全な誤りであり、前世紀にドイツでなされた研究の誤解に基づくものである。

触覚　この感覚は、気圧や温度、痛み、さらにはかゆみについての情報を脳に送る感覚とはまったく別のものである。

温度感覚　熱や冷たさを感じる能力もまた、2つ以上の感覚によるものだと見なされている。熱と冷たさの検出器が2つ別々に存在しているのみならず、3つ目のまったく異なるタイプの温度受容器が脳内に存在し、深部体温をチェックするために用いられている。

その他の感覚として挙げられるのが、身体のある部分が他の部分と比べどこに位置しているかを知らせる**固有受容感覚**、筋肉の緊張をチェックする**張力覚**、痛みの感覚を伝達する**痛覚**、バランスを保つのを可能にする**平衡感覚**、肺や膀胱、胃や骨格筋、消化管などに存在する**伸張**

受容器、血流内のホルモンや薬物を検出する**化学受容器**、さらには、磁場を検出する能力である**磁覚**などである。これらすべてに加え、飢えや渇きを感じたときに注意を喚起する感覚もある。

これらの感覚は、どれも作動させれば衝動的行動につながる可能性があるものだが、ここではそのうちの3つ、すなわち嗅覚、聴覚と温度感覚を取り上げる。なぜなら、これら3つは他者により、商業目的で巧みに操られる可能性がきわめて高いからである。衝動を引き起こす上で視覚が果たす重要な役割については、次章で検討することにしよう。

嗅覚のもつ衝動的な力

体臭には遺伝的要因の影響があり、このことは同じ家族の一員が見た目だけでなくにおいまで似通っているという事実を説明する一助となるが、これとは別に、われわれは個々に特有の「においのサイン」を有している。ブラッドハウンド（訳注：イギリス原産の嗅覚の鋭い警察犬）が、混雑した都市の環境の中でもある特定の人物の跡を追うことができるのは、この特有のにおいのおかげである。

「においのサイン」を構成しているのは、肌、髪、腺からの分泌物が混ざり合ったものや、摂取した飲食物、周りの環境からくるにおい、そして、われわれが用いる香水やアフターシェーブローションやにおい消しである。[1] しかしながら、すべての中でも最も特徴的なにおいは、汗であることが多い。これのみでも、衝動的な性欲を喚起する力を持っている。

例えば、ドイツの性科学者リヒャルト・クラフト＝エビングは、ある「肉欲にふける小作人の若者」の話をしている。その若者の自慢は「ダンス中にハンカチで自分の脇の下をふき、次にそのハンカチでダンスのパートナーの顔をふくことで、難なく膨大な数の処女を誘惑することに成功した」ことだった。[2] 人間の汗の大部分は無臭であり、体温を調整する働きをしている一方で、脇の下や生殖器周辺など、特定の部位に分布するアポクリン腺は、細胞自体の一部を含んだ汗を分泌する。この腺は、恐怖、怒りや性的興奮といった感情反応によって機能する。アポクリン腺が性的な欲望や行動に関して重要な役割を担っていることは、それが思春期ごろに活発になり、性的成熟とともにピークを迎え、老いるにしたがって衰えていくという事実からもわかる。[3]

われわれはごく幼い頃ににおいを識別する能力を発達させるが、このことはオックスフォード大学実験心理学科のエイダン・マクファーレンの研究によっても示されている。[4] マクファーレンの調査に参加した母親たちは、授乳後に乳首を洗ったりラノリン軟膏を塗ったりせずに、標準的なガーゼ製の母乳パッドをつけるよう指示を受けた。

それから、母乳のついたパッドと何もついていないパッドを支柱に取りつけて、赤ん坊の頬にそれぞれが触れるように配置し、赤ん坊が首を45度回すとどちらかのパッドのにおいが嗅げるようにしておいた。マクファーレンはこのシンプルな装置を使って、生まれて10日しか経たない乳児でも母乳のにおいの方に引きつけられるばかりでなく、母親の乳のにおいを見知らぬ人のそれと簡単に区別できることを示したのである。

汗は情熱を焚きつけるよりむしろ冷めさせる存在だと多くの人々に思われているにもかかわ

らず、ここまで強力な効果を持っているのは一体なぜだろうか？　その答えは、汗に含まれるフェロモンにある。これが、意識的な自覚のレベルより下で誘惑的な影響力を発揮するのだ。

フェロモンという用語は、「運ぶ」という意味のphereinと「刺激する」「駆り立てる」を意味するhormōnという2つのギリシア語の単語から来ている。ピーター・カールソンとマルティン・リューシャーによって1959年に初めて確認されたフェロモンは、動物が互いに情報伝達を行うために用いる分子である。アリストテレスは、蝶や蛾がにおいに基づいて互いに引きつけられる様子を記述しており、観察結果はフランスの偉大なる生物学者ジャン＝アンリ・ファーブルによって19世紀に裏づけられた。[5]

フェロモンの人間に対する効果は、1950年代初期に、フランスの生理学者ジャック・ル・マニャンによって初めて記述された。彼の興味をかき立てたのは、香水製造で用いられるエキサルトリドというジャコウに似た強い香気をもつ化学物質に、女性の助手が敏感に反応したことだったと言われている。この物質が入ったフラスコに近づくと、女性助手たちは決まって強い刺激を受け、場合によっては説明できない混乱状態に陥った。そばで作業している男性の同僚には何の影響もなく、ほとんどの場合には、においを感じ取ることすらできなかった。同じくらい驚くべきことに、エキサルトリドに対する感受性は月経サイクルに伴って変化したのである。のちの研究で感受性は排卵中に最も高くなることが判明したが、この事実を利用すれば女性が自分の排卵時期を正確に判断することも可能だろう。

第0脳神経と嗅覚

フェロモンに対する感受性の原因は、（おそらく）第0脳神経、すなわち終神経（nervus terminalis）[6]である。これは、ドイツの科学者グスタフ・フリッチが1878年に初めてサメの中に発見し、約35年後にはすべての脊椎動物に見出されている。[7]しかし、この謎につつまれた神経が持つ正確な機能は、今日に至るまで推測の域を出ないままである。ほとんどの解剖学の教科書に記述がないのも、これが理由の1つかもしれない。

もう1つの理由としては、極度に薄いために、検死中頭蓋骨から脳を取り出す際に、神経路がしばしば破壊されてしまうことがある。第0脳神経は、嗅覚の原因である嗅神経（第1脳神経）と並行して鼻から脳に入る。しかし、第0脳神経の終着点は嗅球――においを分析する脳の部分――ではなく、生殖行為を管理する部分にまで伸びている。このために、第0脳神経は近親者と恋に落ち性行為を行うリスクを減らすのにきわめて重要な役割を担っていると考える科学者もいる。フェロモンを検知することで、第0脳神経は似た遺伝子構造をもつ相手をつきとめるのだ。少なくともこれが、フッター派と呼ばれるアメリカの孤立した宗派を研究する中で導き出された結論である。

性的衝動についてフッター派が明らかにすること

１８７４年から１８７９年にかけて、フッター派として知られる再洗礼派の集団がロシアでの宗教迫害を逃れ、アメリカにたどり着いた。そのうち４００人の信徒は、使徒言行録に基づく共同生活のスタイルを発展させていた。今日では、このような19世紀の入植者たちを先祖とする３５０以上の血縁集団が、ノース・ダコタ州、サウス・ダコタ州、ミネソタ州やカナダ西部にわたって分布している。[8]

限定された遺伝子プール（訳注：交配可能な集団内の全遺伝子）の内部で婚姻がなされているため、フッター派の人々の間では自然流産や奇形児のリスクが格段に高まるはずである。[9] しかし実際には、フッター派女性の大部分は、至って普通の健康的な赤ん坊を産んでいる。この事実に遺伝学者たちは困惑し、こう述べた。「同じ血縁集団出身の個人同士は遺伝的関係が近いことを考えれば、有害な劣勢形質が広まらず、むしろ健康的な赤ん坊が普通であるというのは衝撃である[10]」

香りの心理学の世界的第一人者であるレイチェル・ヘルツ博士がこれに関して抱いた疑問は、結婚相手の選択肢がここまで限られているにもかかわらず、どのようにして「近親交配」を避けるのかということだった。その答えは、フッター派の若者の相手選びがランダムに行われるわけでは決してないという事実にある。[11] 逆に、フッター派の若者は自分の遺伝構造となるべく異なった遺伝構造をもつパートナーと恋に落ちるのである。これは無意識にそうするのであり、嗅覚のおかげである。

第0脳神経の仕事の1つは、体内に入ってくる主要組織適合遺伝子複合体（MHC）と呼ばれる何百もの異なったたんぱく質からなる巨大分子を識別することだと、研究結果は示唆している。MHCは人体内ではヒト白血球抗原（HLA）として知られ、免疫システムを管理し、個々の人に特有のにおいを生み出す手助けをしている。「HLAに多様性があればあるほど、良い免疫システムになる」と、サイエンスライターのケイト・シュケルは解説する。「自分のものとはなるべくかけ離れたMHC複合体をもつ相手に人は最も引きつけられる、という仮定が長い間なされていた——かすかに嗅ぐことはできるが意識にはのぼらないにおいが、ふさわしい相手を見定め最も丈夫で健康的な子孫を産むために役立つのだ[12]」

第0脳神経によって2組のMHC遺伝子が十分に異なることがわかった場合、つがいの関係を結び交尾する可能性を高めるために、性的興奮・欲望を増大させる化学物質が放出される。逆に、類似性が検出された場合は、興奮と欲望は同じメカニズムによってともにストップされる。これによって、近親者と意図せず交尾してしまう可能性を減らすことができる。というのも、近親者は同種のMHC遺伝子を共有している可能性が高いからである。そのようなパートナーを避けることで、出生後の乳児の病気に対する抵抗力を高めるのみならず、早産を確実に防ぐ助けにもなるのだ[13][14]。

スイスのベルン大学のクラウス・ベーデキントらは、このことをテストするため、若い男子学生に綿のTシャツを夜に着るよう依頼した。同じ年頃の女子学生たちには、それぞれ6着のTシャツのにおいに評価をつけてもらう。そのうち3着は女子学生と異なるMHCの特徴を持つ男子のものであり、もう3着はMHCの特徴が似ている男子のものだ。

男子と異なるMHCの特徴を持つ女子は、似たMHCの特徴を持つ女子と比べ、男子のにおいをより好ましいものと評価した。しかし、この違いは女子が経口避妊薬を使用している際には逆になった。この条件下では、MHCの似た女子の方が男子の体臭をより心地よいものとして感じ取ったのだ。

「われわれの発見は、ある種の遺伝的に決定されたにおい成分が配偶者選択の際には重要である可能性を示している」とクラウス・ベーデキントは述べる。「配偶者を選ぶ際に従う基準は、病原体からの攻撃に効率的に反応する手段と同じと考えられる。だとすれば、香水やにおい消し、経口避妊薬などを配偶者選択の最中に使用することでこのメカニズムが狂い、悪影響が出ることを使用者は知っておく必要がある[15]」

気づかないほどのにおいでも性的欲望やパートナー選びにおいて中心的役割を果たしているかもしれないという意見は、今ひとつロマンに欠けるかもしれないが、なぜ人がどうしようもないほど恋に落ち、恋愛中におかしな行動をとり、関係が終わればあそこまでみじめになるのかについて説明を与えてくれるのだ。

衝動と閾下のにおい

閾下《いきか》(訳注:刺激が知覚されないが潜在意識に働きかける状態)の視覚に比べ、閾下の嗅覚についての研究は少ないが、かつて考えられていたよりも、後者が衝動的行動に与える影響がはるかに強力である可能性を示す証拠がある。

好み一般に関して閾下のにおいが持つ役割を探ったある研究では、心地よいと評価される柑橘類の香り、中間的とされるアニソール（アニスと似た香り）、ほとんどの人が極めて不快に感じる吉草酸を参加者に嗅いでもらう。においは特定できないほどに薄められていたが、それでも好まれるか嫌われるかの程度に影響が出た。心地よいにおいのある場合では、不快なにおいがある場合と比べ、より衝動的に相手に好まれた。心地よいにおいのもとでは心拍数が下がり、不快なにおいがあれば心拍数が上がった。

「感じ取れないほど微量なにおいでも顕著な心理的・生理的変化を生じさせうるという事実は、過小評価されがちな人間の嗅覚の感受性の鋭さを際立たせている」。ウィスコンシン大学マディソン校のウェン・リー博士はこう語る。「特に、閾下の不快なにおいがもつ確実な効果は、生命に危機が及びそうだというメッセージを伝えるにおいを検出する受容器の存在を示唆している[16]」

ニューメキシコ大学のヨシュア・タイバーらによって実施された別のある研究では、においが性的行動に与える影響が調査された。ここでは、男性ボランティアにコンドームの使用についてアンケートに答えるよう依頼する。記入が終わると、近くの水飲み場に行ってリフレッシュしてくるよう指示が出る。彼らがいなくなると、いたずら用の大便のにおいのスプレーをごく少量、部屋の壁に噴射する。

2番目の男性グループは最初のグループと年齢、学歴が同等であるが、彼らはかすかながらも大便の不快臭に晒された状態で先ほどと同じ質問に回答した。将来安全な性行為を実践する意志についてたずねたところ、知らないうちに不快なにおいに晒されていたグループの男性は、晒されなかった男性と比べてコンドームを使うと答えた人がはるかに多かった。タイバーら心理学者の説明によると、においがかろうじて感じ取れるくらいであっても、病気への恐怖感を喚起するには十分だったのだ。この不安感が健康を守りたいという欲求を増大させ、結果としてコンドームを使用しようという気持ちにさせたのである。[17]

香水と情熱

ギリシアの伝説によると、リムノス島の女性は女神アフロディーテに贈り物を捧げるのを拒んだため、アフロディーテは女性たちがひどい悪臭を発するよう呪いをかけ、そのせいで夫たちは妻から逃げ別の女性へと走ったという。[18]今日、不快な体臭への同じような恐怖感、そして性的に魅力的で望ましくありたいという欲求の2つが、香水や化粧品類の製造販売が年間1700億ポンドという世界的な産業へと成長した主な理由である。

洗っていない体の酔わせるにおいが性的に魅力的と思う者もいる。有名なことだが、ナポレオンは自分が訪れる前には入浴しないようジョセフィーヌに手紙を書いた。しかし、ほとんどの人にとってあまりに下品な体臭はまったく受け入れられない。

ひょっとしたら、裕福なローマ人が性行為前のいつもの準備としてアロマバスにつかり、いい香りの軟膏によるマッサージを楽しみ、頭、体、髪、服に大量の香水を振りかけ、息を綺麗にするために香りの良いスパイスを使ったのは、体臭を消すためだったのかもしれない。帝政ローマの有閑階級の間では、霊猫香と竜涎香が特に人気で、媚薬としてのバニラの重要性を考慮すれば、この香料の名がラテン語vaginaと語源を共有することを付け加えるのも面白い。16世紀にチュニジアの指導者アル・ネフザウィが性交マニュアルとしてはさきがけとなる本を書いたとき、彼がそのタイトルを『匂える園』としたのも偶然ではなかった。

現代の男性用化粧品に用いられている物質の1つがアンドロステンジオンで、これは構造的にはテストステロン、すなわち精巣でつくられ男性の汗や尿に含まれるホルモンと似ている。男性用化粧品は女性をまいらせることを目的としており、研究によるとある程度はそれに成功しているのかもしれない。

スウォンジー大学のデービッド・ベントン博士はこの分野の第一線で活躍する研究者だが、彼は月経サイクルの真ん中では女性はホルモンに対しより強く反応し、そのため自分は気分的により服従的だと、この時期は評価することを発見した。しかし、彼は注意点も付け加える。「性的に引きつけられるとき、性格や社会的スキル、過去の経験、今の状況など多くの要因に左右される。もし他のすべてが適切であれば、においも少し役に立つかもしれないが、エアゾールスプレー製品が決定的な影響力を持ち、他の欠点を補うということはありそうにない[19]」

それでは、世界で最も高価な香料といわれる純粋なフランス産ジャスミンの精油は本当に1グラム300ドルもの価値があるのだろうか？　広く一般論として、どんな種類であれ香水をつけた女性は周りの男性にどんな影響を及ぼすだろうか？　答えは、その女性の服装次第であるように思われる。少なくとも服装が影響していることは、パーデュー大学のロバート・バロン博士の研究により示唆されている。

彼は、若い男性のボランティアたちに、「第一印象」が性格判断に与える影響の調査を手伝って欲しいと告げた。それから彼らは4グループに分けられた。それぞれのグループは2人いる女性助手のうち1人と会って短い会話を交わした。香水をつけた助手とつけない助手がおり、また片方はブラウス、スカート、ストッキング着用で、もう片方はジーンズとTシャツというラフな格好だった。助手がブラウスとスカートの場合、香水は彼女を冷たく、ロマンチックさに欠ける人に見せた。しかし、ジーンズとTシャツ姿で香水をつけると、男性は衝動的に彼女を温かくロマンチックな存在として認識した。[20] よって、香水が喚起する反応は、われわれの嗅覚だけでなく、それが用いられる状況にも依存するのである。

香りと衝動買い

「香りは神経系に強力に働きかける」と17世紀の著述家ヨハネス・ミュラーは『De Febre Amatoria』の中で述べている。「喜びの感覚をもたらし、嬉しさと不可分のごときわずかな不安もしくは動揺に伝わる。これらはすべて、われわれの本質が感じうる最上の喜びを生み出す器官に特別に働きかけるからである」。これはベッドルームと同じようにスーパーやデパートやショッピングモールにおいても当てはまる。売り主はこの事実にすぐ気がつき、これを利用して衝動買いを引き起こそうと狙う。

1973年、ノースウエスタン大学のマーケティング教授であるフィリップ・コトラーは、「買い手の購買意欲を促進するための意識的な雰囲気づくり」を意味する「アトモスフェリクス」という用語を創出した。そして、「アトモスフェリクスは企業が永遠に求める差別化のため、ますます重要となっていく」と予想した。[21]

現代の消費者は買い物中、様々な感覚への刺激に影響を受けているということがわかり、目や耳だけでなく嗅覚や味覚、触覚に満足感を与えることを可能にする技術が発達することになった。照明効果やプラズマ画面、特別に作曲された音楽や香りなどを利用して、商品を見てもらうようにしたり、人の流れをスムーズにしたりするのである。

今日では、そこそこの大きさのスーパーマーケットでさえ、店内にパン屋のスペースを設けている。パン屋にしてみれば、1つの工場で集約的にパンを作り、それぞれの店に配った方が便利でコストもかからないにもかかわらずである。焼きたてのパンの匂いが空腹感を刺激することで、客がパンだけでなく、他の食品も――冷凍食品でさえ――買ってくれるようになることを経営者は知っているのである。

ブランド・センス・エージェンシーのCEOであり、イギリスにおける多感覚利用マーケティングのスペシャリストであるサイモン・ハーロップによれば、衝動買いを引き起こす雰囲気をつくりあげる香りの力は、それらの香りが人工的に作り出されたものであっても同様に効果的であるという。

スーパーの洗濯用品売り場を例に取れば、洗いたてのシーツのにおいにさらされた買い物客は洗剤を多めに買うばかりでなく、白い服の黄ばみをとり、リンネル製品の春の朝のようなにおいを保つと謳う製品などをも衝動買いしてしまう。ある企業は、イギリスの旅行代理店の店舗にココナッツの香りを導入した。日焼けオイルにはココナッツの香りがするものもあり、その香りは昔過ごした休日を思い出させ、新たに予約を取ろうという気を客に起こさせるといわれているからである。

研究によれば、香りは概して連想と記憶を喚起し、店が魅力的であり、刺激的であり、親近感があると客に感じさせることにより、売り場を衝動買いの発生しやすい環境へと変える力をもつ。客が棚を見て回る時間を長くし、プラスの感情を呼び起こすことができる。ただし、周りの世界から得られる情報のうち、衝動的行動を引き起こす可能性が高いのは嗅覚だけというわけではもちろんない。

衝動を引き起こす音の力

感覚を刺激して衝動買いを促進する効果を高めるには、香りに音を加えるとよいだろう。あるスーパーでは、新鮮なレモンの香りに、洗いたてのシーツを折りたたむ音を加えることで、洗濯用品の売り上げが格段にアップした。この香りと音の組み合わせは、自分の家の心地よさ、安心感、あたたかさを連想させるのだと、この仕組みを推進した人物は述べている。ひょっとすると、母親の毎週の洗濯を手伝った子どもの頃の記憶を思い出させるのかもしれない、とも話している。[22]

衝動買いを引き起こす雰囲気づくりにおいては、音楽もまた不可欠な役割を果たしている。「音楽はわれわれの心や頭とコミュニケーションをとる。強く感情と結びつく作用があるのだ」。モナシュ大学マーケティング学科のM・モリソン博士は述べる。[23]「音楽は多才だ。リラックスさせる力も、元気を与える力もある。音楽は記憶に残る。行きたい場所にすぐにわれわれを運んでくれる。特別に計画して作った音楽を使えば、過去の経験との結びつきを店が生み出すことも可能だ。音楽は店の雰囲気を構成する決定的要素となりうるもので、買い物における意思決定プロセスに影響を与える……顧客が心地よさを感じてリラックスし、喜んで時間と金を使うような音楽的環境を店側がつくることもできるのである」

古くは、客が買い物をしていた時間の長さについて、イージーリスニングとトップ40の音楽がどう影響するかを比較した研究がある。[24] 25歳未満の客がより長く買い物をしたと報告したのはイージーリスニングを聞かされた場合だったのに対し、25歳より上の客は、トップ40の音楽がかかっていた場合の方が店内にいた時間が長かったと考えた。

別の研究者たちは、ワインを売るのに最適なＢＧＭについて調査を行った。彼らがまず想定したのは、ワインの試飲と購入は「高い社会・経済的地位、格式の高さ、洗練、複雑さ」と結びつくということだった。研究者たちが考えたのは、クラシック音楽こそがまさに「ぴったり」ではないかということだった。これに関しては、彼らは正しかったことが判明した。高価なワインの衝動買いが増加したのは、モーツァルトやバッハ、ビバルディなどがかけられたときだったのである。

リチャード・ヤルヒとエリック・スパンゲンバーグの意見では、このことは「買い物体験の裏側にある象徴的な意味について、小売店側は十分に注意を払う必要があることを示唆している。消費者が洗練を求めているなら、店はその暗示を与え、さらにはその体験ができるよう手助けする必要すらあるのだ。同じことは、興奮やリラクゼーションなど、客が求める他の買い物体験にも当てはまる」[25]。どのような音楽をより好むかは、買い物客の性別よりむしろ年齢によって決定されることも明らかになった。「青年期から中年期にかけて（25歳から49歳まで）の客は、音楽の音量が大きいときほど出費が多く買い物時間が長かったのに対し、それより高齢の客（50歳以上）の場合は、音量が小さい方が買い物時間は長く、購入額も多くなった」

衝動を引き起こす温もりの力

最後に見ていく感覚は温度感覚、すなわち温かさと冷たさとを区別する能力だ。この感覚は、その価値はほとんど顧みられないものの、われわれの衝動的な感情や行動に強力な影響を及ぼしうるものである。そして、この感覚はこの世にわれわれが生まれてすぐの頃までさかのぼる。子宮内で過ごす40万分という時間、われわれは、自然な状態であれば摂氏37度に常に保たれた環境で育つ。出生後は母親の体によってあたたかく保たれ、栄養を与えられる。この最初のころの経験から、われわれは温かさと心地よさ、安心感を密接に結びつけてとらえるようになる。この結びつきの強力さは、普段日常で使う言葉の一部からうかがい知ることができる。

例えば、誰かに対して「温かい気持ちを持つ」と言ったり、または誰かに「冷たく当たる」といった言い回しをすることがある。意見に賛同が集められないと「冷たくあしらわれた」と言い表すし、感情のない人は「冷淡なやつ」とされ、性的魅力を感じる相手には「情欲が燃え上がる」。先行きが不透明な計画には「熱が入らず」、計画を却下しようという段になると「気持ちは冷めている」。最初の仕事を「野心に燃えて」始めたものの、結局は同僚たちから「冷遇され」、あげく「冷や飯を食わされる」こともある。

最終的には、温かさと社会的受容という概念同士の結び付き、冷たさと寂しさという概念同士の結び付きがそれぞれ密接になりすぎて、もはや抽象的な感情と物理的な感覚とを区別できなくなってしまうようになる。例えば、社会的に受容されることで人間の体温は物理的な意味でも上昇するし、同じようにグループから阻害されることで寒さを感じるようになることが研究によって示されている。[26]

他人を評価・判断する際にも、相手の心がどれほど「温かい」ように見えるかだけでなく、物理的にどれだけ温かく感じるかも考慮しているのだ。[27]寒い部屋で人に会うよりも、暖かい部屋で会った方が、より相手のことを気に入りやすいのである。どんなに短い時間であれ、温かい飲み物を握っているだけで、初対面の人間同士が衝動的に相手を気に入ってしまうケースが増加することもわかっている。[28]ベッドルームを暖かくしておくことで、心地よさと安心感をアップさせ、情熱が燃え上がりやすい環境を整えることもできる。暑すぎも寒すぎもしない適切な温度にスーパーの店内を保っておくことで、客をより長く店にとどめ、衝動的により多くの買い物をするように仕向けることも可能だ。このトピックについては、第10章でより詳しく見ていくつもりだ。

われわれの持つ感覚すべてが、いつ、どこで、なぜ、いかにして衝動的に行動するかを決定する役割を担っている。中には、脳をまったく経由しない反射反応を引き起こすものもある。例えば、熱いこんろの上に誤って手を置いてしまった場合、痛覚受容器から送られた信号は、脊髄から先へは行くことなくこんろから手を即座に離す反応を引き起こす。重たすぎるものを持ち上げようとすれば、筋肉中の張力受容器がそのことを警告してくれる。十分な量を食べれば、消化器官の伸展受容器が知らせてくれる——もっとも、後に第9章で見るように、必ずしも食べすぎを防ぐのに間に合うわけではないのだが。

しかし、われわれの衝動に最も深い影響を及ぼすのは、この章および次章で解説されている感覚である。それらはまた、これまでも説明してきたように、自分が必ずしも望んでいるわけではない衝動的行動を引き起こすために他人によって利用されやすい感覚でもある。

第6章 衝動を招く視覚の力

The Power of the Visual

「脳は予測を行うよう進化した。そして、パターンを見つけることで予測を行うのだ。そのパターンが崩れたとき――それはまるで、ハイキング中、空から降ってきたかのような安楽椅子に森の奥深くで出くわしたときのように――脳は何かを、意味をなすものであれば何でも手探りで探し求める。脳には一貫性のあるパターンを見つけるよう駆り立てる力があるので、うまくパターンが見つかるだろう」

――トラビス・プルー、スティーブン・J・ハイン
『Psychological Science（心理科学）』誌収録論文「Connections from Kafka: Exposure to Meaning Threats Improves Implicit Learning of an Artificial Grammar（カフカと一貫性――意味の危機にさらされることで人工文法の潜在学習は進む）」

1978年、あるニューメキシコ州の女性がトルティーヤの上にキリストの顔を「見た」。それから数週間にわたり、件のトルティーヤの前で祈りを捧げようと、何千人ものカトリック巡礼者たちが国中からはるばるやってきた。焦げ目はおいしい軽食を聖遺物へと変え、咀嚼の

対象を崇拝の対象へと変えてしまった。

顔や動物の頭部などのパターンを、しみや雲や食べ物などに見出すことはパレイドリア(pareidolia)と呼ばれる。[1] この語は、ギリシア語のpara（似ている）とeidos（イメージ）に由来するもので、1885年ごろ、ロシアの精神科医ビクトル・カンディンスキーによって初めて医療へと導入された。[2] ある理論によれば、自らの生活を客観的にコントロールできない個人が、知覚的にそれを達成しようとするときに起こるのがパレイドリアである。「コントロールできない事態に直面すると、人々はパターン知覚、すなわち、一連の刺激の間に一貫性や意味のある関係を見出すことへと向かうのだ」。ジェニファー・ウィットソンとアダム・ガリンスキーは指摘する。[3]

このような主張は、われわれの周りの世界の見方について、きわめて重要な点を説明している。視覚へと入ってくる情報が問題なのではなく、それを脳がどう理解するかが問題なのである。われわれの感覚は、われわれの一部分というだけではない——感覚がわれわれを定義づけるのだ。生涯を通じて経験することのどれもが、感覚なくしてはありえない。

第2章で示したように、不快感から怒り、悲しみ、恐怖、憤りに至るまで、映像は即座に感情的反応を引き起こすことができる。慈善事業では、しばしば感情に訴えるような映像が用いられるが——例えば、飢えている子どもや虐待された動物などだ——これは、感情的反応を引き起こし、ひいてはその感情を引き起こした原因へ募金したいという衝動を喚起しようとしているのだ。

国家主義的な衝動を刺激するために映像の力を利用した最初の人物の1人が、アドルフ・ヒトラーである。ヒトラーと宣伝大臣ヨーゼフ・ゲッベルスは、安っぽく大げさなありとあらゆる手法を使い、金に糸目をつけず、衝動的な反応が常に理性を凌駕するようにしたのだった。例えば、ニュルンベルク党大会でゲッベルスは、視覚的要素を見事に用いることで人々を操り、彼らをとりこにした。光り輝くサーチライト、高々と掲げた紋章、吹き流し、種々の旗、規律正しく隊列を組んだ何十万もの男たち、グースステップ（訳注：膝を曲げず足を伸ばして歩く歩調）で行進する人々、たいまつ行列、巨大なかがり火、人が並んで形作ったハーケンクロイツ、壮大な花火などが見られた。[4]

ゲッベルスはまた、近現代における最も印象的なシンボルの1つとしてオリンピック聖火を普及させた。皮肉にも、オリンピック聖火は友愛、友好の感情、スポーツの純粋さ、そして何より、支配者民族の競技者としての優位性を吹き込むために設計されたものだった。ナチズムこそが唯一真実の宗教であり、アドルフ・ヒトラーは万人が認める神である、というメッセージを刷り込むため、あらゆる視覚芸術や策略が用いられたのだ。

視覚のもつ力を立証しているのが、わたしの研究所で最近行った実験である。[5] ボランティアの方々にアンケートに答えてもらい、おいしいファッジ（軟らかいキャンディ）を「報酬」とした。これは非常に美味なものだったため、2つ目をすすめると全員が受け取ってくれた。ただし、2つ目のファッジは、犬の糞そっくりに見えるよう作ってあったのである。先ほど楽しんだばかりのファッジと変わらずおいしそうなにおいだったが――食べていれば味も変わらないとわかっただろう――参加者は誰も手で触れようとすらしなかった。むろん、口に入れた人は皆無だ。

自身の目で「はっきり見たもの」は、論理的に思考するよりも先に衝動的なシステムI反応を引き出すのである。参加者の嫌悪感は、彼らの身体言語からも明らかとなった。すなわち、「マイクロゲイプ」と呼ばれる、驚いたように一瞬口がごく小さく開く反応が起きたのである。このような表情はほんの一瞬で、一般的には0・5秒も続かないため、本人も観察者も意識的に気づくことはない。研究者がその表情をとらえるのは、スローモーションのビデオ記録によってのみ可能である。かすかな表情が感化するのは意識的な気づきのレベルより下とはいえ、それでもなお、参加者と観察者のいずれに対しても強い影響を及ぼす。[6]

視覚情報を処理すること、そして、本質的には、われわれの知覚する通りに世界を作りあげることに、多くの脳の力が割かれている。前章ではにおい、音、温度感覚について述べたが、本章では、われわれが目にするものやそれに対する理解の仕方が、どのように文化や経験により深い影響を受けるかを説明していく。まずは、われわれがいかにしてものを見るのかという、視覚の仕組みについて考察していこう。

われわれはいかにして見るのか

分子レベルで見れば非常に複雑ではあるものの、視覚の基本的なメカニズムについては、今では科学者たちによく知られている。光子は、われわれが光として知覚する電磁放射の一形態であるが、これが網膜に集められる。網膜は基本的に3つの神経細胞層から成り、そのうちの1つには、1億2000万以上の光受容細胞である杆状体と錐状体とが含まれている。杆状体と錐状体には数種のタンパク質（オプシン）が含まれ、それらは11－シス－レチナールと結びついているか、レチノールから誘導されたもの、もしくはビタミンAである。

光子が当たったタンパク質（オプシン）は、折れ曲がった形から伸びた形へと変わり、ここから神経インパルスの伝達が開始され、それが視覚野によって感知される。膜タンパク質がアンテナの役を果たして、この場合では光信号を読み取り、適切な振動数で共振する。このプロセスは、同じ高さの2つの音叉に例えられる。片方を鳴らすことでもう片方も振動するが、これは共鳴エネルギーが2つの間で伝えられるからである。

杆状体にはロドプシンが含まれている。ロドプシンは（緑青色の光を吸収するため）赤紫色に見え、そのために、またの名を「視紅」という。夜の視界がモノクロに見えるのは、ロドプシンが原因である。錐状体には、わずかに波長の異なる光に反応するオプシンが含まれている。フォトプシンⅢの最大吸収波長は430ナノメートルで、これが受容した光は、見る者には青紫色として受け取られる。530ナノメートルに最大吸収波長をもつフォトプシンⅡは青緑色を、560ナノメートルに最大吸収波長をもつフォトプシンⅠは黄緑色を知覚する。

当然、このことが意味するのは、色とは脳が生み出すものにすぎず、周りの世界に実在しているものではないということだ。葉の緑色やチューリップの赤色は、はじめから目の前に存在しているわけではなく、目の裏側で作り出されたものなのである。

網膜は光エネルギーを電気信号へと変換し、電気信号はインパルスとして視神経を通って、脳の奥深くの2つのピーナッツ大の細胞の塊である外側膝状体に伝わる。ここから、信号は脳の後ろ側にある線条皮質、別名一次視覚野へと伝えられ、それから前方へと送られて、他のいくつかの高次の視覚野へと至る。

神経科学が現在、そしておそらく今後数十年は答えを出せないと思われるのが、神経インパルスがどのようにクオリア、すなわち、オレンジと赤の素晴らしい夕焼けの輝きや「黄金色に輝やく水仙の花」（『ワーズワース詩集』田部重治訳、岩波書店、1957年）の黄金色の美しさに対する主観的反応へと変換されるのかという問題である。ただ、視力のある人間は生まれながらにして見る能力を有してはいるものの、最初に目を開いた瞬間から後々と同じように視覚世界を認識できるわけではない。

見る方法は学ぶ必要がある

シドニー・ブラッドフォードという人物は、52歳で視力を取り戻した後も、研ぎ澄まされた触覚を通じてしか世界を理解することができなかった。「ブラッドフォードの反応は……普通とはかけ離れたものだった」。先駆的な視覚研究者であるリチャード・グレゴリーはこう報告している。「絵は平坦で意味をなさないように見えた。彼の視覚システムにとって遠近法は無意味なものだったわけだが、それでも触覚を通してすでに知っている物体、例えば病室中に散らばった椅子などについては、距離や大きさを判断する能力はあった」[7]
急に視力を回復したこの人物が直面した困難については、S・Kのケースを引いてさらに説明しよう。彼はインドのビハールで、水晶体がほぼ完全に目の内部に吸収されているというまれな遺伝的異常を抱えて生まれた。思春期のころは貧しさのゆえに手術ができず、盲学校で教育を受けた。29歳のとき、矯正レンズが埋め込まれたことによって、彼の真っ暗な世界は終わりを迎えた。

その手術の後何週間にもわたって、彼は三角形や正方形といった単純な図形すら、識別するのに非常に苦労した。「彼の脳は図形全体の輪郭を認識することができなかった。図形の断片ひとつひとつを、それ自体で全体だと思ったのである」と研究者たちは報告している。「光線と影に合わせて各面の明るさがそれぞれ異なっている3次元の図形、例えば立方体や角錐などを見せると……［彼は］複数の物体を目にしていると報告した。面のひとつひとつが1つの物体に相当していたのだ……まるで世界が崩れ、たくさんのばらばらな破片と化してしまったかのようだ[8]」

これらのケースが示すように、見るという行為は（単に目が見えるということとは違って）学ぶ必要のある技術なのである。生まれたときから目が見えず、手術によって視力を回復した人は、時間と労力を費やして、流れこんでくる視覚情報の激流を理解するためのルールを身につけねばならないのだ。

特定の文化の中で育ちながら、われわれは無意識のうちに、網膜からの信号を解釈するための視覚的な「ルール」を自分のものにしていく。生まれて数週間のうちにこのプロセスは自動化され努力を要さなくなるため、われわれは自分が見ているもの、というより見ていると思っているものは、すべて当たり前だと考えている。

網膜上の像は2次元であるにもかかわらず、われわれが3次元の世界を知覚しているのは、主に——それだけではないものの——立体視として知られるプロセスを通じてである。このプ

図1｜エイムズの部屋の錯視

ロセスは、1838年にサー・チャールズ・ホイートストンによって最初に記述されたもので、両目それぞれが微妙に異なる映像を受け取り、次に脳がそれら別々の映像を1つに結合し、鮮やかな奥行きの感覚を作り出すのである。その他の視覚的ルールによっても奥行き感は作られ、それによってわれわれは物体の大きさを判断することができるようになる。もし、かなり大きめだとわかっているもの（例えば、家など）が予想より小さく見えた場合、それはその家を遠くから見ているためであって、家がミニチュアだからではないのだとルールが教えてくれるのだ。

多くの視覚的ルールがそうであるように、このルールもだまされ

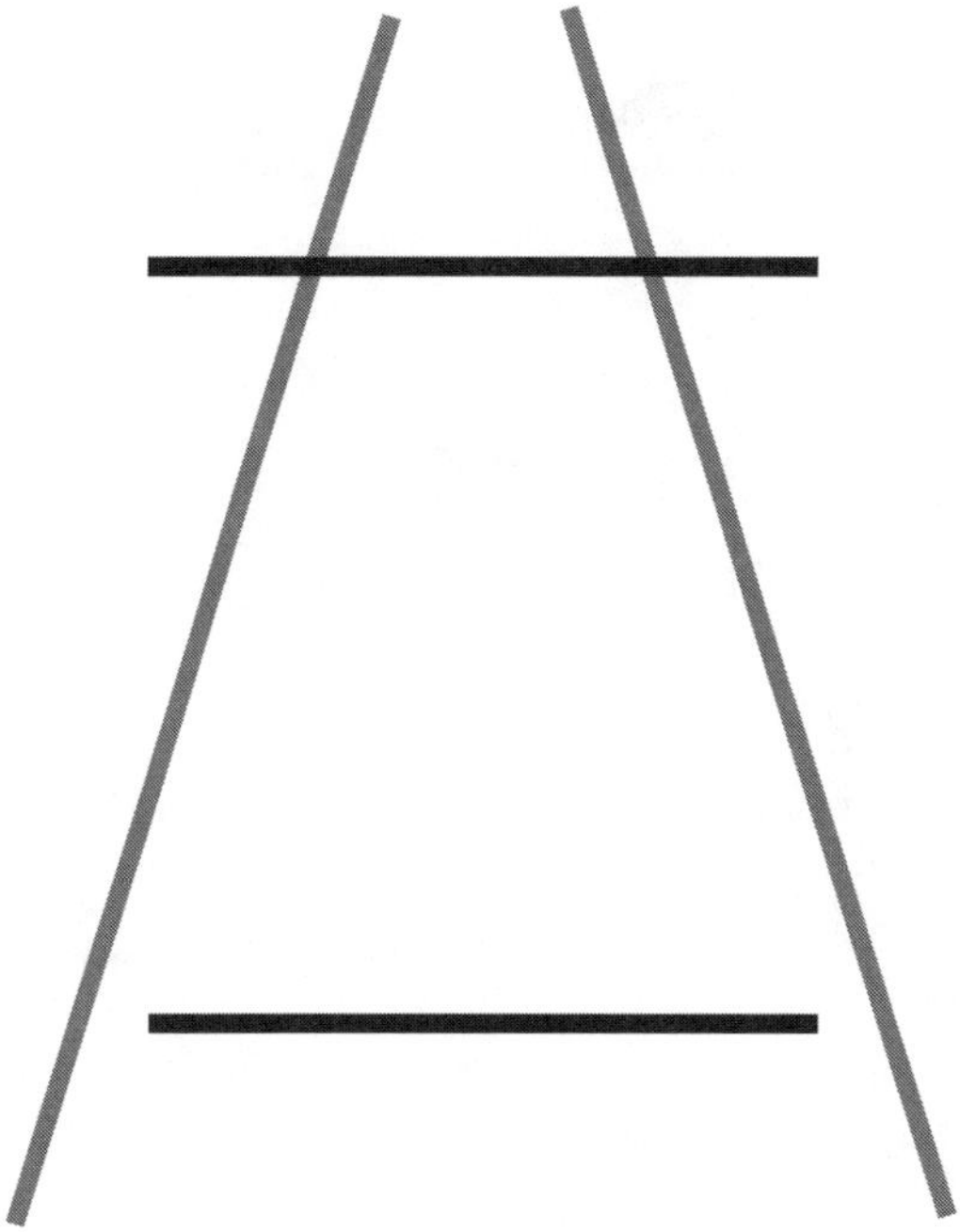

図2｜ポンゾ錯視

やすいものだ。それは、図1のエイムズの部屋の錯視によって説明される。

　ここに出ているのは、一見すると巨人と小人のように思われる。実は、われわれ自身の目がはっきり見たのとは裏腹に、2人は同じ身長なのである。この部屋は左側が高く奥行きがあるように作られているため左端の子どもは小さく見え、右側の男性はいびつな形をした部屋の小さい側に立っているため巨大に見えるのだ。しかしなが

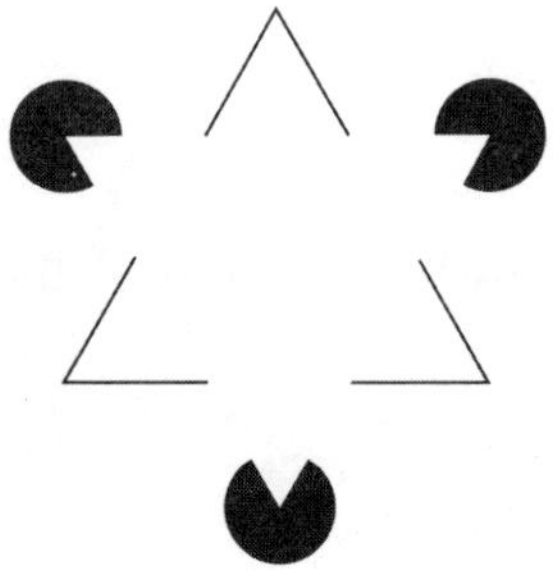

図3｜カニッツァの三角形の錯視

ら、われわれが部屋に関して持っている普通の経験からすると、すべての壁は同じ高さであり、大きく高さが異なるのは人の方であるため、脳はこのルールに従うのである。

線路のような平行線は、遠くへ離れていくにつれて互いにどんどん近づいていくように見える。これは、奥行きを最も効果的に示すものの1つである、遠近法の一例だ。

これが、ポンゾ錯視（図2）の根本原理となっている。この錯視では、2本の線が向こうへ遠のいていくように見える。また、下の水平線の方が上の線より短く見えるが、両者は同じ長さである。

図3にあるカニッツァの三角形の錯視は、機能しないルールを無理やり脳が適用しようとしたときに起こることを示す典型的な例だ。ここにはいくつの三角形が描かれているだろうか？　2つか、6つか、8つか、それともゼロだろうか？

答えは驚くべきことに、三角形は存在しないのである。Vの形が3つと、パックマンみたいな形が3つある。

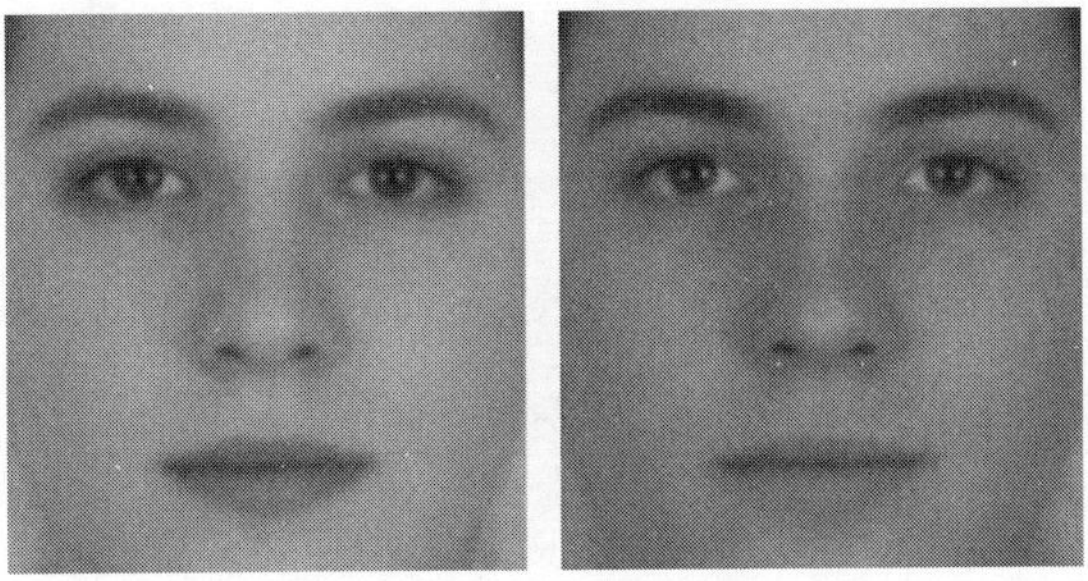

図4｜性の錯視

るだけなのだ。脳が視覚的ルールに盲従することで、三角形を作り出してしまったにすぎない。

コントラストのルールもまた、錯誤へとつながりうるものだ。建物の側面から張り出したガーゴイル像（訳注：怪物の彫刻）は、上から照らされるとより明るくなる。ほとんどのものはこのような照らされ方をするので、たとえそのように照らされていなかったとしても、下層で処理を行う別のルールにより、いつでもそのような照らされ方をしているに違いないと決められてしまう。コントラストのルールに基づいてなされた判断は、興味深い知覚をもたらすことがある。これを示すのが、ハーバード大学心理学科のリチャード・ラッセル博士によってつくりだされた図４の画像である。[9]

ラッセル博士は「性の錯視」と自らが呼ぶものを作る中で、左が女性の顔に、右が男性の顔に見えるようにしているが、２つはいずれも、中性的な顔を１つ得るために男性と女性の顔立ちをモーフィング（訳注：コンピューターで２つの画像の中間画像を作製すること）した

図5｜ロダンの『考える人』

図6｜ミュロンの有名な『円盤投げ』

結果生まれたものである。

左側の写真の目やくちびるの方が暗く見えるかもしれないが、実際には両方ともまったく同じものである。違いを述べれば、左側の強いコントラストと明るい画像がより女性的であると知覚されるのに対して、右側は暗くコントラストも弱いため、より男性的な顔に見えるのである。

「顔のコントラストにおけるこのような性差は、東アジア人の顔と白色人種の顔のどちらにも見られた」。リチャード・ラッセルは述べる。「女性の顔にせよ男性の顔にせよ、顔のコントラストを強くすると、コントラストの弱い顔と比べてより女性的であるか、もしくは男性的ではないという評価を受けた。もっとも、男性の顔に関してはその関係は非常に弱くはあったが。中性的な顔のコントラストを弱めたり強めたりするだけで、その見た目を男性的もしくは女性的にすることができる。これらの発見から、人はこのような性差を意識して区別しているわけではないが、それにもかかわらず人の知覚システムはそれを利用していることが示唆された。女らしさと魅力には強い相関があるため、これらの結果は、女性の顔はコントラストが強い方が弱い場合と比べて魅力的であるという、以前の研究結果の説明をする際に役に立つ[10]」

閾下プライミングの力

国旗、赤十字や赤新月（訳注：赤十字社のイスラム諸国における名称）の紋章、十字架からマクドナルドのゴールデンアーチ（訳注：黄色の丸みを帯びたM）に至るまで、ある種のシンボルがもつ顕在的な力については長らく認められ利用されてきたが、短い時間表示された画像がもつ影響力は最近になって発見されたばかりである。

「プライミング」というプロセスでは、ボランティアの被験者たちは何枚かの画像を数千分の1秒という短い時間見せられる。目にする時間が非常に短いので、彼らは閾下、すなわち意識的な気づきのレベルより下部でそれらを知覚することになる。目に触れるのはほんの一瞬であるにもかかわらず、画像はシステムⅠ思考を通じて行動に影響する力があることが、次の2つの研究によって示されている。

分析的思考（システムR）が宗教に対する疑念をどの程度生じさせるかを調べた研究では、ブリティッシュコロンビア大学のウィル・ジャーベイスとアラ・ノレンザヤンがボランティアの学部生に、ロダンの『考える人』の像（図5）のように深い思考を表現した画像2枚を見せ、また、比較対象として、ギリシアの彫刻家ミュロンの有名な『円盤投げ』（図6）のような、色や姿勢といった外見上の特徴が似通った芸術作品画像2枚を見せた[11]。

驚くべきことに、自分がどのように影響されたか気づいたボランティアの学生はいなかったにもかかわらず、システムR思考を促進する画像を一瞬目にしただけで、理性的思考が増大することがわかった。

まったく別の例だが同じくらい参考になる研究が、トロント大学ロットマン経営大学院のチェンボー・チョンとサンフォード・デボーによってなされている。彼らは、マクドナルドやケンタッキー、サブウェイ、タコベル、バーガーキング、ウェンディーズなどのファストフード店のロゴを、0・012秒間だけ学生たちに見せた。自分が何を見たのか意識的に気づいていた被験者はいなかったにもかかわらず、彼らはせっかちになり、リンスインシャンプーのように時間の節約となる商品を通常の商品より好むようになった。

「ファストフードは、効率や手っ取り早い欲求の充足といった文化の象徴だ」。チェンボー・チョンはこう述べる。「問題は、時間が重要な要素であるかどうかにかかわらず、ファストフードにさらされることで時間の節約という目的が活性化されてしまう点だ……ただファストフードにさらされるだけで、状況にかかわらず、なんとなくスピードを求めたり、せっかちになってしまうことがわかってきている[12]」

文化の影響

われわれの世界に対する理解のしかたは、育った文化の中で身についたルールに強い影響を受けている。「個人個人の経験が複雑に絡み合い、特定の刺激を受ける状況にどう反応するかを決定している」。シラクサ大学マクスウェル大学院の社会政治心理学名誉教授のマーシャル・シーガルは語る。「ある文化圏では、他の文化圏に比べある種の体験が起こりやすいことに照らして、文化間における振る舞いの相違は、知覚の傾向における違いも含めて非常に大きいものであり、文化的グループ内部に常に存在する個々人の違いをもしのぐほどといえる」[13]

これらの差異を探る研究の中で、アルバータ大学心理学科の増田貴彦と、ミシガン大学のリチャード・ニスベット教授は、様々な大きさの魚や海草、石などがある水中の光景を描写した20秒のアニメーションを、日本人とアメリカ人の被験者に計10本見てもらった。[14] アニメーションを見たのち、参加者は記憶を頼りに何を見たかという質問に答えた。研究の結果わかったのは、アメリカ人が最も鮮やかな、または最も速く泳ぐ魚に真っ先に目を向けたのに対し、日本人は目にしたものとして魚に言及する前に川を挙げる者が多く、水は緑色で水底には石が転がっていたと述べた。全体的に、日本人はアメリカ人に比べて背景についての情報が65パーセント多く、背景と前景の関係について述べたのは2倍多かった。

別の研究では、アイ・トラッカーを用いて、ヨーロッパ系アメリカ人と中国人の絵の見方の違いを調べた。アイ・トラッカーは赤外線を用いて、その人物がどこを見ているのか正確に調べるもので、画像のどこを見ているか、どのくらいその部分に視線がとどまっているのかを知ることができる。半分は中国人、もう半分はヨーロッパ系アメリカ人という大学院生の2グループが実験に参加した。何枚かの画像を見せられたときの彼らの視線の動きが詳しく調べられた。このときの画像のうち2枚を、図7および図8に示す。

図7｜鉄道操車場の電車

図8｜橋のそばの鳥

※それぞれ電車と鳥が焦点の物体とされる〔Boland, Chua and Nisbett（2005）より許可を得て転載〕

先ほどの実験と同じく、アメリカ人は中国人と比べ、焦点の物体（すなわち、操車場にある電車と橋のそばの鳥）に目をやるのが早く、より長い間見続けた。中国人は目の動きがより多く、焦点の物体と背景とに交互に注意を向けた。ミシガン大学のジュリー・ボランドとハンナ・チュア、リック・ニスベットによる研究で、同じ光景を見る際のアメリカ人学生と中国人学生の目の動きのはっきりした違いが明らかになり、このような違いは文化的なものだという考えが補強された。

「まとめれば、中国人参加者とアメリカ人参加者との間で視線の固定パターンの文化的差異がまさに観察されたのだ」。ボランドらは報告する。「われわれは文字通り世界を違ったように見ていると考えられる……もちろん、対象の認識（すなわち、中心となる対象が何かを認識すること）や色の知覚、また脳内の視覚経路をたどって視覚情報が伝達される様式に文化的差異があるというわけではない。それらの基本的な視覚プロセスはみな普遍的なものだと想定している。大事なのは、異なる文化の人間は同じ刺激に対して違ったように注意を向けるということだ[15]」

1つの説明として、アジアのコミュニティはアメリカ人コミュニティと比べ、社会的に複雑だということが言える。中国や日本の文化の重要な特徴は意見の一致が重視される点であるが、西洋文化では、社会的調和を犠牲にしても物事を処理し先に進むことに重きが置かれているとされる。

これらの違いのルーツは遠い過去にあるといえるかもしれない。古代中国の稲作従事者はコミュニティ内で共有する複雑な灌漑システムに依存していたため、生きていくためには他者とうまくやっていく必要があった。これに対し、西洋文化は初め古代ギリシアで発達したが、そこでの農業は共同で営むものではなく個人で自分の農地を運営し、ぶどうやオリーブを栽培するもので、人々はビジネスマンとして機能していた。

「アリストテレスは物体に焦点を当てた。石が水に沈むのは重さの性質があるからで、木が浮かぶのは浮かぶ性質をもっているからだとした」。ニスベット教授はこう述べる。「アリストテレスは水について言及しようとしなかった。ところが、中国人はすべての動きはそれが起こる環境と関連していると考えた。だから、中国人は西洋の人々よりはるか前から潮汐や磁力について理解していたのだ[16]」

これらの研究結果で特に興味深いのは、目の動きをコントロールする下層の知覚プロセスにおける違いを示しているところである。目にしたものに対する理解の仕方は行動に強い影響を与え、その結果、理性的でなく衝動的にふるまってしまうことが頻繁に起こる。しかし、強力だとはいえ、決して視覚によってのみ衝動が引き起こされるのではない。これらの研究は、視覚世界に対するわれわれの理解がどの程度学習に強く依存しているのかを説明している。文化は明らかにこのプロセスに大きな影響を及ぼしてはいるが、われわれが行う知的作業の側面にもまた大きな影響を及ぼす。

理解は視覚にどう影響するか

『変身』『審判』『城』の作者であるチェコ生まれのフランツ・カフカは、「ばかげていて、相手を混乱させ、往々にして威嚇的ですらある複雑さに特徴づけられる」という意味のカフカエスクという語を世に残した。アルベール・カミュによれば、カフカの作品の基本的な曖昧さは「自然と異常、個別と普遍、悲劇と日常、不条理と論理の間を絶えず揺れ動くこと」から発生している。[17]

カリフォルニア大学サンタバーバラ校のトラビス・プルー博士とブリティッシュコロンビア大学のスティーブン・ハイン博士は、[18]この曖昧さを利用して、それに対処することで人々が世界を違ったように知覚するようになるかどうか調べることにした。まず、学生のグループにカフカの短編『田舎医者』を読んでもらい、その後XMXRTVTMやVTTTTVMのような6文字から9文字の長さの文字列を複数見せる。それから、学生はさらに60個の文字列を見せられ、先ほどの一連の文字列と同じパターンを有する文字列を見つけ出すよう指示が与えられる。文字列に共通するパターンは非常に複雑で、ある文字の前後にはどの文字が出現しやすいか、という形をとっている。

同じ課題は2番目の学生グループにも与えられた。このグループは年齢や能力は同等だが、事前に読んだのはカフカではなく、研究を実施したプルーとハインによって書かれた同じ長さの物語であり、ここには曖昧さは含まれていない。結果は興味深いものだった。曖昧さの少ない散文を読んだグループと比べ、カフカの短編を読んだグループの方が、同一パターンを有する文字列を約3割多く発見し、選択の正確性はほぼ2倍だった。

「この研究結果から、全体的な結論が2つ導かれる」。プルーとハインはこう述べる。「まず、期待されるつながりがナンセンスな物語の中で崩壊していたことで、新しい環境の中でつながりのパターンを見抜こうというモチベーションが参加者に起こったと推察される。次に、これはさらに驚くべきことだが、意味の危機にさらされた参加者の方が、テスト用の文字列の中から真にパターンが一貫した文字列を特定する際に、はるかに正確だった。このことが示唆するのは、意味の危機が存在することにより、新たな環境で統計的な規則性を潜在的に学習するための認知メカニズムが強化されるということだ」。それゆえ、新しい情報の理解のしかたは、個人の先入観に強く影響されるのである。

研究によれば、自分自身の死すべき運命について考えてもらうと、信心深くなり、愛国的になり、よそ者に対しては不寛容になる。侮辱を受けた場合は友人に対して誠実さを示すようになり、クイズの出来が悪いと知らされれば勝っているチームと自分を強く同一視するようになる。

このことから、2通り以上に解釈できる情報を理解しようとする際に、備わったルールが用いられることが示唆される。システムRは厳格なルールに従うが、これは慣例化した論理のルールと似ている。これに対してシステムIは、先天的であれ後天的であれ連想を用いる。システムIはスピードは速いものの、正確さに欠ける。

「注意の有無が、無意識的な思考と意識的な思考とを区別する鍵だ」。この実り多き研究分野を開拓してきたアムステルダム大学のアップ・ディジクスタフイスとローラン・ノルドグレンは述べている。「意識的な思考とは注意ある思考だ。無意識的な思考とは注意なき思考である（もしくは、他の場所に注意が向けられた思考とも言える）。しかしながら、意識的思考が意識的プロセスからのみ成り立っているというわけではない。それは発話にたとえられる。発話は意識的なものだが、話すためには（語選択や文法を担うような）様々な無意識的プロセスが働いていなければならない。同じように、意識的な思考は、同時に無意識的なプロセスも活動中でなければ起こりえないことなのだ[19]」

次の章では、個性のばらつきが世界に対するわれわれの知覚に与える影響と、それらがどのように衝動的なリスクテーキング（訳注：リスクを負う行動）を促すかについて、より詳しく見ていこう。

第7章 個人差がある理由

リスクをとるか否かであなたの衝動性がわかる

Impulses and the Risk-Taking Personality

「もし金融に関する決定や資本市場が理性的な思考によって動かされるのであれば、危機の発生の仕方がこのように非理性的に見えるのはなぜだろうか？」

――アンドレア・リナルディ「Homo economicus（ホモ・エコノミクス）」EMBOレポート

2008年9月の第2週、ニューヨークで調査研究を行っている間、わたしはリーマン・ブラザーズのビルのとなりのホテルに宿泊していた。窓から下を見下ろすと、社員の運動用に人工芝を敷いた屋上が見えた。数日の間、わたしは同じ男性が屋上の端から端までボールを追いかけ、早朝の光の中を前へ後ろへ絶え間なく走るのを眺めていた。当時、わたしは男性社員のエネルギー、ルーティン化された運動の単調さ、ボールをコントロールする男性の技術に驚嘆したものだった。

彼の指の長さについても思いをめぐらしておけばよかったのにと思う。彼の指の長さを知っていたならば、158年の歴史をもつ投資銀行が突如破産するという9月15日に起きた事件も予想できていただろう。6190億ドルの負債を抱えての倒産は史上最大のもので、その余波は金融システム全体の崩壊を加速させた。「すべての複雑な事象と同じく、様々な原因が重なった結果だ」。欧州分子生物学機構のアンドレア・リナルディは話す。「住宅市場のバブル、リスクの高い不動産ローン、『毒性の強い』金融商品、個人や企業の多くの負債、不正確な信用格付けや、その他多くの原因がある」

この「その他多く」には、トレーダーや銀行家自身のリスクテーキングの文化が含まれる。欲望がこの文化に油を注いでいるのは疑いないが、その主要な動力源は生物学である。信じがたいほどに、そして無謀とも思えるほどにリスクを好む人間が存在する背景には、遺伝やホルモンといった生来的な要因があるのだ。

ケンブリッジ大学のジョン・コーツとジョー・ハーバートが、シティ・オブ・ロンドンの男性トレーダーたちの内因性テストステロンおよびコルチゾールの血中濃度を測ったところ、成果の出た日は普段と比べテストステロンの値が高かった。これに対し、ストレスホルモンであるコルチゾールの値は、リターンの不確実さ、投資リスク、市場のボラティリティ（価格変動率）が上昇した日に高くなった。

「テストステロンとコルチゾールは、認知面、行動面で影響力をもつことが知られている」と、コーツらは述べている。「よって、市場のボラティリティが上昇したときにステロイド量が急増したのをわれわれは観察したが、そのステロイド量が持続もしくは上昇するとしたら、トレーダーのリスク指向性に変化を与え、彼らが理性的に選択を行う能力にすら影響を及ぼすかもしれない」[1]

さらに最近の研究で、ジョン・コーツらは、「高頻度売買」を行う男性トレーダーの2番目の指と4番目の指の長さを測定した[2]（高頻度、もしくは「ノイズ」売買とは、コンピューターのスクリーンを絶えずチェックし、価格の動きに即座に対応するものである）。コーツらは、トレーダーのリスクテーキングを好む傾向は、これら2本の指の長さを比較することで正確に予測できることを発見した。リーマン・ブラザーズのビルの屋上でひとりボールを追いかけていた社員についてわたしが考えたのは、そういうことだったのだ。

研究によれば、人差し指（2番目の指）の長さを薬指（4番目の指）の長さで割ったときの比率は、衝動的にリスクをとる男性の場合は1未満となる。[3]これは、2指：4指比率と名付けられている。この比率は性別によって異なることも確かめられており、男性では通常左手と比べて右手の2指：4指比率が低くなる。この違いは2歳の子どもに早くも見られ、妊娠13週から14週までには子宮内で確立されている可能性もある。[4]出生前の男性ホルモンは、出生後のテストステロンに対する脳の感度を上げることで脳の発達に影響を及ぼすことが知られている。出生前の男性ホルモンは、リスク指向性、高い警戒心、素早い対応といった行動上の特性を形作るのである。

出生前の男性ホルモン濃度を評価するためにいくつかの指標が提案されているが、その中でも2指：4指比率は最も信頼のおけるものの1つであるとされている。薬指が比較的長ければ、それだけ多く出生前に男性ホルモンにさらされたことを示している。

コーツらの2指：4指比率の仮説は、出生前にテストステロンにさらされればさらされるほど、トレーダーのパフォーマンスは向上するというものだった。2指：4指比率の低いトレーダーほど、より大きな長期的利益を生み、より長きにわたって業界に居続けるであろうというのだ。興味深いことに、コーツらの予想は的中した。また、研究の結果、トレーダーの2指：4指比率が低ければ低いほど、相場が上がるにつれてより多くの稼ぎがあったことがわかった。「もし市場が収益性と職業的選好をもとにトレーダーを選択するのなら、2指：4指比率の低いトレーダーがいくつかの部門で資産価格と均衡状態に影響を与え続けるだろう。合理的期待仮説の想定に反し、金融市場の均衡状態はトレーダーの考えの正しさに影響を受けるのと同じ程度にトレーダーの生物学的特性に影響を受けるのかもしれない」。コーツらはこう述べている。[5]

2指：4指比率に対する最も妥当な説明としては、それが早くから現れることを考慮すると、男性ホルモンであるテストステロンに出生前にさらされることで、親指を除く他の3本の指に比べて人差し指の成長が遅くなるのみならず、胎児の脳の発達にも影響が出るのだといえる。結果的に、指の長さは、出生前にテストステロンにどれだけさらされたかを測るためには（文字通り）手ごろな指標なのである。この理論はいまだ推論にすぎない面はあるものの、2件の報告によって支持されている。まず、同じ遺伝子（ＨｏｘａとＨｏｘｄと呼ばれる）が指および睾丸両方の発達に関与しているということがある。[6] Ｈｏｘ遺伝子は器官の基本的な構造や配置を決定するものだ。また、男性ホルモンに対する遺伝的な感度の差が指の比率に影響するということもある。2指：4指比率は、衝動性やリスクテーキング、攻撃性などに加え、様々な心理的特性と相関していることがわかっている。[7]

リスクテーキングの度合いを決定する際に遺伝子が果たす重要な役割については、ユニバーシティ・カレッジ・ロンドンのジョナサン・ロイザーらによっても研究されてきた。彼らは、感情処理を行う部位である小脳扁桃の活性化に関与する遺伝子が、経済的な意思決定に与える影響について調査した。

「個人の遺伝的組成が、『フレーム効果』として知られる経済的意思決定の傾向に影響することを、われわれの研究は示している」。ロイザーはこう説明する。「フレーム効果が発生するのは、決定の意味が変わらなかろうと、決定のフレージング（もしくは「フレーミング」）が個人の最終的な選択に影響するときだ。それゆえ、例えばスーパーはヨーグルトを『脂肪1パーセント』ではなく『脂肪99パーセントオフ』と宣伝するかもしれない。この2つは同じことを言っているにもかかわらずだ[8]」

ロイザーらのある研究では、ボランティアの被験者たちに「獲得フレーム」と「喪失フレーム」を与え、50ポンドを賭けるかどうかを決めてもらった。「獲得フレーム」には2つの選択肢がある。選択肢Aでは20ポンドをとっておけるのに対し、選択肢Bでは50ポンドを賭け、40パーセントの確率で50ポンドを丸ごととっておけるが、60パーセントの確率ですべてを失うことになる。「喪失フレーム」では、30ポンドを確実に失う方を選ぶか（選択肢A）、または「獲得フレーム」と同じ賭けに出るかを選ぶことができる。

特定の遺伝子型をもった人は、別の遺伝子型をもった人と比べ、フレーム効果に顕著に影響を受けた。「この研究により、先入観に支配されやすい遺伝子型の持ち主の場合、フレームが個人の選択に影響するような決断の最中に小脳扁桃はより活発になると示すことができた」とロイザーは説明する。「これが示唆するのは、先入観が……質問のフレーミングに対する自動的な感情反応によって引き起こされ、（他の脳の部位で起こる）分析的な意思決定プロセスを凌駕してしまったのかもしれないということだ」

研究室から離れてみると、例えば、トレーダーはリスクを迅速に評価し、情報の提示のされ方に関係なく一貫した決定をする必要があるので、ある遺伝子型をもっていた方が別の遺伝子型よりよいパフォーマンスができるということになるだろう。

指比率が低い女性は、男性的な興味や特性を示す傾向にある。女性研究者らの報告によると、2指：4指比率の低い男性は、より男性的な性質を示し、支配的である。[9] また、研究者たちによると、男性型の（低い）指比率と成功、様々なスポーツにおける技能とスピード、視空間把握能力との間には顕著な相関関係が見られるとのことである。しかし、男性的指比率は同時に、自閉症、免疫不全、言語能力の低さなどを示す割合が高くなる。[10]

コンコルディア大学およびジョン・モルソン・ビジネススクールで教鞭を執るギャド・サード博士が行った研究では、男女合わせて約４００人の生徒の人差し指と薬指との比較がなされた。報告によると、指比率の低い男性ほど――女性は違ったが――衝動的に行動し、リスクのある活動に関わる傾向がより強かった。サード博士は次のように述べている。「われわれの研究結果が示しているのは、男性の場合、３つの領域、すなわちレクリエーション、社会、金融の面において、高いテストステロン値とリスクテーキングとの間に関連性があるということだ」[11]

影響が男性にのみ見られるのはなぜだろうか？　可能性の1つとして、女性は男性と異なり、求愛の合図としてリスクのある行動をとらないという事実から説明できるのではないかと研究者たちは見ている。イリノイ州ノースウエスタン大学のカメリア・クーナンとジョアン・チャ

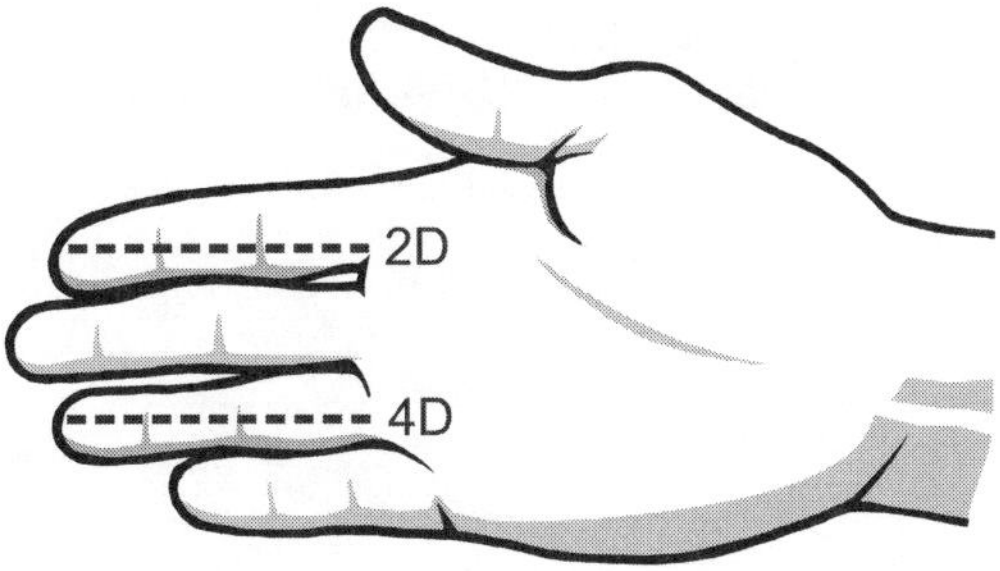

図1｜2指：4指比率測定の図解

オによれば、金融上の意思決定において重要な役割を果たしている衝動は、新天地へ移住したり、慣れない土地を探索したり、狩りをしたり、性交の相手をめぐって争ったり、といった「新しさを求める行動を促す進化上の適応メカニズム」に由来するのかもしれない。[12]

もしこの進化的視点が正しいとすれば、「アニマル・スピリット」――一部の経済学者は、これが経済変動の仕組みと原因を読み解く真の鍵ではないかとしている――は、遺伝子とホルモン、そして神経科学によって明らかになり始めている神経経路との関係に、部分的にではあれ、深く根ざしているといえるのかもしれない。

あなたのリスク比率を調べてみよう

2指：4指比率を計算するには、図1にあるように、利き手（右利きなら右手）の第2指と第4指の長さを測るだけでいい。それができたら、第2指の長さを第4指の長さで割ってみよう。後に出てくる表を見れば、

第2指対第4指の比率	衝動性レベル
0.84未満	高い
0.84–1.00	普通
1.01–1.02	低い
1.02より上	とても低い

リスクテーキングに対して予想されるあなたの姿勢がわかるだろう。

計算をわかりやすくするため、2つほど例を挙げておこう。

例1

第2指の長さ＝6・1センチ

第4指の長さ＝7・3センチ

比率　第2指／第4指＝（6・1／7・3）＝0・84

リスクテーキング衝動：普通

例2

第2指の長さ＝7センチ

第4指の長さ＝6・5センチ

比率　第2指／第4指＝（7／6・5）＝1・08

リスクテーキング衝動：とても低い

リスクテーキングのスタイル

リスクがあることでうまくいく人もいれば、それを避ける人もいる。本章の後で見るように、そのような違いは脳内のある種の化学物質、すなわちオキシトシン、セロトニン、テストステロンなどの濃度が原因である可能性が高い。あなた自身が好むリスクテーキングの形を確かめるため、以下の7つの質問に答えてみてほしい。人は時に意思決定形式を特定の状況に合わせて変えることがある。そのような状況の一部については後で述べるが、一般的にはある特定の形式が最も落ち着くものなのだ。

1 早朝、あなたは仕事へ出かけようとしている。今日の仕事は屋外の時間が長く、現時点では空は晴れているものの、天気予報は雨だ。持っていかねばならないものが他にもあるので、傘を持って出るのは不便だし、必要もないのにレインコートを着たくはない。家を出る準備をしているあなたの頭に浮かぶ考えは、次のうちどれだろうか。

（a）予報は悪かったけれど、空は見たところ晴れているし、こういうときはたいてい1日晴れだというしるしだ。思いきって、傘もレインコートも家に置いて行こう。

（b）自分が傘やレインコートを家に置いて出ると、いつも雨が降る気がする。だから、ずぶ濡れになる危険を冒すのはやめて、不便だけど傘とレインコートを持って出よう。

（c）何も持たずに出て雨に降られたら、自分はバカだと感じるだろう。だが、無駄に荷物を増やし、結局雨が降らなければイライラするはずだ。ここは妥協して、傘は持って出ることにしよう。大雨が来ても、濡れずに済むだろう。

2 あなたは株式市場に投資をしようと決め、ブローカーはあなたが興味を示しそうな3つの会社を挙げた。1つ目は安全な投資ができそうなところだが、大儲けできる見込みはほとんどない。2つ目は鉱業の会社で、株価が劇的に上がると予想する専門家もいるが、非常にリスクも高い。最後の選択肢は小さなメーカーの株式で、そこの取締役会は多国籍企業に買収してもらうことを検討している。もし買収されれば株価は上がるし、買収がなければ株価はそのままとなる見込みだ。どの株を購入しようかを決めるにあたって、あなたの頭をよぎるのは次のうちどの考えだろう?

(a) リスクはあるが、鉱業の会社の株を買おう。思いきった者が勝つのだ!

(b) 自分の運から考えて、株価が下がる可能性が少しでもあるなら、きっと下がるだろう。安全な優良株に投資して、少額でも確実な利益を得ることにしよう。

(c) 良い取引を逃すのは嫌だ。だが、金を失ったり、利益が出せるのに収支が差し引きゼロに終われば、自分を責めることになるだろう。最悪の場合でも自分の選択をそこまで後悔しないで済みそうだから、メーカーを選ぶとしよう。

3 会社の都合で国内の別の都市に転勤することになったあなたは、仕方なく48万ポンドで家を売りに出すことにした。新たな家を購入するため、高い利率での借金を強いられたあなたにとっては、元の家をなるべく早く売り払うことが重要だ。あなたの言い値は妥当な金額なのだが、不動産市場は下降気味で、同じ地区の家の売れ行きは鈍い。家を売りに出した次の日、購入希望者がやってきて、現金払いで43万ポンドを提示してきた。言い値より5万ポンド安い値段を受け入れれば、新たな家にかかった借金は消えるものの、気分としては納得がいかないだろう。しかし、あくまで言い値にこだわり続けたあげく、3カ月のうちに売りそびれれば、利子としてさらに多額の金を支払うことになる。この申し出について考えこむあなたの頭をよぎるのは、次のうちどの考えだろう？

(a) 言い値は正当なのに、それより5万ポンドも安いのを受け入れるなんてばかげている。この話はなしだ。

(b) 我慢して申し出を受けることにしよう。自分の運と市場の状況の悪さを考えれば、この条件並みでのオファーすら、この先なかなか見つからないかもしれない。

(c) この申し出を受ければ、後悔するだろう。だが、断ったあげくこれより良いものが半年も来なかったら、同じように決断を悔やむだろう。ここは、返事を先延ばしして何週間かこの買い手を引きつけておいて、その間に希望の値段で家を売るために全力を尽くすとしよう。そこまで乗り気でないように見せれば相手は値段を少し上げてくれるかもしれないし、最悪、希望する値段がつかなかったとしても、最後にはこの買い手がいるのだから。

4 あなたの会社の繁栄は、販売員たちのやる気と熱意、そして成功によるところが大きい。あるライバル企業がトップのセールスマンを解雇したのだが、彼の経験やスキル、人脈はとてつもない強みになる可能性があるのをあなたは知っている。困ったことは、なぜ彼が解雇されたのかがよくわからないところだ。彼の話では、新しい販売部長と性格が合わなかったとのことだが、理由は別のところにあるかもしれないといううわさもあった。ある話では、彼はアルコール依存症で、もはや信用できないということだった。会社の金をだましとろうとしたことがばれて、かろうじて訴追を免れたという話もあった。面接後も本当のところはわからないまま、あなたは彼を採用するか否かを決めねばならない。決断に悩んでいるあなたが、一番考えそうなことは——

（a）うわさが真実でないとすれば、彼は極めて貴重な存在になりうるわけだから、このチャンスに賭ける価値はあるだろう。悪いうわさは非協力的な元部下に仕返しをするために販売部長が流したものかもしれないし、人材の評価をするときには常に自分の判断力を信じるべきだろう。

（b）火のないところに煙は立たぬというし、もしうわさが真実でないとしても、解雇になった実際の理由も同じくらい深刻なものかもしれないから、ここでリスクをとるのはばかげた選択だろう。用心に越したことはないし、失敗する可能性のあるものは大抵失敗するものと心得るのが賢明だ。

（c）後々の後悔の原因になるだろうから、あわてて決断を下さないのが一番だろう。もし不誠実で信頼のおけない人間を雇ってしまえば、そのミスは重大なものになりうる。だが、彼の応募をはねつけてしまうのも愚かなことだろう。もし彼が信頼できる誠実な人間なら、そんな人物をライバルに渡したくはないからだ。一番良いやり方としては、すぐに結論は出せないが、週末までには通知すると彼に告げることだ。その間に、策を講じてさらに詳しくうわさを調べ、少しでも真実が含まれているかどうか確かめればよいのだ。

5 高校を卒業後、あなたの娘は難しい進路選択を迫られた。名門大学への推薦入学を勧められたのだ。そこに行けば良い成績を取るのは大変だが、成功すれば就職市場では大きな強みになると思われた。別の選択肢として、格では劣る大学を選ぶ道もあり、良い成績は得やすくなるものの、名門大学と同じように優遇されるわけではない。結局、あなたの娘は名門大学を選択したが、成績的には一番下のクラスになってしまった。あなたが思うのは――

（a）その場でのベストを常に目指すべきだから、上に目標を据えた娘の選択は正しかった。失敗したのは不運だったが、だからと言って実社会でうまくやっていけないとは限らないじゃないか。

（b）起こったことはすべて娘の責任だ。高望みしすぎれば、必ずや失敗と失望とが待っているものだ。

（c）残念な結果にならないよう、いろいろな大学に志願しておくのが一番だっただろう。そうすれば、名声もそこそこあって、かつ娘の知性に見合った講義をしている大学が見つかったかもしれないのに。

6 あなたには２０００ポンドの貸しがあるが、借り手に資産はなさそうだし、金がこれから手に入る見込みもほとんどないため、貸した金を取り戻せる可能性は薄いと感じている。あなたを目の前にして、彼は率直に自分がほぼ文無しであることを認めつつ、3つの選択肢をあなたに提示してきた。1200ポンドほどある彼の持つ現金すべてを受け取り、負債の決済を終わりとするか。もしくは別の選択肢として、ギャンブル好きの相手はコイントスによる賭けを受けてもよいとしている。もし相手が勝てば、あなたは借金を帳消しにし、その旨を記した手紙を彼に渡さねばならない。その代わりあなたが勝てば、相手は所有しているもので唯一価値あるものを手放すつもりだ。それは彼の父親のものだった純金の時計で、信頼できる宝石商の鑑定では5000ポンドの値がついていた。あなたが最も考えそうなことは――

（a）コイントスに賭けよう。結局1200ポンド以上は取り戻せそうにないのだから、実際賭けているのは1200ポンドにすぎないのだ。もし時計が得られれば、初期投資を倍以上にできるということだ。

（b）自分の運のなさから言って、きっと賭けに負けるだろう。コイントスにすべてを賭けるのはばかげている。借金の一部は諦めて、1200ポンドの申し出を受け入れた上で、これから金を貸すときは相手を信用しすぎないようにしよう。

（c）相手の申し出は、どれも受け入れられない。どれに決めたとしても後悔するだろうから。もし賭けに勝てたとしたら、困っている人間につけこんで相手の不運から不当に利益を得たように感じるだろう。負ければ、全額を捨ててしまった自分自身に腹をたてるだろう。清算するのに同意すれば、もっと上手くやるべきだったとずっと思い続けるだろう。だから、相手には取引はできないと伝え、全額支払える方法を考えるよう言うつもりだ。

7 あなたは、異なるレースに出走する、ある3頭の馬が勝ちそうだという情報を得た。経験豊かな調教師でもある親友からの情報だったので、あなたは最初に走る馬に100ポンド賭けることに決め、賭けた馬は10対1のオッズで圧勝した。まだ走っていない馬が残っている状況で、あなたの決断は──

（a） 2番目の馬にも賭けて、もし勝てれば、得た金を3番目の馬につぎ込もう。この大勝できるチャンスをみすみす逃してたまるものか。

（b）勝っているうちに金を受け取って家に帰ろう。3頭の勝ちを連続で当てられるほど馬を知り尽くした人間などいないし、自分の運を考えれば、全財産を失ってしまうだろう。

（c）次の2頭にも勝った金の一部を賭けるとしよう。もし賭けそびれたあげくに2頭が1着でゴールすれば、腹立たしく思うだろうから。かといって、手に入れた金を全部次のレース2つに賭けるのも愚かな話だろう。

スコアの出し方

（a）と（b）と（c）の数をそれぞれ合計し、どの反応が一番多かったか書き留めておこう。

（a）が一番多かった人は、リスクテーキングの形からマキシマイザーと呼ばれる。（b）が大多数であればミニマイザーであり、（c）が最も多ければ、あなたはミニ・マクサーだ。もし2つ以上数の近いものがあれば、リスクテーキングの形が場合によって異なるということだ。

この3つのスタイルには、それぞれ長所と短所がある。自分がある特定の様式で反応することを動機づけているのは何なのかを理解することで、特定の状況に合った方法をとることができるようになる。また、他人が用いている戦略を特定し、その短所を利用したり、長所を評価することも可能となる。

マキシマイザー　このタイプは、計画通りにことが運んだ場合に一番利益が出ると思われる結果を好む。マキシマイザーは常に楽天的であり、自らの能力に揺るぎない自信を持ち、状況がどんなにリスクをはらんでいそうであっても、最後には勝者になれると考えている。誤った決定を下してしまったときでも、後悔や非難に無駄な時間を費やすことはない。衝動に突き動かされた起業家などに典型的に見られるリスクテーキングの姿勢であり、大きな勝ちを得るチャンスにはいつでも全力を注ぐ準備ができている。

ミニマイザー　高度なリスク回避型であるミニマイザーは、損失を招く可能性を最小限に抑えようとする。彼らはマーフィーの法則を生み出した有名なマーフィー大尉のように、「失敗する可能性のあるものは失敗する」と固く信じているため、万一最悪な事態になったときに自分の身を損失から一番守れるような、あるいは損失を最小限にとどめる助けとなるような行動を選択しなければならない。ミニマイザーは、すべてのリスクが完全に特定・分析されるまでは決定を下すことを避ける。このため、ミニマイザーは特に「分析麻痺」、すなわち、先送りばかりで何もなされそうにない状態に陥りやすい。物質的、金銭的損失が発生する可能性が高い場合に最も適したスタイルである。

ミニ・マクサー　彼らが目指すのは、予想される損失を最小限に抑えつつも可能な限り利益を最大化できる選択肢を見つけ出すことである。言い換えれば、計画通りことが運べば可能な限りのベストの結果が確実に得られ、かつ期待通りにならなかった場合でも後悔が多くなりすぎないような選択肢を選ぶのだ。このスタイルをとる人々は、達成したことと達成できたかもしれなかったこととの差に非常に敏感である。ミニ・マクサーは、機会を逃すことは後悔やフラストレーションのもとであると考えているため、そのようなことは常に最小限に抑えるようにしているのである。

これまで説明してきたように、われわれは生活の中のどの局面においても、好んでいるリスクテーキングのスタイルに従いがちである。しかし、ある種の状況下では、リスクテーキングの度合いを低、中から高へと切り替えることもあるかもしれない。これは、どれだけ信頼感を抱くことができるか次第であり、また同時に脳の化学に直接関係することである。もちろん、身をさらしても心地よいと感じるリスクの度合いと衝動的になりやすい傾向との間には直接的な関連性がある。概して言えば、マキシマイザーはミニマイザーと比べはるかに衝動的に行動する傾向があり、ミニ・マクサー的アプローチをとる人は両者の中間あたりに位置する。

衝動性を調べるテスト

あなたがどの程度衝動的に行動するかを把握するために、ここに2つの異なるタイプのテストを用意した。1つ目は、我が同僚のマーガレット・ユーフラ=ライチ博士が作成したもので、シンボルをマッチングさせることであなたが衝動的な人間かどうかを大まかに知ることができる。これは、インターネット上（http://www.psychologyandappetite.com/impulsive/）で受けられるテストを短縮・簡略化したもので、150〜151ページに掲載した。

2つ目のテストはわたしが作成したもので、本書執筆時点までに、約1万人の人々に答えてもらっている。最初のテストでは単に衝動性の有無がわかるのみだが、このテストではより段階的に衝動性を把握することができる。

問題1

この自己テストでは、150〜151ページのそれぞれ右側にある4つのシンボルのうち、左端のシンボルと合致するものを選んでいただく。タイムをはかり、次の得点表を見て答えあわせをしてみてほしい。

問題1の答え

(1) d (2) c (3) b (4) b (5) d (6) a (7) b (8) d (9) c (10) c

判定：以下に当てはまれば、あなたは衝動的な人間だ

- 正答が6問未満
- 正答が6問で、かつ12秒より長くかかった
- 正答が7問で、かつ14秒より長くかかった
- 正答が8問で、かつ16秒より長くかかった
- 正答が9問で、かつ18秒より長くかかった
- 正答が10問で、かつ20秒より長くかかった

これらに当てはまらなければ、あなたは衝動的ではないということになる！　慌てず、着実に正しくシンボルを観察したということだ。

問題2

次の20の項目では、書かれている状況下での自分の行動のしかたや感じ方に最も近いと思われる反応を選ぶ。素早く、正直に答えてほしい。反射的にでた答えが最も正確だ。

（このテストも最初のテストと同様に、インターネット上で無料で受けることができる。URLはwww.impulsive.me.ukだ。オンライン版を利用すれば、回答と正確性、スピードが分析され、結果としてより科学的に正確なスコアを出すことができる）

a b c d

6

7

8

9

10
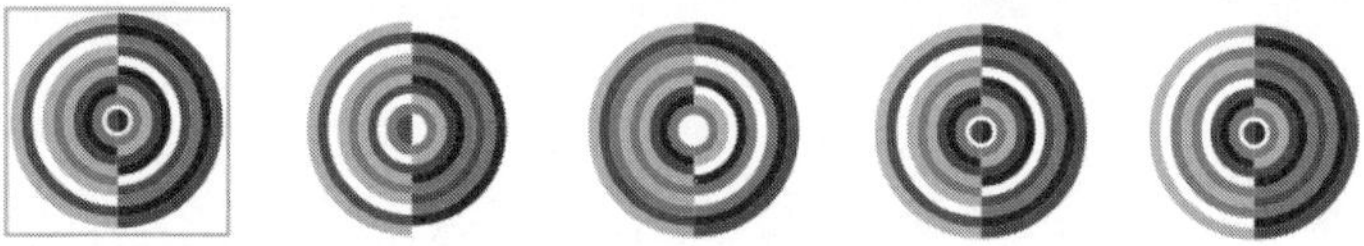

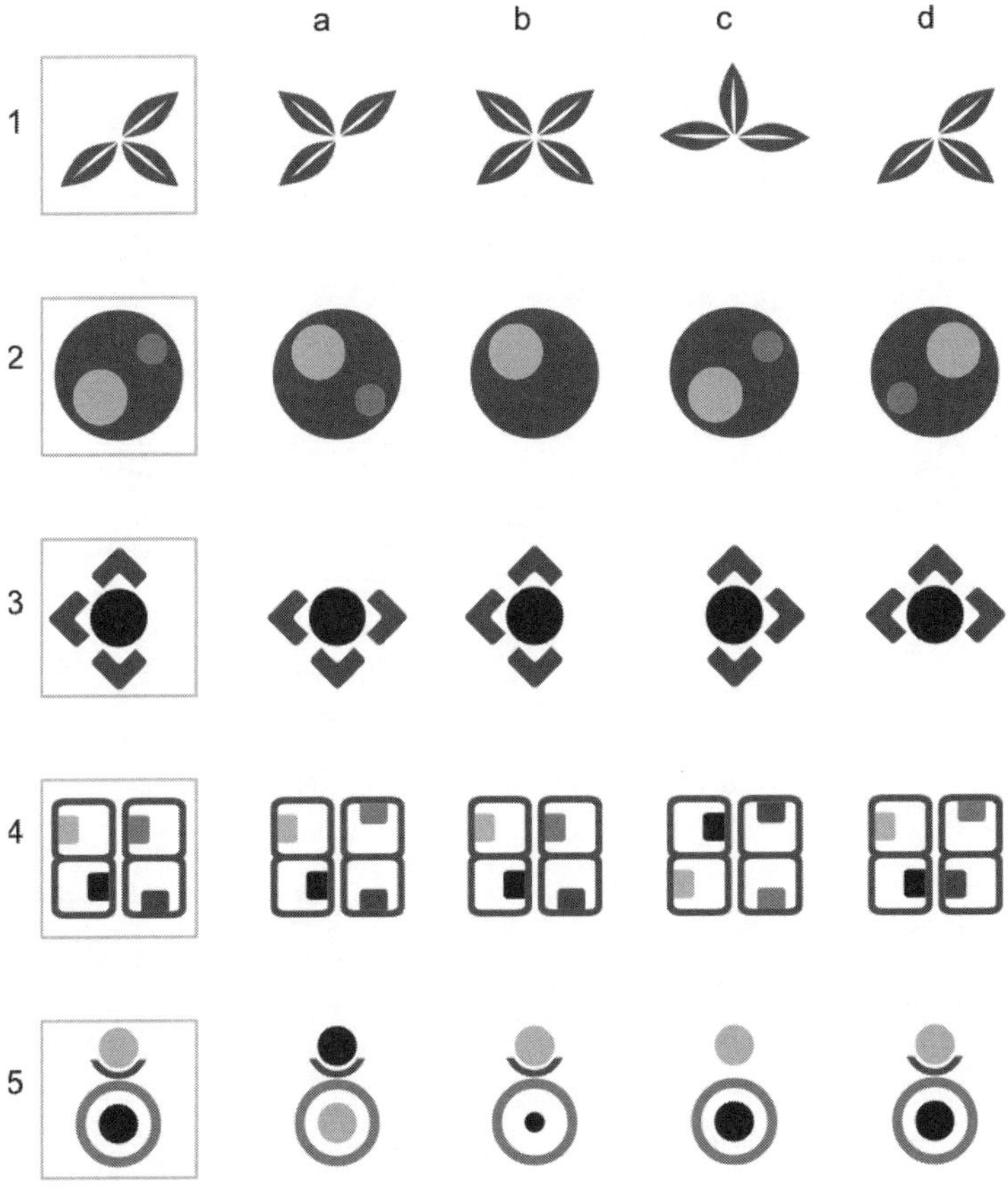
a
b
c
d
1
2
3
4
5

1 考えなしに行動してしまう
（a）いつも（b）よく（c）たまに（d）めったに、あるいはまったくない

2 うっかり口を滑らせてしまう
（a）いつも（b）よく（c）たまに（d）めったに、あるいはまったくない

3 すぐに決断する
（a）いつも（b）よく（c）たまに（d）めったに、あるいはまったくない

4 楽天的な性格だ
（a）いつも（b）よく（c）たまに（d）めったに、あるいはまったくない

5 長時間集中するのが困難だ
（a）いつも（b）よく（c）たまに（d）めったに、あるいはまったくない

6 常に頭の中を考えが駆けめぐっている
（a）いつも（b）よく（c）たまに（d）めったに、あるいはまったくない

7
事前に計画するより先に思いつきで行動する
（a）いつも（b）よく（c）たまに（d）めったに、あるいはまったくない

8
自分をコントロールできない
（a）完全に当てはまる（b）ある程度当てはまる（c）あまり当てはまらない
（d）まったく当てはまらない

9
人生はなるようになると思っている
（a）いつも（b）よく（c）たまに（d）めったに、あるいはまったくない

10
長い映画や劇を落ち着いて見られない
（a）いつも（b）よく（c）たまに（d）めったに、あるいはまったくない

11
問題を与えられると、答えを見つけようと急ぐ
（a）いつも（b）よく（c）たまに（d）めったに、あるいはまったくない

12
将来の金銭的問題は成り行きにまかせている
（a）いつも（b）よく（c）たまに（d）めったに、あるいはまったくない

13
ややこしい問題に取り組むのが嫌いだ
（a）いつも（b）よく（c）たまに（d）めったに、あるいはまったくない

14
職を変える
（a）絶えず（b）頻繁に（c）たまに（d）めったに、あるいはまったくない

15
飽きやすい
（a）いつも（b）よく（c）たまに（d）めったに、あるいはまったくない

16
せっかちだ
（a）いつも（b）よく（c）たまに（d）めったに、あるいはまったくない

17
よく考えてから行動する
（a）めったに、あるいはまったくない（b）たまに（c）よく（d）いつも

18
衝動買いをしてしまう
（a）いつも（b）頻繁に（c）たまに（d）めったに、あるいはまったくない

19
マルチタスクが苦手だ

合計点	コメント
20-25	あなたの衝動性は大部分の人より極めて低く、冷静沈着に思考した上で発言や行動をすることを好む。できるかぎりリスクを回避し、事前に計画を立てることで、いつでも確実に事態をコントロールできるようにしておくことを好む
26-35	あなたの衝動性は大部分の人よりやや低く、リスクを伴う発言や行動の前には、結果として起こりそうなことについてじっくり考えることを好む。多くの場合、常に事態をコントロールできるように、事前に計画を立てておくことを好む
36-55	あなたは時に衝動的となり、その場の思いつきで発言したり行動したりすることがある。普段はそこまでリスクを負うわけではないものの、時折注意力がどこかへ飛んでしまう
56-80	あなたは非常に衝動的な人物であり、自分の発言や行動によって起こりうる結果についてはよく考えず、その場の思いつきで行動することを好む。リスクを負うことを楽しみ、つまずいたり失敗することがあっても決して怯まない

（a）いつも（b）よく（c）たまに（d）めったに、あるいはまったくない

20 新しい趣味や余暇にすぐ興味をなくす

（a）いつも（b）よく（c）たまに（d）めったに、あるいはまったくない

次のように計算する：（a）4点、（b）3点、（c）2点、（d）1点

脳の営みとリスク、信用

他者と取引をする際に——例えば、金銭を融通したりするときなど——どの程度リスクを負う準備があるかは当然のことながら、相手をどれだけ信用しているかによる。信用の度合いが十分に高いなら、たとえ筋金入りのミニマイザーであっても、大きなリスクを負う可能性は高い。

脳内のいくつかの化学物質は、社交性やリスクテーキングの様々な側面にとって重要である。リスクテーキングと信用に関しては興味深い研究がいくつかあるが、その一部で取り上げられているのが、通常は分娩と授乳に関係する神経ペプチドであるオキシトシンだ。「脳内でオキシトシンが分泌されるように誘導すると、より道徳的になって信頼感が増し、より寛大になり、思いやりや共感といった気持ちが高まる」。クレアモント大学のポール・ザックはこう話す。[13]

人が自然な形で互いに交流した場合、そのうちの約65パーセントの人の脳内にオキシトシンが分泌されることが、ザックの研究により判明している。脳内オキシトシン濃度が高くなった人はよりコミュニティへの帰属意識を感じ、よりつながりを深めるようになる。そこで出てくるのが、次のような疑問だ。他者を信用するときにオキシトシンの濃度が上昇するならば、人工的にオキシトシンの濃度を高めることで他人を信用しやすくなり、結果としてよりリスクテーキングの度合いが高まるということはあるのだろうか？

チューリッヒ大学経済学実験研究所のマイケル・コズフェルドらによる研究では、ここに疑問としてあげたようなことがまさに起こると示唆されている。[14] この研究では、点鼻スプレーによってオキシトシンを投与されたボランティアの約半数（45パーセント）が信用度において最高レベルを示したのに対し、偽薬を与えられたグループ内では5人に1人（21パーセント）しか最高レベルの信用度を示さなかった。

「われわれはおびただしい数の見知らぬ人間の中で生活しているため、オキシトシン・システムは非常に素早いオン・オフのスイッチとなっている。だから、それがいったんオンになれば、われわれは交わるのだ」とクレアモント大学のザックは説明する。「だが、次に関わる人間が安全でなかったり信用できないこともあるので、すぐにスイッチは切れるようになっている」[15]

人々に薬を与えたり、その他何らかの方法でオキシトシンの濃度を高め、信用度を上げようとしても失敗することになるだろうとザックは警告している。「オキシトシンの影響を受けてもなお、われわれは自らの決断をコントロールできる。オキシトシンは非常にかすかな信号にすぎない。オキシトシンがあることで、他者に近づこうという動機付けにはなるが、それだけの存在でしかないのだ。また、遺伝子や発達過程、さらには現時点での心理状態によっても、結果は左右されてしまう」

残りの章では、リスクを伴う決定がどのように日々の暮らしの中で良い作用や悪い作用をもたらすのかを見ていこう。恋に落ちるかどうか、買い物に行くかどうか、太ってしまうかどうか、犯罪に手を染めるかどうか、暴動に参加するかどうかや、衝動的にすべてを終わらせてしまおうと決めるかどうかなどだ。

第8章 愛の衝動

The Love Impulse—'It Only Takes a Moment'

一目惚れから性衝動まで

「かの女の顔は清らにして美しく
かつてなきほどわが心を満たす
目にせしは過ぎゆく姿のみなれど
私は死ぬまでかの女を愛す」

——作者不詳 17世紀

人間は、地球上で最も性に取りつかれた動物である。生殖の必要性という縛りもなく、いつでもどこでも、機会があれば性行為にふける唯一の種だ。われわれは日常的に、たいていは衝動に従って、相手に性的魅力を感じるかどうかを判断している。この判断はだいたいの場合瞬時に下されるが——結論が出るまで100分の1秒とかからない——気が変わることはなかなかないため、将来にわたってその人物との付き合い全般に影響を与えることが多い。

ただ、ある人に魅力を感じるかどうか答えるのは簡単かもしれないが、その人にそこまで性的魅力を感じるのは一体なぜなのかを説明するのは、たいていの場合はるかに難しい。相手の何がいいのかとたずねられれば、大概はいくつかの決まった型にはめて答えるしかない。

ブロンド女性が好みなんだ。黒髪の人がいい。男らしい腹筋の割れた人がタイプなの。細身で物憂げな男性に惹かれてしまう、などといった具合だ。その人を好きで、素敵だと感じ、求めている理由は、そういうタイプの人が自分は好きで、素敵だと感じ、求めているからだ、と言ってみても、それは循環論法にすぎず、この人間行動の極めて重要な側面についての理解はまったく進まない。

即座に湧く欲望、徐々に募る恋心

日々の経験からもわかるように、性的魅力の感じ方には2つのはっきり異なるタイプがあることが、研究により判明している。人によっては、一瞬のうちに相手に惹きつけられる。混みあった部屋の向こうとこちらとで目が合い、一目で恋に落ちてしまうのだ。

自伝の中で、バートランド・ラッセルは17歳のときに23歳のアリス・ピアソル・スミスに会い、「一目見て……好きになった」(『ラッセル自叙伝　第1(1872年-1914年)』日高一輝訳、理想社、1968年)ときの様子を書いている。ラッセルは即座に、できるなら彼女を妻にしようと決めた。彼は日記に、自分が「成人するまで」アリスが未婚のままというのはありそうもないことだと思うものの、「もし彼女が未婚のままでいてくれるなら彼女に求婚しようとますます強く決意するようになった」と書き留めている。[1] 3年後の1893年5月に成人したラッセルは、「尊敬しあう以上の何か」を抱きながらアリスを追いかけるようになった。

アリスと結婚したいという衝動はまさに最初の出会いのときに発生したものだったが、少なくとも自伝によれば、その衝動は性欲に動かされてのものではなかった。「わたくしはアリスを深く愛してはおったけれども肉体関係の欲望を意識するということは全然無かった。事実、ある夜、天上のものでないような形の性的な夢を見た時、わが愛は冒瀆されたりといった感じをいだいた[2]」。アリスは「想像できる限りの最も美しい婦人の一人」とのちに表現されるほどだったが、ラッセルは彼女の外見の美しさのみに惹かれたわけではなかった。その性格、姿勢、信念、意見もまた彼を惹きつけたのだった。アリスは、ラッセルの考えでは、真に因習から解放された女性だったのである。

ダーウィンが考えた恋愛の理由

1836年10月2日、チャールズ・ダーウィンは約5年に及ぶ航海を終え、地質学者として乗り込んでいたビーグル号から岸に降り立った。ダーウィンは27歳で、その頭の中は進化に関する革命的な考えに満ち溢れており、それらは23年後に『種の起源』として出版されることになる。しかし、イングランドに帰還したばかりのダーウィンの心は、それよりはるかに差し迫った、個人的な問題に向けられていた。すなわち、結婚するかどうかという問題である。

机に向かったダーウィンは、1枚の紙に線を引いて2つのスペースに分け、一番上にこう記した。「これが問題だ」。それから、「結婚する」（『ダーウィン：1809-1851——世界を変えたナチュラリストの生涯 I』渡辺政隆訳、工作舎、1999年）という見出しをつけたスペースに、縁を結ぶメリットとして考えられることを慎重に書き出していった。「子供——（神の御心しだい）——一生の連れ合い、（それと、老いたときの友）関心を払ってくれる人、──愛情と遊びの相手。とにかく犬よりはまし。──家庭、＆家事をしてくれる誰か──音楽の魅力と女性との気軽な会話。──健康に良いこと」
「結婚しない」という見出しのスペースには、こう記した。「好きなところに出かけられる自由──社交界の取捨選択。──クラブでの才人たちとの会話──親戚訪問の強制も、くだらないことに屈する必要もいっさいなし。──子供に対する出費と心配もなし──たぶん口げんかも──時間の浪費。──夜の読書ができない──肥満と怠惰──不安と責任──書籍等への支出減──もしたくさんの子供が腹が減ったとせがんだら。──（そうはいっても、過労は健康に良くない）もしかしたら妻はロンドンをいやがるかも。そうなれば田舎への追放とアホの怠け者への堕落だ[3]」

このように綿密でシステムR的な「費用便益分析（コスト・ベネフィット・アナリシス）」を行ったダーウィンにとって、次にとるべき道についての迷いはなかった。最初の「結婚する」のスペースの下に、ダーウィンは力強くこう書いた。「結婚《マリー》──マリア様──結婚《マリー》　証明終わり」

明くる年、ダーウィンはいとこのエマ・ウェッジウッドにプロポーズした。ダーウィンのプロポーズは自信なさげだった。自分自身が「嫌悪感を催すほど平凡」であるため、プロポーズを断られるのではないかと恐れていたのだった。このような恐怖感を抱きつつも、ダーウィンは「可能性に賭けようと……決心した」と記している[4]。ダーウィン夫妻は長く幸せな人生をともに過ごし、幼くして亡くなった2人を含め、10人の子どもに恵まれた。2人の結婚生活はチャールズが1882年に死去するまで続き、エマも14年後の1896年に夫の後を追った。

愛と情熱

結果的にうまくいったとはいえ、ダーウィンのやり方は仕事をただ淡々とこなしているようでもあり、そのシステムR的な結婚へのアプローチに比べると、ラッセルの本能によるシステムI的な衝動の方を好ましく思う人がほとんどだろう。しかし、ここで付け加えておかねばならないのは、ダーウィンの結婚が幸せなまま続いたのと比べ、ラッセル自身の私生活ははるかに不安定なものだったという事実である。ラッセルは結婚と離婚を4度繰り返した。最後の妻であるイーディス夫人は教養ある魅力的な女性で、私は光栄にも彼女と面識があった。

このような事実にもかかわらず、われわれのほとんどは、衝動に駆られて情熱的に恋に落ちることが理想であると信じている。あっという間に、まるでジェイムズ・ジョイスの『ユリシーズ』に出てくる次の場面のごとくに。「あたしは目でうながしたもういちどおっしゃってyesするとあたしにねえどうなのと聞いたyes……そしてあたしはまず彼を抱きしめyesそして彼を引きよせ彼があたしの乳ぶさにすっかりふれることができるように匂やかにyesそして彼の心ぞうはたか鳴っていてそしてyesとあたしは言ったyesいいことよYes」（『ユリシーズⅣ』丸谷才一、永川玲二、高松雄一訳、集英社、２００３年）[5]

このとき発生する「目も眩まんばかりの恍惚状態」を麻薬にたとえているのは、ニューヨークの精神科医であるマイケル・リーボウィッツ博士である。博士は、依存が深刻化するあまりに次々と相手を変え、恋愛感情という麻薬を必死になって自分に投与し続ける「恋愛中毒者」

へと変貌してしまう人々もいることを論じている。自分の情熱の対象を気遣うことはほとんどないため、そのような人々はたいてい、悲惨な恋愛関係を繰り返すことになる。

リーボウィッツは、このような熱狂的な恋愛の原因は脳内のドーパミン不足が原因であるかもしれないと考えた。ドーパミンは、ノルアドレナリンやアドレナリンなどと同様に、カテコールアミンという化合物に分類されている。これらのアミンは、セロトニン（5－ヒドロキシトリプタミン）という別のアミンとともに、われわれの感情に非常に大きな影響を及ぼす。ノルアドレナリンとドーパミンがモチベーションに影響するのに対して、セロトニンは気分に影響を及ぼす。

リーボウィッツが男性の「恋愛中毒者」に処方していたのはＭＡＯ（モノアミン酸化酵素）阻害薬で、これは脳内のドーパミン濃度を増加させる作用をもつ抗鬱剤である。数週間のうちに、恋愛依存だった患者は、より正常な形で相手に惹かれるようになった。「患者は、もはや恋愛に夢中になりすぎるということはなくなった」とリーボウィッツ博士は述べている。「四六時中誰かにいてほしいという狂気じみた欲求は消失したのだ」[6]。だが、性衝動の原因となっているこのようなドーパミンの急激な増加は、いったい相手の何によって引き起こされているのであろうか？

互いに惹かれあうことについての2つの理論

通俗的な心理学では、一見正反対に思える2つの理論が提唱されている。「似たもの同士が

「惹きつけあう」という人もいれば、「違ったもの同士が惹きつけあう」と主張する人もいるのである。驚いたことに、これら2つの理論は、少なくともある程度までは両方とも正しい。

1960年代初期、ヴァンダービルト大学のキャロル・イザード博士は、新入生グループを対象に性格検査を実施した。6カ月後、対象となった学生たちが互いにどれほど惹きつけられているかを博士が測定したところ、性格的に最も似通ったもの同士が最も親しい友人となっていたことがわかった。特に大きく影響した性格的特徴として、何かを成し遂げたいという欲求、自立したいという望み、他人との関わりを求める度合いなどがあった。[7] この初期の研究結果から導かれる結論は明白であるように思われた。もし2人の人間の考え方や性格的側面に共通する部分が多ければ、おそらく両者は互いに惹きつけあうであろうということである。重なる部分が大きければ大きいほど、相手がより魅力的に思われるというわけだ。

これは、泉に映った自分に恋をし、手を伸ばして自分の像をとらえようとして溺死したギリシアの美青年にちなみ「ナルキッソス仮説」と呼ばれる。しかし、事はそう単純ではないことが、後の研究結果から明らかとなった。

1971年の著書『The Attraction Paradigm（魅力のパラダイム）』の中で、社会心理学者のドン・バーンは、考え方を共有することが相手に魅力を感じるための第一歩であるようだとする一方で、似通った視点の数より重要なのは「考え方の似ている部分」と「似ていない部分」との割合であると主張した。人は、好きな相手と意見が多少食い違ったとしてもそれを受け入れる用意があり、相手の魅力は結果としてまったく低下しないように思われる。しかし、食い違いの数が臨界点を超えるやいなや、好感度は急速に低下していく。[8] この実験結果は常に一貫しているため、好き嫌いの情がどの程度起こりそうかは、以下のような数学的公式を用いて表すことができる。

Y＝5.44X＋6.62

この式は、２人の間の好感の情がどの程度であるかを予測するのに最適だ。好意の程度（Y）は、似通った考え方の割合（X）に5・44を掛け、それに6・62を加えればよい。２人が同じ考え方を共有している割合が50パーセントの場合、12点満点中でスコアは9・34点（0.5×5.44＋6.62）となる。共通の考え方が80パーセントならば、好感の値は10・97にまで上昇する。

重要なのは共有する考え方の「割合」なのだという発見は、「ナルキッソス仮説」に包含されるだろう。好きな相手は自分自身の完璧なコピーであり、自分の考え方や意見を、自身のものよりは不明瞭ながらも認識できる形で複製し所有している存在だ、という考えに置き換えているからだ。

しかし、多くの社会心理学者たちにとっては、一歩進んだように見えたこの説は元の理論と同じく満足のいくものではなかった。自分にとてもよく似ていると思える人に魅力を感じると彼らが主張するのは、物の見方や考え方が共有されていれば相手が自分の好意に報いてくれる可能性も高まり、結果的に交際の申し入れが断られるリスクが減るとわれわれが想定しているからだ。言い換えれば、われわれは可能な限り自分に似ていると思われる相手に時間と努力の大半を投資することで、できるだけ自分に有利なように札を切ろうとしているのである。

この説を裏づけたのが、1960年代にマサチューセッツ大学のジョージ・レビンガーとジェイムズ・ブリードラブが行った研究だ。2人が発見したのは、人が互いに惹かれあうとき、実際よりも互いの共通点が多いと考えがちだという事実である。ある実験では、様々な項目について、自分および配偶者がどのような考え方をしているかを夫婦に尋ねた。その結果、自分のパートナーが持っていると考えた意見は、実際のパートナーの意見と大きく食い違っているということがわかった。近しい関係においては、衝突のもとを隠したり回避したりするために、視点の類似性を強調する傾向があるとレビンガーらは述べている。[9]

人間同士が相互に惹きあう現象を理解するための別のアプローチとして、人はそれぞれ2つの自己イメージを持っているという考えに基づくものもある。実際の自分であると見なしている現実自己と、自分が最もなりたいと思っている理想自己とが存在しているというものだ。前者の特性として、例えば次のようなものがリストアップされるだろう。親しみやすい、偉ぶる傾向がある、気前がよい、話がおもしろい、皮肉屋だ、社交的だ、心配性だ、おしゃべりだ、等々。理想自己のもつ望ましい特性は、自分に欠けていると感じるが手に入れたいと思っているもので、寛大さや自己主張できる能力、思いやりの心、人を愛せる力などが挙げられるかもしれない。

現実自己と理想自己は、非常に近いこともあれば、互いにかけ離れている場合もある。理想自己と人生の現実との間に共通する部分がほとんどないという人も珍しくはない。このことが原因で不幸せやフラストレーションを強く感じたり、ネガティブな感情をもつに至ることもあり、解決には3つの方法のどれかを選択するしかない。1つ目の方法は、理想へと近づくように自らの行動を変えることである。2つ目は、自分の現実での目標や達成度から遠くならないように、理想自己を変えることである。3つ目は、自らの理想自己がもつ性質や成功を、すべてでないにせよほぼ体現していると思われる人と関わりをもつことである。そのような人は、見かけ上はともかくとして、精神的には魅力的と感じられるのだ。

このとき相手をどの程度魅力的と感じるかは、相手がどれだけ理想自己を「行動化」すなわち体現しているかによって変わってくる。理想自己は、欲しくても自分には能力不足で手が届かないと（思いこみにせよ的を射ているにせよ）思っている性格的側面であるため、自信に欠け決断力のない人は、自信に満ち溢れ、素早く大胆に決定を下す人物に強く惹かれるかもしれない。それが親密なものであれ一方通行的な感情であれ、そのような愛情を衝動的にもつことによって、理想自己という目的を、たとえ不確かな形ではあっても満たすことができるのだ。

人生においてこの役割を担ってくれるのは、性交渉の相手かもしれないし、ただの友だちかもしれない。同僚、上司、先生、あるいは個人的に面識のあるセラピストかもしれない。また、メディアを通してしか知らない赤の他人である可能性もある。その種のロールモデルとして、王族や政治のリーダー、企業経営者や労働組合の指導者、人気歌手やスポーツのスター選手、映画、演劇、テレビのスターが挙げられる。宗教指導者や超能力者、哲学者や画家かもしれないし、また軍人や科学者である場合もある。

大量殺人者やテロリストや、拷問を行うような人間である可能性すらある。彼らの行為がいかに醜いものであっても、どこかで誰かが彼らを、理想的自己を構成する不可欠な要素として見なしていることはほぼ確実だ。何といっても、今なおスターリンや毛沢東、ヒトラーやポルポトを祀った場所は存在していて、大量虐殺を行ったこれらの独裁者たちの霊を、忠実な支持者たちはなおも崇め続けているのだ。

美を見る目

私の研究所では、視線追跡技術を用いて、男女が互いの体をどのように見ているかを探っている。次のページの2枚の写真では、円の中の数字はどの順で見ていったかを示し、円の大きさはその箇所に視線がどれだけの間——1000分の1秒の世界だが——固定されるかを示している。

これらの写真を見てわかるのは、少なくとも実験室という条件下においては、男性と女性では異性の半裸をまったく違ったように見ているということだ。図1は、ビキニを着た女性を見ている、一般的な異性愛者の独身男性の視線が向かう方向を示している。男性はまず女性の太ももとヒップ（1）に視線を送り、それから上へ移動して、股間（2）、胸（3）、そして首（4）を見る。男性の視線は再び胸（5および6）へと戻り、腹部（8から12）を上下した後、脚部（13から17）へと向かう。男性が最後に見たのは、女性が股間に向け下向きに左手を当てている箇所（18）だった。

これに対し、女性は男性の顔（1）の観察からスタートし、その後も3度視線を顔に戻している。次に、女性の視線は男性の胸部（3および4）と腹部（5）を上から下へ移動し、股間

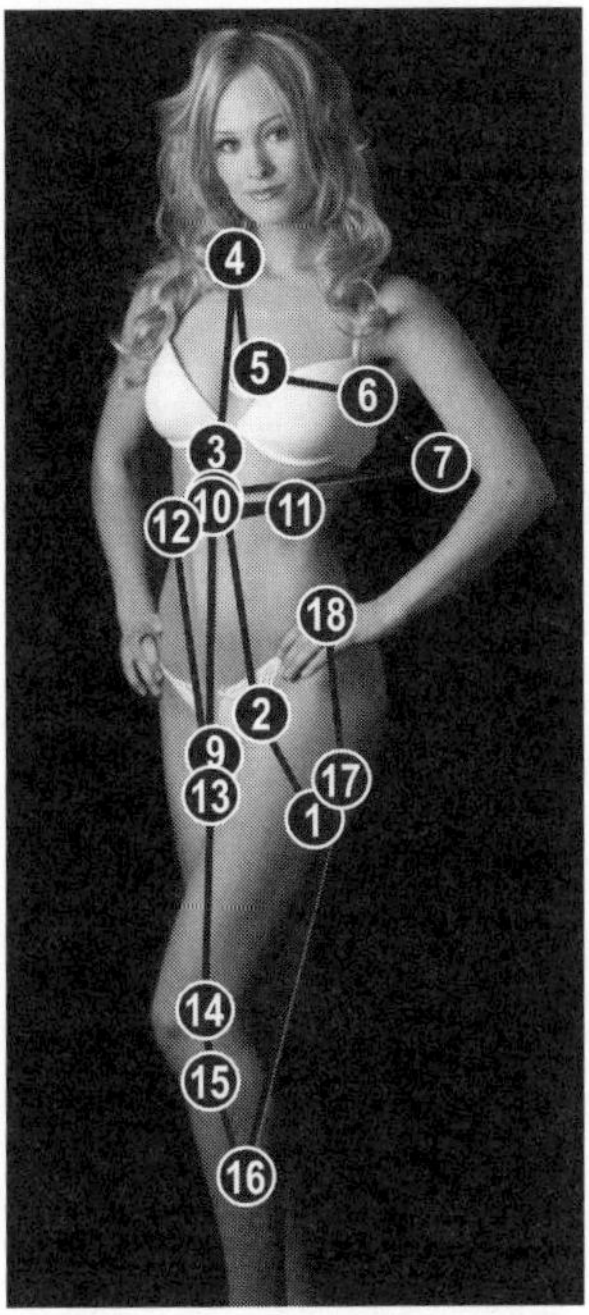

図1｜男性が見ている女性

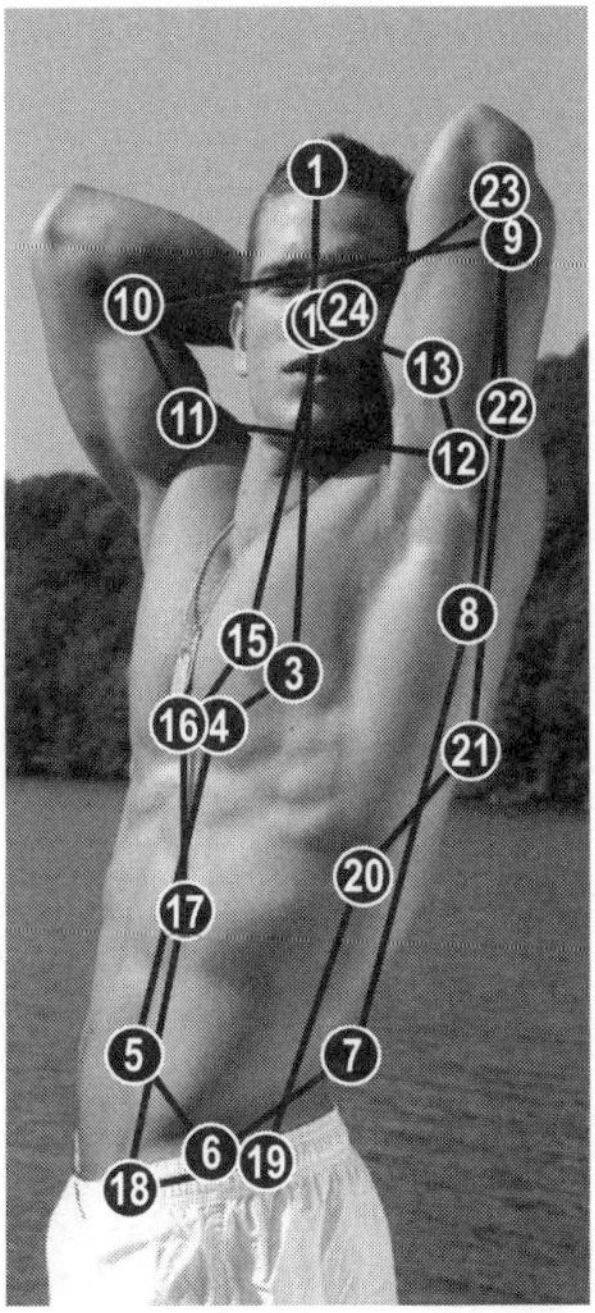

図2｜女性が見ている男性

のすぐ上（6）で止まる。それから、女性は男性の胸筋と左腕（7から9）、右腕（10および11）、左のわきの下（12）とチェックを進め、再び顔（14）へと視線を戻す。胴部（15から17）を再度観察した後は、先ほどと同じように、局部のすぐ上（18）に目を留めた。最後に、女性の視線は男性の左腕（20から23）を再び下から上へと動き、スタート地点である顔（24）へと行き着いた。見られる人物が露出の少ない服を着ている場合は異なった視線パターンが現れ、顔により注意が向けられるようになる。

美しい顔とは対称的な顔である

愛情と情欲の衝動（常に両立するわけではないが）を引き起こす上で顔が決定的に重要であることは、ロンドン大学のエイドリアン・ファーナムらの行った、一連の興味深い研究の中で示された。彼らは若い男性に女性の写真を数枚見せ、魅力、セクシーさ、生殖能力の高さ、健康さ、そして妊娠中である確率といった観点から写真を判断してもらった。研究の結果、顔が魅力的であるほど、その女性は健康でセクシーで、生殖能力が高く魅力的と判断されることが判明した。「顔だちから年齢、ひいては生殖能力についての手がかりも得られるため、顔が魅力的な女性を選択することは、結果として生殖能力が高く、健康で、良質な遺伝子を有する女性を選ぶことになるのだ」とファーナムらは述べている。[10]

古典芸術のような対称性をもつ顔の人間はほとんどいない。たいていの場合、顔のパーツは左右で形が違うし、線対称に並んでいないために、顔の片側ともう片側は異なっている。自分の顔のパーツを鏡で観察してみると、他の違いはさておき、目の並びが左から右へ、もしくは逆方向にわずかに傾いており、口にもまた傾きが見られることに気づくだろう。写真撮影という観点から見た「良い側」は、口の端と目の端との距離がより広くあいている方の側である。そちらの側だと、釣り合いがとれて見えるからである。[11]

顔から得られる最後の、そして生涯の伴侶を探す際の判断に――潜在意識においてではあるが――大きな影響を及ぼしうる手がかりは、相手がどれだけ健康かということである。50年以上前の民族学的調査[12]により、研究対象となったすべての文化において、澄んだ目、膨らんだ唇、生き生きとした顔色が重要視されることがわかっている。世界のどこを探しても、血走ったり黄色くなった目や、ひび割れたり傷ついた唇や、しみの酷い皮膚を望ましいと考える地域は存在しなかった。この調査結果は、男性にも女性にも等しく当てはまる。[13]

美しい顔に共通しているのは、その対称性だ。古代ギリシアでは、対称性は真の美にとって重要であるととらえられており、紀元前5世紀には、ギリシアの芸術家ポリュクレイトスが、その価値を褒め称える有名な論文を書いている。当時真であったことは、今日もなお真である。顔が対称的であればあるほど、その人物が魅力的で好ましく、健康的で生殖能力が高いと見なされる可能性が上がるのである。対称性が低ければそれだけ、不健康で生殖能力も低いと見られる可能性が高くなる。[14]顔に当てはまることはまた、体にも同様に当てはまる。

肉体美

古代ギリシアにおける理想的な男性の体とは、筋肉のついた腕、たくましい肩、強靭な腹筋、それに逆三角形の体型とを併せ持った体であり、これらをもつ男性は家族を守り養う能力があると認められていた。[15]何千年という時が過ぎた今でも、ほとんどの女性が特別魅力的だと感じるタイプの体型である。[16]一方、ギリシア人、そしてのちの世代の人々にとっても、女神アフロディーテの姿に見られる曲線美は、完璧な女性の姿についての古典的な考えを表している。

「ギリシア美術に見られる身体的特徴をもつ男女は、子孫を残すには理想的である可能性が極めて高いと見なされ、ゆえに進化論の観点から言えば、自分自身の、そして人類の生存率を高める可能性が極めて高いと見なされる」。神経科学者のチャーリー・ローズはこう述べている。「女性たちを引きつけた男性の体格から見て取れるのは、その男性の筋力の強さと持久力、心肺機能の高さ、そして高い運動能力だ。これらは、人類史の大半において生存できるか否かを決定づけていた狩りと戦いという2つの技能にとって必要不可欠なものだった。『生存に適した』男性は、繁殖相手やその子どもの生存率を高めるのみならず、その適応力のある特性は子孫へと受け継がれる可能性も高かった。そのため、『生存に適した』男性は、弱い男性よりも生殖を成功させるにあたって優位に立てたのだ[17]」

古代ギリシアでもそうであったように、成功率の高い生殖を連想させる女性の体の特徴[18]、例えば低いウエスト・ヒップ比によって生み出される曲線美などは、性衝動を引き起こす可能性が極めて高い。

「人間の場合、進化に基づく配偶者選択理論では、身体的魅力は女性がうまく生殖の役割を果たせるかを知るための信頼できる手がかりだと基本的に想定している」。テキサス大学のデベンドラ・シン博士はこう話す。「性交する準備ができていて、多産であり、良い母親となりそうな特徴を備える女性を選ぶことで、男性は生殖の成功率を上げることができる。女性側は、富を支配する地位の高い男性を選ぶことで生殖の成功率を上げることができる。そのような男性は、子どもを首尾よく育てるのに必要な物質的安心を供給してくれるからである[19]」。高い地位はたいていの場合、社会的・経済的ヒエラルキーに属する他の個体との競争を通じて得られるものであるため、生殖面での男性の価値を判断することは、一般的に容易である。

0・7──多産の比率？

排卵や多産性を直接的に伝えてくれるものは存在しないため、生殖面での女性の価値を判断するためには、男性は身体的魅力のような間接的な手がかりに頼らざるをえない。それら多産性を示す手がかりのうち、最も信頼できるものがウエスト・ヒップ比（ＷＨＲ）であり、デベンドラ・シン博士の主張では、これが男性から多産で性的魅力があると見られるための鍵である。ウエスト・ヒップ比を算出するには、ウエスト回りの値をヒップ回りの値で割ればよい[20]。例えば、ウエスト60センチ、ヒップが83センチの場合、ＷＨＲは０・７となる。この比率は魅力の大きさと高い相関性を有し、ここから女性の病気への罹りやすさがわかるだけでなく、多産性も予測することが可能なのである。

例えば、研究者たちの調査によると、ミスアメリカ・コンテスト出場者の身長・体重には変化が見られるものの、「くびれのある」体型は数十年間変わっていなかった[21]。１９２０年から１９８０年代までの間で、コンテスト優勝者のＷＨＲは全員０・72から０・69までの間に収まっていたし、『プレイボーイ』のモデルについては０・71から０・68の間だった。マリリン・モンロー、ソフィア・ローレン、ツイッギー、ケイト・モスといった20世紀の美の象徴たちは、皆そろって約０・７というＷＨＲだった[22]。

しかしながら、文化的な差異も顕著に存在している。２００１年に、文化人類学者のフランク・マーロウとアダム・ウェッツマンは、タンザニアの狩猟採集民族であるハッツァ族の集落にて、WHRにおいてのみ異なっている女性の絵をいくつか見せた。彼らの好みをアメリカ人のそれと比較してみると、0・7のWHRがよいというのはアメリカ人男性には当てはまったものの、ハッツァ族男性はそれよりずっと高い比率を好んだため、彼らははるかにふくよかな女性を理想としていることがわかった。

社会がより自給自足指向型であり、より大変な労働が女性に求められる場合には、それだけふっくらとした体型の女性が好まれるようになるのではないか、とマーロウとウェッツマンは推測した。「採集者たちにとって、おそらく細さは不健康さを示すのであろう」とマーロウらは述べている。[23]

似たような主張は、16、17世紀の裕福な男性に好まれた、ルーベンスの絵画に見られるふくよかさについてもなされてきた。その当時、豊満な白い肌の妻を持っているというのは、一種のステータスシンボルだった。自分の妻は有閑婦人で、より日焼けして引き締まった外見をしていた農業従事者ではないとわかるからである。

18世紀の成長しつつあった中流階級の間で午後の茶会を主催することが流行るようになると、当時は極めて高価だった飲み物の入った茶碗を持ち上げ口元へと運ぶ際、女性は周りの人々に、自分の前腕を見せつけるようにしたものだった。[24] 高価な紅茶や、上品に家具をしつらえた居間を照らす蜜蠟のキャンドル――貧困層が用いていた安い獣脂のキャンドルとは違って、不快な煙が出なかった――と同じように、女性の前腕の真っ白な肌は、富や余暇やぜいたくの象徴だったのである。

興奮が魅力へとつながる理由

皆がデートスポットとして手に汗握るアトラクションを選ぶわけではないかもしれないが、そこを選ぶべきだと言ってもよいだろう。私が初めてジェットコースターと性的興奮との間の強い関係について研究したのは、約30年前のことだった。この研究では、ジェットコースターに乗ろうとしているカップルたちに心拍計をつけてもらい、2つのグループにカップルを分けた。1番目のグループのカップルには隣同士で座ってもらい、2番目のグループのカップルは離ればなれにして他の人の隣に座らせた。結果は驚くべきものだった。

パートナーと隣同士で座ったカップルは、乗っている間の心拍数がより高くなっただけではなく、互いの身体的魅力も高まったと報告したのである。ジェットコースターから降りた直後の身体的な愛情表現ははるかに顕著になり、互いに手を握ったり、寄り添い抱き合ったりしていた。別々に座らされたカップルの心拍数は比較するとわずかに低く、乗った後もそれほどパートナーに身体的魅力は感じず、距離も縮まらなかった。パートナーのそばで経験するスリルが大きければ大きいほど、感情的、性的興奮に与えられる影響も大きくなるのだ。

この初期の研究に参加したカップルは計40組だったが、この時の研究結果はのちに他の多くの研究者たちによって裏付けられた。[25] 例えば、『Archives of Sexual Behavior（性的行動の記録）』誌で発表された研究では、テキサス大学・性精神生理学研究所のシンディ・メストン教授がペニー・フレーリッヒ博士とともに、これからジェットコースターに乗ろうとしている人と乗り終えたばかりの人に、世間一般的には容姿のよいとされる異性の写真を見せ、魅力の大きさおよびデートしてみたいかという観点から評価を求めた。メストン教授らの予想通り、ジェットコースターに乗ったばかりの人の方が、乗ろうとしている人に比べ、いずれの評価項目においても写真の異性により高い評価をつけた。[26]

では、なぜこのようなことが起こるのだろうか？　高速で動く最新式ジェットコースターのスリルと、性的魅力、興奮とを結びつけるものとは、いったい何だろうか？

「吊り橋効果」

鍵は、強力な「闘争か逃走か」ホルモンであるアドレナリンの増加にある。この増加を引き起こすのは、最新式ジェットコースターに乗った人々が体験するスピード感、回転、そして何より重力の急激な増加である。ジェットコースターがスリリングで刺激的であればあるほど、アドレナリンの放出量はより増加し、性的興奮はより高まる。

アドレナリン量の増加と性的興奮との関係に関する最初期の研究の1つは、40年以上前に実施されている。１９７４年、２人の研究者は、頑丈な橋の中央と、はるかに弱々しく安定感のない橋の中央とに魅力的な女性調査員を配置した。[27]それぞれのケースにおいて、女性調査員は橋を渡る男性を呼び止め、アンケートに答えてほしいと頼んだ。回答後、アンケートに関して質問があれば連絡できるように、女性調査員は名前と電話番号を渡した。

その結果、頑丈な橋の上でアンケートに答えた男性よりも、不安定な橋の上で声をかけられた男性の方が、電話をかけてくる確率が圧倒的に高いことがわかった。研究を行った人たちは、不安感が高まりアドレナリンの生産が増加したことで、性的興奮や魅力的な女性への興味が増大したのではないかとしている。

1989年に科学者たちは、いくぶん似通った実験を、今度は映画館で行っている。[28] 彼らは、2つのタイプの映画のうち片方を見終わったばかりのカップルに見られる性的魅力、興奮について観察した。一方はハラハラする刺激の強いサスペンス映画で、もう片方は刺激がはるかに弱い映画である。観察の結果、刺激が弱い方の映画を見たカップルと比べ、サスペンス映画を見終わったカップルの方が、互いに触れ合ったり、手を握ったり抱きしめあったり、キスをしたりしている傾向がはるかに高いことが判明した。

これらの結果はみな、心理学者が「吊り橋効果」と呼んでいる現象を証明するものである。これは、ある状況――ジェットコースターや不安定な橋、怖い映画など――によって生み出された感情的、身体的そして性的興奮が、近くの人によって呼び起こされた性的興奮であると勘違いすることにより発生するものである。

性格と性衝動

1772年の『人相学断片』の中で、スイスの詩人ヨハン・カスパー・ラバーターは、顔の特徴と性格的特性との関係を事細かに論じている。ラバーターの本には、例えば次のような主張が見られる。「眉毛が目に近いほど、その人物の性格は真面目で、底が知れず、また堅実である」[29]。ラバーターの考えは今日では滑稽に思われるかもしれないが、骨相学にも影響を残しており、魅力的な人の方が魅力的でない人より得をするということについては、十分な証拠も存在している[30]。

初期の研究において、イリノイ大学のジェリー・ウィギンズ博士、ナンシー・ウィギンズ博士、ジュディス・コンガー博士らは、男子の「更衣室で交わされる類の卑猥な」俗説について検証を行っている。すなわち、この世には「脚を好むタイプの男性」「胸を好むタイプの男性」「尻を好むタイプの男性」が存在するという俗説だ[31]。

博士らは男性グループに性格検査を実施した後、裸の女性のシルエットを見せ、体のパーツごとにその魅力の大きさを評価してもらった。元の論文に載っているイラストの一例を図3に示してある。

その結果、わかったことをまとめると、次のようになる。

大きな胸　これを好む男性は頻繁にデートを行い、典型的な「男性らしい」趣味を楽しみ、スポーツ好きで平均以上の性欲を持っていた。自らの力を誇示したり、注目の的になることを好んでいた。自由度の高い関係を望み、独立が脅かされることを拒絶した。特に好んで読む傾向のあった雑誌は『プレイボーイ』である！

小さな胸　これを選んだ男性はアルコールをほとんど飲まず、ときどき軽く落ちこむことがあり、温かく共感のある関係を望んでいた。社会に対する態度はやや従順で、目標を達成したい

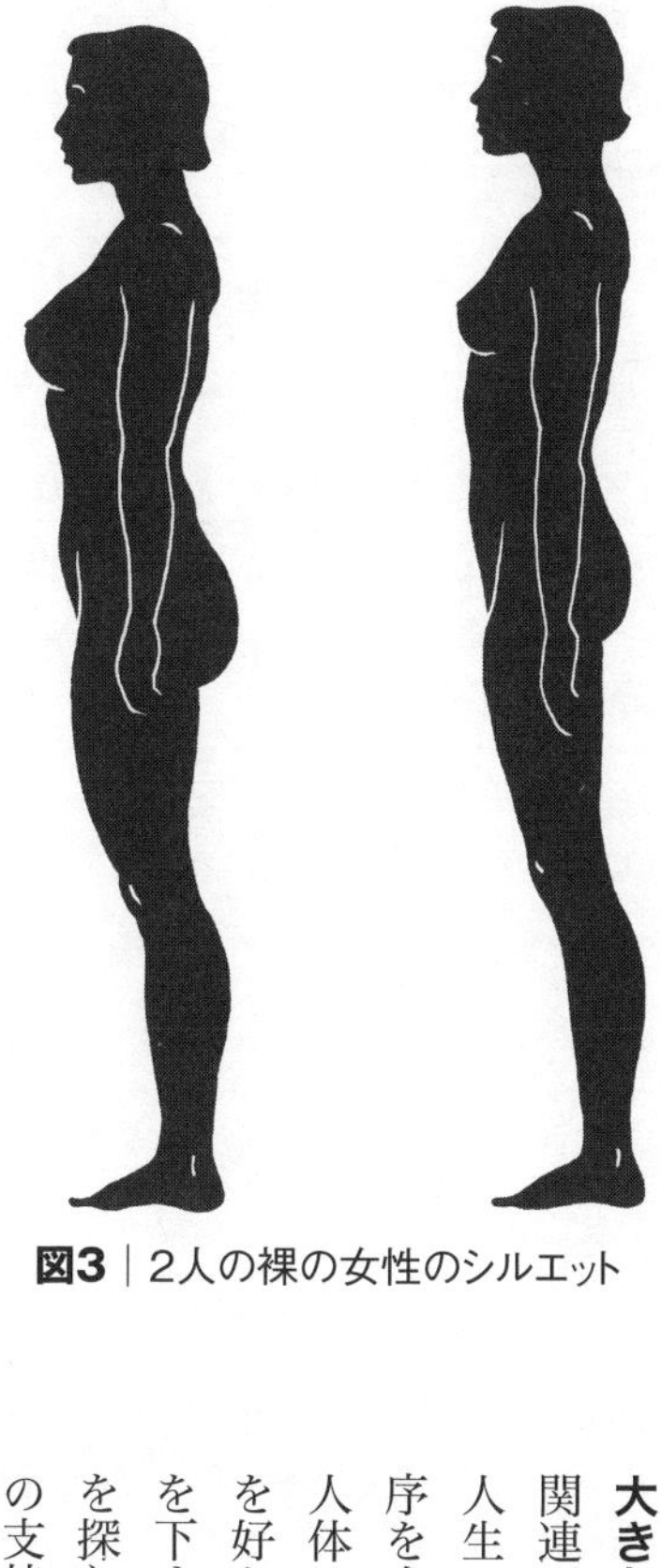

図3｜2人の裸の女性のシルエット

という強い欲求を持ち、挫折や困難を耐え忍びつつ出世のために懸命に努力していた。

大きな尻　この選択と関連づけられたのは、人生における規律と秩序を求める欲求だった。人体の中でこのパーツを好んだ男性は、決断を下す前に他人の考えを探り、自らの行動への支持を求めた。対人関係においては依存が見られ、物事がうまくいかないときは自分を責める傾向にあった。

小さな尻　これを好んだ男性は、複雑だったり骨の折れる仕事も屈せずやり通す能力を有し、物事がうまくいかないときは責めを負いたがらなかった。注目の的になりたいという欲求はほとんどなく、スポーツにはあまり興味を示さないことが多かった。

短い脚　これを選択した男性は他者との関わりを好み、自分が注目を浴びるような社会的環境にいた。人の役に立ちたいと強く望み、他者から求められ、信頼され、好かれているという感覚を欲していた。

長い脚　長い脚を好んだ男性は攻撃性が低く、物事がうまくいかないときには、たとえ過ちが実際は彼らのせいでなかったとしても、自らを責めた。深く考え、ほとんどの人間より内省的で、比較的ゆったりしたペースで生活を送ることを好み、ビジネスの問題にはほとんど興味を示さなかった。

私としては、これらの結果には鵜呑みにしづらいものもあるが、様々な体型の好みが、性格的側面と何らかの点でつながりを持っていることに疑念を抱くものではない。

バトラー大学のサリー・ベック博士も男性のシルエットを用いて類似の研究[32]を行っている。結果として女性の場合も同じく、選択を行う人の性格に関する手がかりが、その人の好みから得られることが判明した。博士の実験に参加した女性たちは、小さな尻の男性に圧倒的な好意を示した。ほどほどに大きな胸部は支持を受けたが、非常に大きな胸部については好まれなかった。男性の脚の長さは魅力に影響を及ぼさなかった。他にわかった点をいくつか挙げると――

大柄で体格のよい男性　この体型を好む女性は、概してスポーツや身体を動かす活動に普段から親しんでいて、自分は伝統的な意味での女らしさは少ない方だと思っている。

胸部が大きく、尻は小さい　これを選ぶケースが一番多いのは、専門的、学問的バックグラウンドを持った女性たちである。

胸部が小さく、並みの大きさの体　女性の役割についてより伝統的な価値観をもった女性が最も惹かれるのがこの体型である。社会的・経済的地位の高い女性が選ぶケースが最も多い。

見ての通り、体の特定の部位に対する好みと性格的特性との間の具体的つながりは、期待されているほど強くないことが研究結果から読み取れる。一般に、女性が男性に求める身体的特徴は、男らしさのステレオタイプからは大きくかけ離れている。作家のロザリンド・カワードによれば、特に魅力が感じられるのは「性的な意外性」である。[33]

つまり、「男らしい」外見の中に女性的な特徴を見出すことである。これに含まれる特徴として挙げられるのは、長いまつ毛、可愛い顔、筋肉のついた腕に生えている柔らかな毛などである。ほっそりして丸みをおびつつも引き締まった尻についても、同様に好まれた。女性によく見られるタイプの尻である。最も嫌われた特徴として挙げられるのは、垂れ下がった口ひげ、きつそうにボタンを留めたデニムシャツからはみ出ている剛毛や、不自然に盛り上がった筋肉などである。

愛情、性欲と進化

愛情と性欲の心理は極めて複雑であると同時に、本質的には単純なものである。複雑さは、性行動と配偶者選択のまわりで成長してきた社会的、文化的な因習が何層にも積み重なった結果、生じている。伝統を強固に形作り、深い影響を与えているのは、メタファーや詩、音楽、歌、そして近年におけるマーケティングなどだ。今日では、愛と結婚は巨大なビジネスとなっている。性欲もまた然りで、これについての需要は、ポルノショップから世界で10億ドルもの規模をもつ性風俗産業に至るまで、様々なサービスによって満たされている。[34]

同時に、誰かと恋に落ちる衝動は――少なくともセックスをする衝動は、文化的ではなく生物学的な要求を満たすものだと捉えることができる。男女の進化の歴史は大きく異なっているため、両者はそれぞれ、自らの性に特有の課題を解決することに特化した心理的な仕組みを発達させてきた。

進化の過程で女性が直面した課題は、生存に不可欠な物資を調達しつつ、自分と子どもたちを守れる身体的能力を備えた相手を見つけることだった。[35]今でこそ、そのような力は肉体的な強さよりもむしろ財力や社会的地位から得られることが多いが、進化の過程で獲得した古い習性は簡単にはなくならないのである！　さらに、人間の赤ん坊は他のすべての種の赤ん坊と異なり、長期間にわたって両親に依存し続けるため、女性は次のようなことも自らに問いかけるのだ――この人は、そばにいて子育てを手伝ってくれるタイプの男性だろうか、と。

一方、異性愛者の男性側が知りたいと考えるのは、選んだパートナーが健康で多産であるかどうかという点だ。これは、自分の遺伝子が子どもの中で確実に生き続けられるようにするためである。

要約すると、美や魅力についての観念は、メディア、ポップ・ミュージック、インターネット、有名人、ファッションライター、両親や友だち、その他もろもろの影響を強く受けてはいるものの、研究からわかるのは、何を好むかという選択は個人個人が好き勝手に行っているものではないということだ。人が誰かを好きになるということは、進化の面で重要となる相手の生殖能力の高さや健康、さらに一般的には、生殖のパートナーとしての価値を相手に認めているということの表れなのである。

希少性は魅力をアップさせる

パートナー候補の手に入れやすさも、性的魅力に影響を与え、愛の衝動の発生を助長しうる、更なる要因の1つである。肉体的欲求に対する「希少性効果」について初めて調べたのは、バージニア大学心理学科のジェイムズ・ペネベイカー博士である。博士は、ソングライターのベイカー・ナイトによる1970年代のヒット曲「Don't All the Girls Get Prettier at Closing

Time（女の子はみんな、閉店間際に可愛くなる）」の一節に興味を引かれた。以下の箇所である。「おかしなもんだね。不思議なもんさ。男の考えは変わっちまうんだ。寂しい夜が近づいてくると」

これを検証可能な理論であると考えたペネベイカーは、1時間ごとに間隔を開けて、独身者の集うバーに午後9時半から閉店時間まで実験のアシスタントを派遣した。[36] アシスタントが狙いをつけたのは、1人でいる「相当程度しらふ」に見える男女たちである。「10段階評価なら、9の女が理想だが、今なら8の女でもオーケーさ」という歌詞に出てくる10段階評価で異性を採点してもらった。

結果は、ベイカー・ナイトの歌詞の正しさを強く裏付けるものだった。閉店時間が刻一刻と迫るにつれ、パートナーのいない男女は、その場に残った異性をより魅力的であると思うようになっていったのである。バーが満員のときに4の評価を受けていた男女も、人数が減っていき、残った人々に「寂しい夜」が迫ってくると、評価が6に上がる可能性があるのだ。

パートナー選択に関する俗説

愛の衝動について締めくくる前に、性的行動に関する男女差についての俗説を、一部訂正しておく必要がある。広く信じられている説について、いくつか例を挙げてみよう。女性と比較すると、男性の方がセックスを楽しいと思い、性的魅力のみでパートナーを選び、より多くのセックスの相手を求める。オーガズムを経験することが女性より多く、ゆきずりのセックスをより頻繁に行い、恋人を選ぶにあたっては女性ほどえり好みはせず、7秒ごとにセックスについて考えている。このような愛の衝動に関する捉え方は、次の皮肉めいた警句を用いてまとめることができる。「結婚は、男性がセックスのために支払う代償。セックスは、女性が結婚のために支払う代償」

「このような枠組みは、心理学者の間でも一般人の間でも同じように受けがよいため、セックスに関する性差を額面通りに受け取ってしまう要因となっている」。ミシガン大学のテリー・コンリーと同僚たちはこう述べている。「性差はしばしば、性交に対する生物学的、遺伝的、進化論的な説明を支持するものとして見られている。しかし、実験を通じてより綿密に検討してわかるのは、これらの性差が見かけとは異なっていたり、相当限られたものだったり、場合によってはまったくの見当はずれだったりするという事実だ[37]」

研究の中でコンリーらは、セックスにおける男女差として最も広く受け入れられている6つについて検証を行った。

1 男性はセクシーな女性を求め、女性は地位の高い男性を求める

⬇【誤り】

地位の高い年配の男性が若く美しい妻を連れている話を耳にすることがあり、この説の根拠としてしばしば持ち出されるが、研究によってこの一般通念は否定されている。見合いパーティでの最初の出会いにおいても、また1カ月後の追跡調査時においても、魅力と地位は男女双方にとって等しく重要であることが判明した。

2　男性は女性と比べ、ゆきずりのセックスをより求めている
↓【誤り】

男性の方がゆきずりのセックスに乗り気であるということは、両性間の違いとして論じられることの最も多いものの1つである。[38] この説を一見裏付けているように思われるのが、1989年に行われた重要な実験[39]である。この実験では、男女の研究協力者が、被験者をゆきずりのセックスに誘った。女性に誘われた男性の70パーセントが応じたのに対し、男性の研究者に誘われて応じた女性はいなかった。

だが、コンリーの研究[40]によると、セックスを申し出た相手がとても魅力的な場合か、もしくは魅力はまったくないものの有名人である場合には、一見非常に顕著に見えるこのような性差も消失してしまうことがわかった。「同様に、性的能力が高そうな（すなわち、「セックス上手」であるように思われ、「素晴らしい性体験」をもたらしてくれそうな）親友から誘われた場合にも、男女ともにその場かぎりのセックスに応じる可能性は高くなった」と、コンリーは述べている。コンリーの出した結論とは何か？　一般に、ゆきずりのセックスを望む気持ちは男女で変わらないということである。

3　女性は男性ほどオーガズムを経験しない
↓【部分的に正しい】

研究の結果、この説が正しいといえる範囲は限られていることがわかった。女性が長期間に

わたって付き合っている場合には男女差が大幅に縮まり、またそのような関係にある場合、性行為の種類によっては性差が完全になくなるケースも見られた。「生物学上の差異は、女性のオーガズムへ至る能力とはほぼ無関係であると見られる」とコンリーは述べている。「その代わり、どのような性行為を行うかが、オーガズムのギャップを縮めるのに重要な役割を果たしているのだ」

4　セックスの相手を選ぶにあたり、女性の方が男性より好みがうるさい

⬇【正しい】

ただし、これは男性側が女性を追いかけるケースの方が多いことが主な原因である。女性から男性に近づく実験をしたところ、女性はより男性に近い行動をとるようになった。すなわち、えり好みをすることが少なくなったのである。一方、アプローチされた男性の方は、よりえり好みをするようになった。[41]

5　女性は男性より少ない相手とセックスすることを望み、実際に相手をする数も男性より少ない

⬇【誤り】

これについては非常に興味深い研究があり、[42]その中で研究者たちは参加者を2グループに分け、片方のグループの人々を、真実と虚偽を100パーセントの精度で判別できる強力なうそ発見器と称するものにつないだ。予想通り、正確無比なうそ発見器につながれて「いなかった」グループの男性は、女性と比べセックスした相手の数を多く申告した。だが、精度100パーセントという触れ込みのうそ発見器につながれた方の男性はそのような申告はせず、想定されていた性差は消え去った。

6 男性は女性よりセックスについてよく考える
➡【正しい】

ただ、これは男性が女性よりも、食事や睡眠など身体的欲求全般についてより頻繁に考えるからにすぎない。研究結果を要約すると、女性が性欲を表に出すことは恥だとされていること、女性は社会に適応する過程で自分の欲求より他者の欲求に気を使うようになっていること、「男女に(異なった)適切な性的ふるまいを規定しているダブルスタンダード」が存在することなどの要因により、両性間に違いが感じられるのである。[43]

記念碑的著書である『失われた時を求めて』の中で、フランスの作家マルセル・プルーストは、愛の衝動——その原因が異性愛的欲望であれ同性愛的欲望であれ——によってたびたび生み出される感情的な葛藤を明確に表現している。

「私たちが恋や嫉妬だと思っているものは、分割することのできない連続した同一の情念ではない」(『失われた時を求めて　2(第1篇)(スワン家のほうへ　2)』高遠弘美訳、光文社、2011年)。プルーストはこう書いている。「恋や嫉妬を形作るのは、一つ一つは儚《はかな》い、無数の、継起する恋やさまざまな嫉妬であって、それらが数えきれないほどの数で押し寄せるために、一つの連続体という印象や統一体という錯覚が生まれるのだ」

この章では、愛やセックスや欲望に関して、見落とされることの多い側面をいくつか見てきた。次の章では、同じく中毒性のあるタイプの衝動をもう1つ見ていこう。7つの大罪（訳注：高慢や貪欲など、キリスト教で霊的な死をもたらすとされる罪悪）のうちの7番目――すなわち、暴食を引き起こす衝動だ。

第9章 食べ過ぎの衝動 なぜダイエットできないか

The Overeating Impulses—Digging Our Graves with Our Teeth

「わたしは何だって我慢しますが誘惑だけは駄目です」

——オスカー・ワイルド『ウィンダミア卿夫人の扇』（西村孝次訳、新潮社、1953年）

何を、どこで、いつ、どのくらい食べるのかについて、われわれは1日につき約200の決断を下しているが[1]、そのほとんどは衝動によるものである。このように食べるものを無思慮に選んでいることは、多くの人が肥満からくる健康上のリスクを抱え、寿命を短くしている状況に対する説明になるだろう。

肥満は、決して新しい問題などではない。2008年のこと、マンモスの牙に彫られたホーレ・フェルスのヴィーナスがドイツで発掘された。ヴィーナスといっても、かたどってあるのは、ずんぐりとして背が低く、乳房が前に張り出し、肩幅は広く、大きな尻と膨らんだ腹をもった女性である。このヴィーナス像を彷彿とさせる男女は、現代のほとんどの先進諸国で見られる。実のところ、この太った女性像は3万5000年以上前のものである。

18世紀には、身長180センチ、体重330キロのダニエル・ランバートなる人物に見物客が群がり、じろじろ見つめるということもあった。ランバートは、イギリス中にそのおぞましい巨体を披露することで生計を立てていたのだった。ただ、60年前ですら、ビリー・バンター（訳注：イギリスの作家フランク・リチャーズの作品に登場する肥満児）やファッティ・アーバックル（訳注：太っちょと呼ばれたアメリカの喜劇俳優）のような人々は、特に労働者階級の間では少数派だった。イングランドや大陸ヨーロッパ、そしてアメリカのブルーカラー労働者たちの大多数にとって、問題だったのは健康的で栄養ある食物の不足であって、取りすぎではなかったのである。工業化の進んだ世界においても、人々のほとんどはシェイクスピアの『ジュリアス・シーザー』に出てくるカッシウスのように「痩せてひもじそうな様子」（『ジュリアス・シーザー』福田恆存訳、新潮社、1968年）をしていた。

今日の先進国世界においては、祖父母の時代における太りすぎと同じくらい、痩せすぎは珍しい。チョコレートをむさぼりたいという衝動、サイドディッシュのフライドポテトを追加で頼みたいという衝動、ファストフードの店員に「大盛りで」と言いたくなる衝動のせいで、地球上に過体重の大人が10億人存在し、そのうちの3億人が肥満となっているのだ。[2]

BMI[3]が30以上の場合は肥満と定義され、BMIが25と30の間の場合は、過体重ではあるが肥満ではないとされる。わたしがここでBMIを用いているのは、それが非常に広く採用されかつ認知されているからである。ただし、統計上、BMIを集団に適用するのはそれなりに意味があるが、個人の肥満度を議論するには適切ではない。その理由については、本書の最後にある注の中で述べている。[4]

肥満は、先進国世界において最も急を要する国民の健康問題である。医師の予測では、肥満が広がることで糖尿病は600万件ないし900万件増加し、心臓病および心臓発作は600

万件から700万件の増加、がんは49万2000件から66万9000件増え、アメリカとイギリスを合わせて5500万年もの生存年数が失われるとされる。20年のうちに、「これら予防可能な疾病の治療にかかる医療費の合計額は、アメリカで年に480億から660億ドル増加し、イギリスでは年に19億から20億ポンド増加すると見込まれている」[5]。

研究によると、1966年から1985年の間に生まれた人の20パーセントが、20代前半までに肥満になっている。彼らの親世代は30代に、祖父母世代は40代、50代に入って到達した数字だ。過体重の子どもは、消化器疾患、循環器系の病気、呼吸器の障害、鬱病やその他の精神病など、深刻な疾患を抱えるリスクがずっと高くなる。

アメリカでは、男児の約30パーセント、女児の約40パーセントが、一生のうちに1度はII型糖尿病と診断されるリスクを抱えている。歴史上はじめて、肥満の子どもたちは自分の両親より長生きできないかもしれない[6]。だが、ニンジンをたくさん食べたいという衝動と比べて、チョコレートを食べたいという衝動はなぜかくも強力で、満足感を与えるものなのだろうか？動脈を詰まらせるクリームパンの方が、健康的なブロッコリーより断然おいしく感じられるのはどうしてなのだろう？

ジャンクフードとジャングルでの生存競争

流行病のようにウエストが太くなり、寿命を縮める人々が増えている現状について、責任の大半を負うべきは食品産業であるものの、太るような食べ物をわれわれが好んでしまう心理的原因を認識しておくことも大切である。フライドポテトをおかわりするかどうか、パフェをもう1つ食べるかどうか決めるとき、われわれの頭の中で何が起こっているのだろうか?

衝動食いを引き起こすのは、心理学者が「パラタブル(おいしい)・フード」と呼ぶものである。この用語の意味をより明確に理解するためには、はるか歴史をさかのぼり、われわれの最古の祖先が地上をうろつき回っていた時代へと戻らねばならない。太古の生存欲求が、性欲と配偶者選択に強い影響を与えていることは第8章ですでに見たが、現代における食の習性の大部分もまったく同じように、進化の過程でたどってきた過去に今なお支配されている。

自分が約20万年前のアフリカのリフト・バレーで、狩猟採集をして生きていると想像してみてほしい。あなたはほとんど裸、そう、みすぼらしい腰巻きを身につけ、原始人が持つようなこん棒をかつぎ、現代人の直接の祖先たるホモ・サピエンス(「かしこい人」の意)へと進化するにはなお15万年の時を待たねばならない。その日その日が生存を懸けた戦いだ。トマス・ホッブズが『リバイアサン』の中で描写しているように、あなたの一生は「貧しく、不快で、野蛮で、短い」のである。あなたの仲間で、40歳まで生き残るのは4人に1人だけだ。

あなたは昼間の時間すべてを費やして食料をあさり、次の食事を求めて狩りをし、ご馳走の後には体を休める。エネルギーを一気に使って活動した後は、食欲の満たされた至福の時を過ごすのだ。仲間とともに捕らえた獲物を殺して食べたり、もぎたての果物や日の光を浴びて熟した甘いベリーをたらふく食べ、満腹になったあなたはアフリカの熱い太陽の下でリラックスし、エネルギーを回復させる。

エネルギーを要する狩りからエネルギーを蓄える食事へという、この延々と繰り返されるサイクルに直面した人間の脳は、最大限のエネルギーを供給してくれるような食べ物の味や手触りを敏感に感じ取れるように進化を遂げることとなる。つまり、糖分や脂質を多く含んだ食べ物だ。そのうち、脳はエネルギーを素早く摂取できる食べ物とそうでないものを区別できるようになるだけでなく、前者の味をより好むようになる。[7] つまり人類の進化の初期段階においては食料が不足し、いつ手に入るかわからなかったがゆえに、糖分と脂質を多く含んだ食べ物すべては非常に価値あるものとなり、求められる存在となったのである。[8]

食べたいという欲求

食べたいという欲求を司っているシステムは2つ存在する。生理的システムと心理的システムである。前者は「ホメオスタシスの空腹感」と呼ばれるものを生み出し、後者は「快楽の空腹感」を生む。[9] 生理的な空腹感は、消化器官や血液、脳から発せられる信号に支配されている。特に重要なのが視床下部で、この部位は常に体内のグルコースやアミノ酸、脂肪酸の量をチェックしている。血中のグルコース濃度が下がり、エネルギーの低下と不快感が発生すると、人は肉体的な空腹感を覚える。

食物を摂取することで、ホメオスタシスは回復する。ホメオスタシスの空腹感は主に視床下部、および視床下部と他の脳の部位との連携によって制御されているが、快楽の（または心理的な）空腹感およびパラタブル・フードを食べたときの満足感の原因は、最初脳の中心部分で発生し、それから前頭皮質に向かって外へと広がっていく一連の事象である。

特に重要なのが、この部位は衝動の原因となっている脳の部位と同じだということである。[10]おいしいご馳走を味わいたいという欲求によって報酬をもたらす化学物質（ドーパミン、セロトニン、オピオイド、カンナビノイドなど）が脳内に大量発生し、我慢する力を凌駕してしまうのだ。快楽を生むエンドルフィンも増加し、それらの間の相互作用も増えるため、脂質と糖分の含まれた味がここまでおいしく感じられるのである。[11,12]

ポテトチップスやチョコレート、ケーキ、ハンバーガー、ソーセージ、ポークパイなどのパラタブル・フードは、脳幹内にこのようなホルモン、神経伝達物質の大量発生をもたらす。このような怒涛の脳内活動は、おいしい食べ物を口にするはるか前に、それを目にするだけで、もしくは考えただけでも引き起こされうるものである。[13]

また、このような化学物質の分泌により、「安楽的摂食」も引き起こされることになる。痛みを伴う体験があったときに、化学物質がわれわれの感覚を鈍らせたり、少なくとも気をそらしてくれるからだ。例えば、医者は血液のサンプルをとる前に、新生児の口に砂糖水を少量ふくませることがある。甘い味によってオピオイドとドーパミンが内側から急激に発生し、新生児は採血の痛みを感じずにすむようになる。

食べ物が強力な報酬をもたらすホルモンや神経伝達物質の分泌を刺激することで、同じものをもっと食べたいという強い欲望に駆られることになる。[14]「満足」という感覚よりも欲望を優先するため、やめ時がいっそうわからなくなる。脂質や糖分を多く含む食べ物は体重増加につながる可能性が極めて高いにもかかわらず、食欲に抗うのにここまで多くの人々がこれほどまで苦労しているのも、これが主な原因である。

同じ理由により、大好物を隠してしまい、その存在を忘れてしまおうとしても無駄である。チョコレートケーキが戸棚の奥にしまってあることも、ビスケットが目に触れないように冷蔵庫の上に置いてあることも、そして、それらがどれだけおいしいのかもずっと覚えているものなのだ。

衝動的な過食

衝動性と過食との関係は双方向的であるということを示す研究結果は数多く、また急速に増えつつある。[15] どういうことかといえば、過体重の人は衝動的であることが多く、[16] また衝動性は体重増加につながることが多いのである。このことは、子どもにも大人にも同じように当てはまる。[17]

例えば、衝動的な人はそうでない人と比べ、高カロリーの食べ物の画像にはるかに反応しやすいことは、磁気共鳴映像法（ＭＲＩ）によって確かめられている。ある研究では、健康な人においしい食べ物の画像と、面白味のない「並みの」食べ物の画像とを何枚か見せ、その時の脳の様子をスキャンした。その人が衝動的であればあるほど、報酬を司る部位において観察される活動が活発化した。[18]

残念ながら、ウエストラインにとっては、衝動的に食べてしまう可能性の高いタイプの食べ物は、単においしいだけではない。そのような食べ物には中毒性も備わっており、ファストフード中毒者と称してもよいような人々の急増につながっている。「一九七〇年にアメリカ人がファストフードに費やした金額は六〇億ドルだが、二〇〇〇年には一一〇〇億ドル以上にものぼった。今日のアメリカ人は、高等教育、パソコン、コンピュータ・ソフトウェア、新しい車に投じるよりも多額の金を、ファストフードに費している。映画や書物、雑誌、新聞、ビデオ、音楽に投じる額を合わせたよりも多くの金を、ファストフードにつぎ込んでいるのだ[19]」。『ファストフードが世界を食いつくす』（楡井浩一訳、草思社、２０１３年）の中で、著者のエリック・シュローサーはこう述べている。

実を言うと、糖分・脂質の多い食べ物をいったん味わうやいなや、この素晴らしい体験をなるべく早いうちに再び味わいたいという欲求が急速に沸きおこるようになっているのだ。機能的磁気共鳴映像法（ｆＭＲＩ）で脳内の血流を記録した豊富な研究データによって、ジャンクフードが過食を求める強い欲求をもたらすという説は強力に裏づけられている。

ある種の食べ物を求める強い欲求と、乱用薬物を求める強い欲求とを表す際に、どちらの場合にも「craving」という単語を使うのは単なる言葉の偶然ではない。研究によれば、過食衝動は麻薬吸引やクラックコカインの注射を一部の人間に引き起こすのと同じ報酬系によって誘発される。近年では、ジャンクフードを過剰摂取すると、人間を中毒患者へと変えてしまうリスクがあるという研究結果すらも発表されており、大いなる議論を呼んだほどなのである。

この分野の研究は、倫理上の理由から実験動物に対して行われてきたことは言うまでもなく、動物実験によって得られた結果を人間にも適用するときには常に慎重でなければならない。例えば、痩せ薬の研究において、ラットの体重が30パーセントも減ったのに対して、同じ薬を摂取した人間の体重は5パーセントも減らなかった。「実験動物に起こることが、そっくりそのまま人間にも起こるわけではない」。ニューヨーク、アップトンのブルックヘイブン国立研究所・医学局主席ジーン＝ジャック・ワン博士は述べる。「だが、人間にも起こりうることを知る手がかりを得ることはできるのだ[20]」

フロリダ州ジュピターに所在するスクリプス研究所のポール・ケニー博士とポール・ジョンソン博士が行った研究[21]は、高脂質・高カロリーの食べ物は、コカインやヘロインとほぼ同じように脳に影響を与えることを示唆している。研究の中で、彼らはラットを3つの群に分け、第1群には40日間通常のラット用の食事のみを与えた。第2群のラットにはソーセージやベーコン、チーズケーキといった、おいしいが太りやすい人間の食べ物をたらふく食べられるようにした。ただし、えさを与えられるのは1日1時間に限られた。第3群のラットは、同じく高脂質な食べ物を、24時間食べられるようになっていた。

予想された通り、ジャンクフードを際限なく食べたラットは急速に太っていった。さらに重要なことに、それらのラットの脳にも変化が見られた。外科的手法でラットの脳に電極を埋め込み、電気活動を観察したところ、3番目のラットは食べ物から得られる快楽に対する耐性を徐々に獲得していたことがわかった。このため、薬物中毒と同じように、同じ快楽を得るためにラットはより多量の食べ物を摂取しなければならなくなっていた。

ただ取りつかれたように食べていたのみならず、ラットは痛みがある場合にすら食べ続けた。食べ物が前にある状態で電気ショックを足に与えたところ、第1群と第2群のラットは食べるのをやめた。これに対し、肥満となった第3群のラットは痛みを伴うショックを無視し、変わらずがつがつと食べたのだ。「ラットの注意は食べ物を食べることにのみ向けられていた」とケニー博士は説明する。この点において、ラットの食べ物への強迫観念は薬物中毒に非常に似通っていた。

「人は直感的に、[過食には]単なる意志の力以上の何かがあることを知っている」とケニーは述べる。「脳内にあるシステムが存在し、そのスイッチが入ってしまったか、過剰に活発化してしまっているのだ。そして、そのシステムが[過食を]意識下のどこかのレベルで引き起こしているのだ」。これら肥満のラットにおいて観察された脳の変化は、薬物中毒患者のそれと非常によく似ていた。また、発生の仕方も共通しており、ドーパミン(脳の報酬に関わる神経伝達物質)受容体の量が著しく低下したのが原因だった。

人間を被験者として行われた実験ははるかに少ないにもかかわらず、違法薬物中毒とジャンクフード中毒には共通の脳のメカニズムが関わっているという説は、多くの証拠によって支持されている。例えば、ヘロインはオピオイドの生産を誘発するのに対し、コカインはドーパミンの発生をうながす。眼窩前頭皮質(目の上にある脳の部位)の活動は、アルコールを求める欲求とコカインを求める欲求の両方に関わりがある。

だが、一部の人々、特に一部の子どもたちが、いつ食べるのをやめるべきかなかなかわからないことには、おそらく別の理由もあるだろう。そしてその理由とは、つまるところは胃の中に住むある種のバクテリアの欠如である。このバクテリアは、現代的な生活、現代的な医療によって、絶滅へと追いやられつつあるようなのだ。

生活を支えるバクテリア

われわれの生活は、多くのバクテリアによって支えられており、数で言えば、人間の細胞の10倍だ。人間とバクテリアは通常は共生的な関係を保っている。皮膚上や生殖器、口、胃、腸などに生息しているバクテリアは、幅広く必要不可欠な仕事をこなしている。例えばエネルギーを供給するのに必要な栄養素へと食べ物を分解したり、組織を修復する手助けをする仕事などである。

そのようなバクテリアの1つがピロリ菌で、これは胃の中に住み、そこで胃酸のコントロールを助けている。1980年代に、バリー・マーシャルとロビン・ウォーレンというオーストラリアの医師2人は、ピロリ菌が消化性潰瘍の原因因子であることを突き止めた。当時2人の説は疑問視されていたものの、今日では抗生物質を用いた除菌治療により、ピロリ菌が原因の消化性潰瘍は50パーセント減少している。

だが、ピロリ菌はまた、食欲を管理する上でも重要な役割を果たしている。空腹感をコントロールする働きをもつ2種のホルモンを胃が産生することは長らく知られている。そのうちのグレリン（「成長する」という意味の語に由来する）は食べたいという欲求を刺激し、もう片方のレプチン（脂肪組織から産生される）は食べるのをいつやめるべきかを知らせてくれる。「朝目覚めたときにお腹がすいていれば、それはグレリンの量が多いからである」。ニューヨーク大学で内科学・微生物学教授をつとめるマーティン・ブレイザーはこう述べる。「グレリンが、食べなさいと言ってきているのだ。朝食を食べ終えれば、グレリンは少なくなる」[22]。研究の結果、食後のグレリン量を下げる上で、ピロリ菌が非常に重要な役割を果たしていることがわかっている。もしピロリ菌がなければ、人は空腹を感じたままになり、食べ続けてしまうのである。

だが困ったことに、人類はピロリ菌を（いま現在の形で）少なくとも6万年の間体内で飼い続けてきたものの、今やピロリ菌は急速に絶滅危惧種となりつつあるのだ。2、3世代前には、約80パーセントのアメリカ人がこの大切なバクテリアを胃の中に有していた。今日では、ピロリ菌を持っているとわかっているアメリカの子どもは6パーセントにも満たない。マーティン・ブレイザーによると、ここまで減少した理由の1つは、抗生物質の使用が広まったことだという。

「抗生物質の時代に入って60年以上がすでに過ぎ、さまざまな病気、特に中耳炎にかかった先進国の子どもたちは、ごく日常的に複数の抗生物質治療を受けている。治療のたびに抗生物質でピロリ菌の5パーセントから20パーセントが死に絶えたとしたら、子どもの頃の抗生物質治療の累積的効果によってピロリ菌の相当な割合が除かれてしまうことになるだろう」[23]。となると、子どもの肥満における主要な要因の1つは、胃の中のバクテリアに対して起こった変化——抗生物質使用が原因の一部である——であると言えるかもしれない。肥満の子どもたちが食べ続けるのは、がつがつしているからではなく、空腹感が消えないからなのだ。食べたいという衝動の原因は、重要なバクテリアの作用が胃の中で減少したからであり、自己コントロールや意志の力が足りないからではないのである。

ダイエットの衝動

ズボンやスカートのボタンがきつすぎて留められないという事態に直面したり、ウエスト回りに傍目に見苦しい脂肪がついていることに危機感を覚えたとき、効果てきめんな解決策は食習慣の大幅な改善だと思われるだろう。食べる量を減らし、(最新のダイエット法のどれが一番魅力的かによって)高脂質か高炭水化物か高たんぱく質の食べ物どれかを避けるようにし、体重が減るのを待つのである。

あいにくだが、決意がいかに立派なものでも、結果はおそらく残念なことになる。研究によると、ほとんどの人は、ご馳走と断食との間を極端に行ったり来たりしている。たらふく食べたかと思いきや腹をすかせ、体重も徐々に減ったかと思えば急にまた増加するのだ。真剣なダイエット中の自己コントロールに費やす体力や気力は生物学的に非常に高くつくので、長時間維持しつづけるのは困難を極める。

このことは、特に大きな町や都市においてあてはまる。そこではほとんどすべての大通りでファストフード店が見られ、何店舗もが軒を連ねていることも多い。[24] さらに、こうしたヨーヨー・ダイエットは、実際にはプラス面よりマイナス面の方が大きいと言えるかもしれない。そのような満腹と飢餓状態とを繰り返すダイエットは、脳へのダメージにすらなりうるという心配な研究結果も近年出てきている。

これまでに説明したように、脂質と糖分を多く含んだ食べ物は、ドーパミンとオピオイドによる活動を活発化させ、薬物乱用によって引き起こされるのと似た脳機能の変容をもたらす。この「報酬ホルモン」のコンビネーションがもたらす幸福感は、最も強力な中毒作用をもつ麻薬の1つである「スピードボール」を注入・吸引したときの幸福感に匹敵する。ヘロインとモルヒネもしくはコカインとを混ぜたこの麻薬は、強い身体的依存と禁断症状を起こすことがある。[25]

ジャンクフードを食べ過ぎることでドーパミンとオピオイドは脳内に溢れ、次に食事制限でドーパミンの量を減らしたとしても、食事制限をやめればドーパミンの量は再び急増することになる。このようなヨーヨー・ダイエットへと陥ることで、ドーパミン受容体の数は減り、快楽を感じにくくなってしまうリスクがある。結果として、次にジャンクフードを食べるときには、同程度の快楽を得るために、より一層糖分と脂質を含んだ食べ物を食べずにはいられなくなってしまうのだ。

このことは、都合の悪い事態をもたらす可能性がある。すなわち、ダイエット――本質的には、おいしい食べ物を避けることだ――が精神に軽い障害を引き起こし、決断力や自己コントロールが弱るかもしれないということである。そのような軽い障害は、単に現在控えている食べ物によってかつてもたらされた快楽を求めているといってもよいのだが、ダイエットの継続を非常に困難にしているのかもしれない。

このことからわかるのは、「単純に」食べる量を減らすという気まぐれなルールは、かえって控えている食べ物の魅力を増大させ、太る可能性をアップさせるということだ。薬物中毒者はハイの状態を保ち続けるために摂取量を定期的に「増やす」必要があるが、それとまったく同じように、ジャンクフード中毒者もいったん脳内の報酬系が満たされれば、お気に入りのジャンクフードの量も食べる頻度も増やさざるをえなくなる。

この章では、ここまで脂質と糖分が脳の営みにもたらす効果に焦点を当て、ある種の食べ物がなぜあれほど我慢できないのかについて説明してきた。だが、過食衝動を引き起こすのに関わっている要因は他にも存在している。これは食べ物の味とは無関係であり、マーケティングのやり方と大いに関係したものである。

過食衝動を人為的に生み出す

われわれには分別が備わっているため、世の中には避けるか少なくとも制限した方がよい行動が多くあることを十分承知している。喫煙や飲酒、セックスなどは、大きな快楽をもたらす一方で、深刻な健康問題につながる可能性があるのだ。では、糖分や脂質を多く含んだ食べ物を我慢するのに、これほど多くの人がここまで苦労を覚えるのはなぜなのだろうか？　体重が増え、寿命が縮まることになると知りつつも、ジャンクフードを食べ続けてしまうのはどうしてだろうか？

答えは、ジャンクフードは単においしいだけでなく、簡単に手に入るし、手軽だし、健康的な非加工食品よりもはるかに安いからである。イギリスでは約1ポンド、アメリカでは1ドルで、１０００キロカロリー以上のビスケットやチョコレート、ポテトチップスを購入することができる。同じ金額でニンジンやりんごを買った場合、たいてい得られるカロリーは３００キロカロリー未満である。[26]

ジーン＝ジャック・ワン博士によると、現代の食品製造とここ数世紀のコカイン製造方式との間には、共通点が多く見られるという。時代を経て人々は、より強く即効性があり中毒性も高い麻薬を得るために、コカの葉からコカインを抽出して純度を高める手法を会得した。食品製造業者も同じ成果を、はるかに速く効率的に得ることに成功している。「われわれの先祖は非精製の穀物を食したが、われわれは白いパンを食べている」とワン博士は述べる。「アメリカンインディアンはコーンを食べた。われわれはコーンシロップを飲んでいる」

コーンシロップは、ソフトドリンクから朝食のシリアルまで、ほぼありとあらゆるものの甘味料として用いられており、加工食品の主要な成分である。コーンシロップは、今や12人中1人より多いアメリカ人を苦しめているⅡ型糖尿病の増加との関連性が指摘されているにもかかわらずだ。さらに、草ではなくコーンで育てられた牛の肉はカロリーが高くなり、オメガ－6脂肪酸が増えオメガ－3脂肪酸が減る。このような肉を食せば、心臓病のリスクは高くなる。[27]

脂質・糖分を多く含んだ食べ物の宣伝・マーケティング手法もまた、賢明な食べ方ではない過食の衝動を引き起こす上で強力な役割を果たしている。近年で最も成功したキャンペーンの1つが、大人気3D映画『アバター』と提携したマクドナルドのタイアップである。このキャンペーンの特徴は、拡張現実をマーケティングに採用し「最大規模に展開」したことであり、エンターテインメントと広告が販売、購入、そして食べ物の消費と融合しつつある様を示す格好の例だった。

２００９年12月10日に始まったこのキャンペーンでは、『アバター』のキャラクターのおもちゃによる販売促進や、テレビコマーシャル、さらに「ソーシャルメディア・アウトリーチ」の一環としてウェブ放送も行われ、『アバター』監督のジェイムズ・キャメロンが、マクドナルドのグローバルCMOであるメアリー・ディロン、米国CMOのニール・ゴールデンとともに特集を組んだ。40を超える国で20の言語で展開され、2万5000の店舗を巻き込み、接客した客の数は1日あたり約4500万人にものぼった。[28]

目的は「没入型のオンライン体験を通じたブランド力のさらなる強化」というもので、これが究極的には「ビッグマックのような象徴的商品のリピート購入」につながるとされた。公式発表で、マクドナルドは次のように語った。「われわれのハッピーミール・プログラムは、特に冒険心とイマジネーションを重視し、非常に革新的な玩具を出しています。ですので、あなたが何歳であろうと、マクドナルドのアバター・グローバル・エクスペリエンスを利用すれば、『五感をゾクゾクさせる』こと間違いなしの、驚くべきテクノロジーに溢れた旅に浸ることができます」

ビッグマックを購入することで、消費者はインターネットでアバター・エクスペリエンスにアクセスできるようになり、ビッグマック1つにつき、8つある「アバター・スリルカード」のうちのどれか1枚がついてくるのだった。スリルカードをウェブカメラか携帯電話にかざすと、マクドナルドブランドのソフトウェア「マックディビジョン」が起動し、ユーザーはバーチャル世界のパンドラ・オンライン・ワールド（マクドナルドのロゴも含まれる）に入ることができ、双方向的なパンドラ・クエストゲームを楽しむことができる。

これは、映画の「双方向的前編」として設計され、ユーザーに「拡張現実体験」を提供している。ユーザーは『アバター』の熱帯雨林を「訪問」し、「劇中のアバターになりきって、激しいアクションプレイ」をすることができ、「主体的かつ個人的な没入型体験」ができる。ツイッターのフォロワーは、マクドナルドや映画に関連するワードスクランブルを毎日解くことができた。勝者は『アバター』の特別セットメニューと映画のチケットを受け取った。最高賞は、『アバター』のプロデューサーと楽しむプライベート上映だった。

『アバター』のキャンペーンは映画側、マクドナルド側双方にとって商業的に大成功をおさめ、最初の3週間で300万人以上が「体験」をした。客1人あたりのデジタルサービス利用は10分を超え、ビッグマックの売上増が18パーセントを超えたという報告も、ヨーロッパ、ブラジル（「12月の売上として過去最高を記録」）、シンガポール、台湾から聞かれた。

この例が示すように、デジタル・マーケティングは若く感受性豊かでコンピューターに強い消費者へメッセージを届ける手法としてだけではなく、そのようなメッセージを消費者の生活に一体化させる手法としても強力かつ効果的である。1人1人に向けたメッセージを送り、消費を楽しくクールに見せるのみならず、自己イメージの不可欠な要素とするのだ。

これにより、食べ物を想起させるもの――例えばマクドナルドのロゴマークであるゴールデンアーチ――と大きな報酬との間に無意識的なつながりを構築する。ファストフードから連想される環境もまた、脂質・糖分を多く含んだ食べ物を求める強い欲求を引き起こすようになる。例えば、ほとんどのファストフード店の客は、フライドポテトや場合によっては砂糖のたっぷり入ったドリンクをハンバーガーと一緒に頼むのを我慢することは非常に難しいと感じている。

衝動的に不健康な食べ物を選んでしまうことに関しては、過食衝動は――現在の食べ物の製造販売方式に大きく刺激を受けたものだ――動脈血栓症、II型糖尿病、超高血圧、著しい短命へとつながることが非常に多い。

過食衝動に打ち勝つ10の方法

過食をさせようという商業的な圧力に対抗するための、誰でも簡単にできる単純かつ実践的な方法を紹介しよう。

1 小さな皿や器で食べる。われわれは食べる際、口を使うのと同じくらい目も使っているため、小さな皿や器を使うことにより、食事ごとの摂取カロリーを手早く簡単に減らすことができる。[29] ある研究で被験者にミディアムサイズのハンバーガーのカロリーを見積もってもらったところ、大きい皿で出された場合と比べて小さな皿で出された方が、カロリーを約18パーセント多く含んでいると被験者は述べた。このことは、器に盛られたデザートにも当てはまる。テレビの4チャンネルの『シークレット・イーターズ』というドキュメンタリー番組において、わたしはロンドンである実験を実施したが、その結果わかったのは、大きい器を用いた被験者は小さな器を用いた被験者に比べ、アイスクリームを自分の器に44パーセント多く盛り付けるということだった。

2 水以外の飲み物を飲む際は、背が低く口の広いグラスではなく、背が高く口のせまいグラスを使う。研究によると、計量器具を用いず正確な量を注ぐよう依頼した場合、経験豊かなバーテンダーですら、背が高く口のせまいグラスよりも背が低く口の広いグラスの方に、より多くの飲み物を注いでしまうことがわかっている。[30] これは、水平垂直錯視として知られている。見た目はグラス内の液体の高さに惑わされ、口の広さを無視してしまうのである。わたしが行った実験では、口の広いタンブラーを与えた被験者は、口のせまいグラスを与えた被験者のほぼ2倍の量を注いだ（それぞれ796ミリリットルと397ミリリットル）。

3 ナイフやフォークを使わず箸を使えば、一口分が必然的に少なくなり、食べるスピードもゆっくりになる。ゆっくり食べることで消化プロセスが効果的に働くための時間が生まれる。また、十分な量を食べ終わったことに自分で気がつく可能性も高くなる。胃から脳へと信号が到達し、満腹だということが知らされるまで約20分かかる。研究によれば、平均的な食事にかかる時間は約12分である。

4 飲み物には氷を入れる。飲み物を温めるために体がエネルギーを使う必要が生じ、液体1オンスにつき約1キロカロリーが消費される。8オンスのグラスで角氷入りの水を1日8杯飲むことが推奨され、その場合は日々60キロカロリーから70キロカロリーを余分に燃焼することになる。[31]

5 1人で食べるより複数で食べる方が、はるかに多くの量を食べることになる。ドキュメンタリー番組『シークレット・イーターズ』のために、わたしはある被験者には1人で、ある被験者には2人で、またある被験者には6人の友だちグループで昼食をとってもらった。グループで食事をした被験者は、1人で食べた被験者より約600キロカロリー、2人で食べた被験者よりは80キロカロリー以上多くのカロリーを摂取していた。これは、われわれにはグループ内で一番早食いの人間にペースを合わせる傾向があるからである。さらに、会話や冗談に気をとられ、自分がどのくらい食べているかに気づかず、おかわりをすすめられた場合に承諾しやすくなるのである。今度友人や同僚のグループと食事をする際には、このリスクに注意を払ってほしい。おかわりは断るのだ。ペースを合わせるべきは、テーブルで一番ゆっくり食べている人にである。食べ始めるのも一番最後にしよう。

6 高級レストランで外食するときには、柔らかい光とクラシック音楽がもたらす効果に注意する。どちらも、あなたを普段より長居させ、思ったよりもはるかに多く飲み食いしてしまう原因となるものなのだ。

7 夜はぐっすり眠ること。スウェーデンで行われた研究によると、一晩通常の睡眠をとった後と比べ、一晩寝なかった後の方が、食欲を起こす脳の特定の部位が食べ物の画像に反応してより活性化することがわかっている。機能的磁気共鳴映像法（ｆＭＲＩ）を用いて脳の様々な部位の血流変化を測定した結果、ウプサラ大学神経科学学科のクリスチャン・ベネディクトは次のような事実を発見した。すなわち、一晩寝なかった後に「男性の場合、食べたいという衝動に関わる脳の領域が高レベルに活性化した。睡眠不足が現代社会において問題になりつつあることを考えると、この実験結果は、長い目で見れば悪い睡眠習慣が体重増加のリスクに影響する可能性を説明しているといえるかもしれない。よって、安定して健康的な体重を維持するために、毎晩約8時間寝ることが重要である」[32]。

8 空腹時には食料品の買い物をすることを避ける。ある研究で、7時間の断食の後買い物に行ったボランティアの被験者グループと、午前中に健康的な軽食をとってもらったグループとで、買い物がどう異なるか比較を行ったことがある。空腹で買い物をしたグループの購入した食べ物は、空腹ではないグループと比べ、より高カロリーで(2840キロカロリー対715キロカロリー)脂質も多く(141グラム対28グラム)、糖分も多かった(118グラム対48グラム)。

9 職場に菓子やチョコレートを置いてある場合、透明な入れ物ではなく不透明な入れ物に入れ、デスクの上ではなく遠くに置いておく。この違いを忙しいロンドンの職場で確かめたところ、結果は驚くべきものだった。デスクの上の透明なガラス容器に菓子を入れておいた社員は、菓子が直接目の届かない場所に隠され、手を伸ばして取るには少々頑張る必要がある場合と比べ、菓子の消費が500パーセント多かった。

10 映画館でポップコーンを食べる場合には、使う手を変える。つまり、普段はポップコーンの入れ物を右手に持ち、左手で中身をつまんでいるのなら、それを反対にするのである。食習慣にこの小さな変化を加えることで、自分が行っている動作についてよく考える必要が生じ、そのために食べる量が抑えられるのである。この戦略の効果についてわたしがロンドンの映画館で検証した際には、観客の半数にオーブン用ミトンを渡し、普段ポップコーンをつまんでいる方の手につけてもらった。ミトンをつけたグループは何もつけなかったグループと比べ、ポップコーンの消費量が4分の1減少した。[33]

次の章では、小売店が店のデザイン、陳列、配置を利用し、脂質・糖分の多く含まれた食べ物をどうやって購入するよう仕向けているかについて見ていこう。

第10章 衝動買い

買い物客を誘惑する手段

The Buying Impulse—The How and Why of What We Buy

「2000万秒……これは、数多くの店舗を対象にした私たちの調査から、一般的なスーパーで、1週間当たりに、全ての来店客が店内で過ごす時間を足し上げた数字だ。お店にとってはこの1秒1秒が、商品を売るチャンスである。つまり、来店客に何かを売るチャンスは1週間に2000万回あるということだ」

——ハーブ・ソレンセン『「買う」と決める瞬間——ショッパーの心と行動を読み解く』[1]（大里真理子、スコフィールド素子訳、ダイヤモンド社、2010年）

スーパーマーケットに関するテレビドキュメンタリーを制作中、わたしは店を出る買い物客たちに、衝動的に買ったものが何かあったかと尋ねた。1人を除いて全員があったと答えた。1人の中年男性のみが、衝動買いはしなかったと答えた。「わたしはリストを作っておいて、それに忠実に買うようにしているんだ」。彼はかなり得意げな様子だった。それから、こう付け加えた。「わたしはスーパーマーケットの経営者だからね。仕掛けはみんなお見通しなのさ！」彼の答えをきけば、多くの買い物客が抱いている疑いは確信に変わるだろう。すなわち、スーパーの仕事は、本当は必要のないものや、簡単に買えないようなものを衝動買いするよう巧妙に仕向けることではないか、という疑いである。

確かに、スーパーマーケットは購入を促すための技術や科学をかつて想像もしなかったような高みへと引き上げ、衝動買い——業界用語では「splurchases（スプラーチェス）」（訳注：supermarket／スーパー内の、impulsive／衝動的な、purchase／購入、をもとにした造語）と呼ばれる——を巨大なビジネスにしてしまった。イギリスとアメリカだけで、現在買い物客は年に約240億ポンドを衝動買いに費やしていると推定されている。

このような衝動買いは、イギリスにおいて小売売上の45パーセント以上を占め、アメリカではスーパーマーケットの売上の約62パーセント、高級品売上の約80パーセントを占めている。アンケート調査によると、消費者10人中9人が、1回の買い物で少なくとも商品1点を衝動買いし、6点の衝動買いがあると答えた人も半数以上にのぼる。これは、生涯支出では1人あたり約5万ポンドに達すると推測される数字だ。

衝動買いの心理学

消費者が衝動買いしてしまう動機とは何なのか。これは60年以上にわたり、小売業者や心理学者らの間で研究・議論のテーマとなってきた。このトピックに関する最初期の論文の1つが、1951年に発表された、ストップ・アンド・ショップ社のウィリアム・アップルバウムによるものである。[2] アップルバウムは、衝動買いの原因は買い物客が販売促進と宣伝材料にさらされていることかもしれないと述べた。のちに、研究者たちはこの考えを展開し、様々な衝動買いの理由を提案した。１９６２年、南カリフォルニアのスタンフォード研究所の産業経済学者だったホーキンス・スターンが、衝動買いには主に４つのタイプが存在することを突きとめた。

1「純粋衝動購買」は、普段の購買パターンを破り、目新しさや逃避を求めた衝動買い。

2「想起衝動購買」は、買い物客が商品を見たり、広告その他の情報を思い出すことで、家にある残りが少ないかゼロであることに気がつき発生する衝動買い。

3「提案受容型衝動購買」は、買い物客が初めて商品を見て、その必要性を想像することにより引き起こされる衝動買い。

4「計画的衝動購買」は、特別価格やクーポン等の存在に基づき、買い物客が特定の購買決定を下す際に起こる衝動買い。[3]

この後すぐに見ていくことになるが、スーパーマーケットはこれら４つの「購入ボタン」を押す最も効果的な手段を突き止めるため、多大なる時間とエネルギーと費用とを費やしているのである。それから約20年後、アメリカの広告会社ＤＤＢニーダム・ワールドワイドの研究助手デニス・ルークは、衝動買い――ルークはこれを「浸透性があり……普段とは違う刺激が得られる」と表現した――が起きるのは、「何かを即座に買いたいという、突発的でしばしば持続的な衝動に消費者が駆り立てられるときである。衝動買いは……それがもたらす結果への関心が低下しているときに発生する傾向がある」と述べた。[4]

かつて、多くの心理学者たちは、衝動買いに対して否定的な見方をしていた。もしかすると、関連する周囲の状況に対する認識が甘いせいかもしれない。しかし、より最近の研究は、買い物客がたいていの場合、時のはずみで購買決定を下すことを失敗であるとはとらえていないことを示唆している。[5] 自らの衝動買いに後悔の念を示すのは5人あたりわずかに1人ほどであり、10人中4人は衝動買いをしてよかったとさえ述べている。[6]

この章では、小売業者が買い手の心理を巧みに操り、自制心を徐々にむしばむことで衝動買いをさせようともくろんでいるのではないか、という消費者側の疑念がどこまで正しいのかを検証していこう。わたしが主に着目するのは、スーパーマーケットが用いるテクニックである。[7] これは、スーパーが独特なやり方で消費者を操っているからというわけではなく、独特なやり方で成功をおさめた存在であるからである。加えて、スーパーマーケットは今や買い物の大部分がなされる場所であり、大部分の消費者が最も多くの時間を買い物に割く場所なのだ。

さらに、近い将来には、スーパーで買い物をする多くの消費者が、スーパーでなければ毎週の買い物が「できなくなる」かもしれない。著書『Shopped（英国スーパーマーケットの衝撃）』の中で、ジョアンナ・ブリスマンは皮肉をこめてこう指摘している。「スーパーマーケットのやりたいようにさせてしまえば、大型店の商品も小型店の商品も、日用雑貨店やガソリンスタンドで売っているものも、買うものすべてがスーパーで売られることになってしまうだろう。小さな店も残るだろうが、われわれの知るようなそれではなくなってしまうだろう[8]」

衝動買いとスーパーマーケットの台頭

郊外店舗が昔ながらの商店をどれほど駆逐してしまったかを考えれば皮肉な話だが、元々スーパーマーケットを設立したのは見ず知らずの企業ではなく、大手小売チェーンが勢力と支配力を増しつつある状況に対抗しようとしていた独立系小売業者たちだった。本質的には、スーパーマーケットは一足先に始まったセルフサービスの買い物を発展させたものである。

世界初のスーパーマーケットは1930年8月4日、ニューヨークの、ロングアイランドのジャマイカ地区にあった空きガレージにオープンした。[9] 創業者は、派手な性格の雑貨店店員、マイケル・J・カレンである。巨大ゴリラ、キングコングを描いた映画に着想を得たカレンは、自分の店をキング・カレンと名付け、「世界一の価格破壊者」を自ら名乗った。[10] カレンの新しい商法には、低価格で大量販売を行う独立した食料品コーナーや駐車場を設置したことなどがあった。6年後にカレンが亡くなるまで、キング・カレンの店舗数は17にまで増えていた。

だが、経済的成功をおさめ人々の支持も明らかだったにもかかわらず、既存の雑貨店チェーンはキング・カレンを無視した。この新参者についてコメントせざるをえなくなった場合にも、そのトーンは見下したように否定的なものだった。既存チェーンはライバルのスーパーマーケットを「安物売り」「時代遅れ」「ありきたりな品揃え」「節度や品性のない商売」などと評した。ある大手チェーンの幹部は、「食料を買うために何マイルも車を走らせたり、チェーン店が磨き上げてきた販売方法を見捨てたり、消費者たる奥様方が慣れ親しんだ個別対応の接客を犠牲にする」とはとても思えないと述べた。

1936年の全米卸売商大会およびニュージャージー州小売商協会におけるスピーチでは、伝統的な小売業者が恐れることは何もないという主張もなされた。発表者は、「低価格」に魅力を感じるのはごく少数の買い物客だけであり、限られた市場の中でスーパーマーケットはすぐ行き詰まるだろうと述べ、聴衆を安心させた。ほとんどの消費者は個別対応の接客を望んでおり、低価格には興味を示さないというのが彼らの主張だったのである。

だが、その後数年のうちに、近づきつつある嵐の強大さに気づいた小売チェーンは、自らが次々とスーパーマーケットへ姿をかえていった。これにより、街の小規模店舗や既存の流通・販売促進システムへの多額投資で損失が出たにもかかわらずである。「かつて、『街の食料雑貨店』として知られ、繁盛した店があったことを覚えている人間はほとんどいない。スーパーマーケットが効果の高さを見せつけ、それにとってかわってしまった」。セオドア・レビットはこう書いている。[11]「ただ、1930年代の大型食料品店チェーンは、積極的に拡大する独立系スーパーマーケットによって絶滅に追いやられるのを辛くも回避した……『信念を貫く勇気』をもった商店は、街の食料雑貨店の経営哲学を断固として譲らなかった……彼らは、プライドを守るのと引きかえに無一文になってしまったのである」

世界一強力な販売マシンの中身

現代のスーパーマーケットを単なる店ととらえてしまうと、本質を見落とすことになる。

往々にして大量消費文明の巨大な牙城ともなっているスーパーマーケットは、慣れ親しんだ目抜き通りの食料雑貨店にステロイドを打って強化しただけの存在ではない。むしろ、スーパーは入念に設計され組み立てられた販売マシンであり、その唯一の目的は、生活必需品を消費者に提供しつつ、可能な限りあらゆる手を尽くしてその欲望を刺激することである。

スーパーマーケットに足を踏み入れただけで、「マーケティング技術の軍拡競争」――アメリカに本拠を置くプライバシー擁護団体センター・フォー・デジタル・デモクラシーのジェフ・チェスター代表はこう呼んでいる――の中に身を投じることになるのである。客が目にし、聞き、嗅ぎ、味わい、そして触れるものすべてに、数百万ポンド規模の研究・設計・計画の成果が詰まっているのだ。

買い物客は自らの意志の弱さを責めることも多いが、実のところ、衝動買いは非理性的な態度が原因であるというよりも、現代のマーケティング・広告・小売販売戦略が高度に洗練されているためなのである。スーパーマーケットの入口をくぐれば、あなたはすでに衝動買いの王国の中にいるのだ。

典型的な大型スーパーマーケットをのぞいてみよう。研究によると、われわれがスーパー内で過ごす時間は約29分であり――10年前より7分短い数字だ――そのほとんどを、ある陳列品から他の陳列品へ、ある食料品部門から別の部門へと歩いてまわることに費やしている。このとき、手にカゴを持って買い物をしている場合は約500メートル、カートを押している場合はさらに約100メートル長い距離を移動することになる。[12]

入口から入ってすぐの地点では、商品を買わせようという策略がめぐらされていることはほとんどない。そこには証明写真機や募金箱などが設置してあったり、場合によっては幼児が乗れるおもちゃの自動車や馬が置いてあるケースもある。

さらに6メートルほど奥に入った辺りが、売り手が「デコンプレッション・ゾーン」と呼ぶ場所である。このゾーンの目的は、買い物客が身体的・心理的な面で新しい環境に確実に慣れるようにすることである。スーパーの経営者は、われわれが通りや駐車場を歩くペースよりもはるかに遅く、「牛が草を食《は》むように」のろのろと店内を移動することを望んでいるのだ。「デコンプレッション・ゾーン」は客の移動速度を緩め、さらには明るさ、気温、湿度の変化に適応しやすくする働きを持っている。この適応がうまくいけば、衝動買いに最適な心理状態が整ったことになる。

通路の法則

スーパーマーケットに入って最初に目にする商品は、たいていの場合は新鮮な果物と野菜である。買い物客の視点から見れば、入口近くというこの配置はあまり道理にかなったものとはいえない。そもそも、野菜とは概して重く、かさばるものだ。残りの買い物をしている間、ずっと運んでまわるような商品ではない。重たいというだけでなく、果物の多くは傷みやすいものでもある。出口付近に並べ、買い物の開始直後ではなく一番後に買えるようにした方がかしこいように思える。だが、これでは消費者側の心理を売り手側の心理と取り違えている。

野菜や果物が店の入口付近に配置されているのには、2つの立派な理由がある。まず、こうしておくことで、店舗と商品そのものがどちらも新鮮で魅力的に映るのだ。肉類や魚が明るい白色光以外では新鮮に見えないのとまったく同じように、果物や野菜は自然光に照らされた方が必ず見栄えがよくなるのだ。さらに、果物や野菜は、新鮮さや自然の豊かさをほのかに感じさせる。巨大で無機質な食品加工工場のイメージではなく、開放的で緑豊かな畑や、雲ひとつない青空のイメージを喚起するのである。

もう1つ、より重要な理由としては、買い物客がカゴではなくショッピングカートを利用する可能性が高まるというものがある。カートの方がより多くの商品を入れられるため、こうすれば客の買う量を増やすことができるのだ。購入する商品を運ぶ負担をぐんと減らすことで、買い手はより衝動買いをしやすくなるわけである。

新鮮な果物と野菜が店先に並べられる一方で、その他の食料雑貨類は店のずっと奥の方に陳列されている。こうすることにより、買い物客は目当ての品物へたどり着くまでに利益率のより高い食品を一通り吟味しながら見ていくこととなり、誘惑に負けそれらを衝動買いしてくれる可能性も出てくるのだ。

棚は通路の端から端まで一続きにはなっておらず、たいていはいくつかの細かい部分に分けられている。これにより、商品棚の両端部分（店舗レイアウトの担当者はこれを「アイルエンド」「エンドキャップ」などと呼ぶ）を増やすことが可能となる。「アイルエンドは月々の商売の動力源である。販促活動もアイルエンドの働きに左右される」。イギリスのコンサルタント会社ビジュアル・シンキングのブランドディレクターであるカール・マッキーバーはこう述べている。「人が多く通る場所にあるため、アイルエンドは多くの人の目に触れるのだ」[13]

棚に商品を並べる際、売り手が考慮に入れるべきもう1つの要素が、右の絶対性として知られるものである。乳児期初期より、子どもは物に近づいてそれに手を伸ばす際、左手より右手を用いることの方が多い。これに対する説明として考えられるのは、右半身をコントロールしているのが脳の左半球であり、この半球は接近反応やポジティブな感情と関連性があるから、というものである。これに対し、脳の右半球は左手をコントロールしており、回避反応やネガティブな感情と関係がある。

右利きの人間が棚から衝動的に商品を手に取る場合、右手を使う可能性が極めて高いだけでなく、自分の買おうとしている品物の価値を、左手を用いる場合と比べ高く評価することになるだろう。買い物客がぶらぶらと歩くとき、それがスーパーの通路でも大通りの歩道でも、通るのは右側になる傾向がある。

このようなわけで、上手に設計された空港では、出発ゲートに向かう旅行客から見てファストフード店は左側にあり、土産物店は右側にあるのである。どちらも、衝動買いが最も起こりやすくなるような配置だ――空腹ならばわざわざ歩行者の通り道を横切ろうという気にもなろうが、雑誌や土産物を買うためにそこまでしようとはめったに思わないだろう。

研究によると、スーパーマーケットの通路を歩く際、客は主として目の高さではなく、それよりわずかに下の棚に目を向けている。これは、棚を通り過ぎるときの客の視線が15度から30度下を向いているからであり、頭部の重みと形状、および背骨による頭部の支え方が主な原因である。[14]

そうすると、ここが利益率の高い衝動買いを発生させるのに最適な場所ということになる。

値段が低く利益も少ない商品は、床の近くや、よほど長身か身の軽い客でなければ手を伸ばせないような、棚の上の方に配置されることになる。

店の奥へと進んでいくと、「日配品」と呼ばれる商品に出くわす。牛乳やパン、ベークドビーンズといった、毎週購入する中心的な必需品である。これらは頻繁に買う必要があり、また売れ行きが値段に最も左右される商品であるため、スーパーマーケットが「目玉商品」として提供することが多い。平均的な買い物客の値段に関する知識は限られているが、これら頻繁に購入する商品の値段はたいていの客が知っているため、競合する他店と比較されることになるのだ。

スーパーマーケットは、他との比較にさらされる日配品の価格を人為的に低く抑え、原価もしくはそれ以下で販売することにより、「すべての」商品が金額に見合ったものである、と思わせることができる。これは、注意深い客であれば誰でも気づいていることだが、真実からはかけ離れていることが多い。日配品の低価格は、生活費を抑える上で店は買い物客の「味方」であると思わせるためにあるのである。イギリスの大手スーパーマーケット、テスコのスローガンにもあるように「どんなに小さなことでも役に立つ」のだ。

衝動買いと真実の瞬間

小売り業者やブランドマネージャーたちの話題にのぼることが多いのが、「真実の瞬間」である。これは哲学的な概念ではなく、通路に立っている客が何を買うか決め、それに手を伸ばす瞬間のことだ。客の手がある特定の商品の方へ伸びるように、「そっと背中を押す」心理的な戦略が存在する。

仮に同じくらい魅力的な商品を2つ見せられた場合、客はどちらにしようか迷ったあげく、結局どちらも買わないということにもなりかねない。このような望ましくない結末を避けるために、「おとり」の商品を3つ目として置いておくスーパーマーケットもある。おとり商品とは、意図的に他の2つの商品より魅力がどことなく少ないように作ったものだ。この商品は即座に確信をもって選択肢から外すことができるため、買い物客に残り2つのうちのどちらかを衝動買いするよう促す。

衣服や、高価な輸入食品、魅力的なギフト、便利な小道具、香水や化粧品など利益率の高い商品を陳列している売り場では、三角構成と呼ばれるものの効果が発揮されるように商品を配置することが多い。「三角構成は、人間の目線は常に写真の中央へとまっすぐ向かうようになっているという事実に基づいたものだ」とカール・マッキーバーは説明する。「ここでは、棚の中央にサイズが最も大きく利益率の最も高い商品が置かれ、それを魅力的に見せるために、サイズの異なる商品を周りに配置するのである。棚にできた三角形を見るとき、視線は真ん中の最も高価な箱へと向かう。あらゆる場所で用いられ、非常に効果的な手法だ」[15]最高級の商品に見とれ、使えるお金で買える最高のものが欲しくなり、消費者はそれ以下のもので良しとすることはできなくなってしまう。われわれが高級品を衝動買いするのは、愛する人へのお礼である場合もあり、また同じくらい頻繁にあるのが、自分へのごほうびとして買う場合だ。それがより高価であればあるほど、自分自身は気分がよいと感じる。ほとんどの人間が、どういうわけか自分には「そうする価値がある」と考えてしまい、実際の身の丈にあった「次善の選択」では決して満足しようとはしないのだ。

19世紀の心理学者ウィリアム・ジェイムズは、次のように書いている。「人の自己とは、自分のものだと呼べるものすべての総体である。自分の身体や精神力のみならず、衣服も住居も妻子も、先祖や友人も、周りからの評判や仕事の成果も、土地もヨットも銀行口座もそれに含まれるのだ。これらは、どれも同じ感情を呼び起こす。もし数が多くなり成功をおさめれば意気揚々たる気分になるが、数が少なくなり消えてしまえば気分は落ち込むのである[16]」

触れて、感じて、衝動買いして

客が商品に触れ、商品を動かし、遊んだり食べたりする機会を設けることで、衝動買いをしてくれる可能性は格段に高まる。店内で出されている試供品のチーズやポテトチップス、スナック菓子、チョコレートや炭酸飲料は、すべて衝動買いを増やすのが目的である。

食料品以外でも、帰宅後に不満があれば返品可としているスーパーマーケットもある。こうすれば、より安心して衝動買いをすることができ、客にとってはありがたい店舗となる一方で、返品に対処するためにかかる実際のコストは、比較的大した額にはならないことが多い。ひとつには、面倒だったり忘れてしまったりするため、特に低価格商品の場合は、わざわざ返品する客がほとんどいないということがある。単に戸棚の中へ放り込み、そのまま忘れてしまうのだ。

もう1つ、より重要な理由として、商品を手に入れてしまうと、人はそれに感情的にも金銭的にも価値を感じるようになるということもある。これは「授かり効果」、もしくは「剝奪回避」と呼ばれるもので、行動経済学の最も確固とした研究成果であるといえる。履き心地は良いもののぼろぼろになったスリッパを廃棄したり、すり切れたお気に入りのジーンズを捨てることが時として驚くほど難しいのも、この理由による。また、子ども時代がとうに過ぎ去ったあとでも、宝物にしていた人形やテディベアを取っておく大人がいることも、これで説明がつく。

この効果に対する説明として最も広く受け入れられているのが、損失回避である。すなわち、何かを手にすることで得られる喜びよりも、何かを失うことによる苦痛の方がそもそも大きいということである。小売業者は実際の経験からこのことを理解しており、そのテクニックを「連れかえった仔犬効果」と呼ぶ店員もいる。どうにかして客に商品への所有意識を持たせることができれば、それがたとえ一時的なものであっても、それを取っておきたくなる可能性がはるかに高まることを売り手は知っているのだ。

店内の衣料品コーナーでは、服を並べた棚の横にしばしばワゴンが置かれており、客は商品を手にとってみることができるようになっている。特に若い買い物客の場合は、山積みになって使用感が醸し出されているような陳列により魅力を感じる。山積み商品は人気の表れだからである。逆に、折りたたんだ衣類があまりにもきちんと並んでいると、買おうと思っている人が他に誰もいないという印象が伝わってしまうのだ。

次の第11章で見ていくことになるが、他者が抱く興味によって興奮や刺激は大きく増加し、衝動的な行動が引き起こされることになる。これに当てはまるケースとしては、どうしても欲しい商品を買う場合（年に一度の特売で発生する買いあさりを思い浮かべるとよい）や、暴動、略奪などが挙げられ、さらに自身の命を絶つ場合もこれに当てはまる。誰もやっていなければ、興味をもつ人間はほとんどいない。たくさんの人々がやっていることであれば、ほかにもやりたい人が多く出てくるのである。

服に当てはまることは、他の商品にも当てはまる。商品が乱雑に積まれていれば、整然と並べられた場合よりも買い手を惹きつけることができる。ほとんどの買い物客は、完璧に積み上げられた缶詰や上品に並べられた果物が生み出す調和を最初に乱すことに、自然と抵抗を感じるのである。[17]

ほとんどの商品は、客が何度も手に取ったのちに購入されている。例えば、一般的な口紅であれば6回から8回ほど吟味された後に購入されるし、グリーティングカードならば25回である。商品に触れる機会と度合いを増やせば――客が最新のテレビゲームで遊んだり、最新のファッションを試着したり、おもちゃのヘリコプターを店内で飛ばしたり、チョコレートを試食したり、香水をつけたりすれば――所有意識が効力を発揮し、授かり効果によって商売がうまくいくだろう。

ジャンクフードは安物フード

多くのスーパーマーケットで、デコンプレッション・ゾーンを過ぎてすぐの辺りで、高脂肪、高糖質の食品が衝動買いされているのをちょくちょく目にするだろう。ポテトチップスやチョコレート、ビスケットなど、買い物客を誘惑する甘いものが手の届きやすい棚に置かれているし、場合によっては蓋のあいた容器に入れられていることさえあり、客は手を突っ込むだけで強い欲望を満たすことができる。

わたしが様々な地域のスーパーマーケットについて調査してみたところ、この単純な――こうせずにはいられないのであろう――ジャンクフードの陳列方法は、裕福で中流以上の人々が住む地域よりも、比較的貧しい労働者階級の人々の地域に多く見られることがわかった。これらの商品を、客が店に出入りしてすぐに通りすぎる場所へ置いておくことで、衝動買いをして衝動食いしたいという誘惑は倍増する。さらに、これらの製品は多くの場合、非常にコストの安いエネルギー源である。例えば、ある銘柄のビスケットは、セール中にはイングランド北部で1缶3ポンドで売られているが、上品に包装されたものをロンドンのウエストエンドの店で購入すれば、16ポンドを支払うことになる。

脂質・糖分をたくさん含む食べ物の多くが比較的安価である理由は、製品に使われているコーンシロップや空気や水といった原料に、ほとんどコストがかからないからである。これらは幅広く用いられている。例えば、1985年から2010年の間で、アメリカでは新鮮な果物や野菜の値段が40パーセント近く上昇しているが、同じ時期に、異性化糖で甘味をつけた飲料の価格は25パーセント下落した。

全米ソフトドリンク協会によると、アメリカ国内のソフトドリンク消費量は、女性は2倍、男性は3倍にまではねあがっている。12歳から29歳までの男性の場合、平均の消費量は今や年間約600リットルにものぼる。最後の一滴まで、カロリーは果てしなく高く、栄養は最低レベルである。

これと比較して、イギリスにおける消費量は約80リットルとはるかに控えめだが、肥満に至らしめるには十分な量である。ドイツ人の場合は約60リットルとさらに自制心を働かせており、現在甘い飲み物を最も飲んでいない日本は、たったの約19リットルである。

衝動買いの障壁を取り除く

買い物客が店内を見て回るのに費やす時間——これは「滞在時間」と呼ばれている——を増やすことに加え、売り手は買い物をする上での障壁を発見・除去することにも長《た》けている。このような障壁の1つに、アメリカのリテール・アンソロポロジスト（訳注：顧客の購買行動を文化人類学的に分析する専門家）であるパコ・アンダーヒルによって最初に発見された「尻こすり効果」（『なぜこの店で買ってしまうのか——ショッピングの科学』鈴木主税、福井昌子訳、早川書房、2014年）がある。「明らかに客は、背後からぶつかられたり、触られたりすることを好まないようだった。とくに女性がそうで、男性はある程度まで気にしないようだ。女性たちはそれを避けるために、興味のある商品から離れることもある」。アンダーヒルはこう述べている。[18]

大手書籍チェーンで行われた調査によって、尻こすり効果の存在と、女性が子どもを見張っている必要があることが、立ち読み客に衝動買いを発生させる上での主要な障害となっていることが明らかとなった。この書籍チェーンに与えられた助言は、店のレイアウトを変更し、直線的な通路に角を設けることで、商品を立ち読みできる「スペース」を通路の突き当たりに作る、というものだった。

一般に、スーパーマーケットは顧客を欺こうとしているわけではないものの、当然のことだが、全力を傾けて誘惑を仕掛けてくる。目に入るもの、聞こえるもの、味わうもの、触れて感じるものをコントロールし、売り手の一番売りたいものが買い手の一番買いそうなものになるよう誘導してくる。手短に言えば、可能な限りあらゆる手段を尽くして、衝動買いをさせようとしてくるわけだ。

第11章

模倣衝動 突発的な暴動・自殺

The Imitation Impulse—'A Beautiful Place to Die'

「他者という鏡と自己という鏡が、互いを映し合っている」

——チャールズ・ホートン・クーリー[1]
『On Self and Social Organization（自己、および社会組織について）』

混みあった部屋であくびをすれば、他の人々もあくびを始める。あくびには伝染性があるのだ。笑いも同様である。だからこそ、テレビのコメディ番組ではスタジオに観客がいるか、少なくとも録音された「笑い声」が用いられている。これによって、自分が見ているものは実際に面白いのだと視聴者に思わせることができるのである。

あなたが涙を流せば、周りの人はいっそう悲しい気分になるだろう。腹を立てれば、他の人も同じく腹を立てるかもしれない。荒廃したビルの窓に向かってレンガを投げれば、数時間のうちにすべての窓ガラスは粉々になっていることだろう。演奏の最後にあなたがぱっと立ち上がった次の瞬間、観客は総立ちで演奏者に拍手をおくっているだろう。

人はみな、生まれながらにしてまねたがる動物であるという事実を、広告主側やマーケティング担当者は以前から知っており、かつその事実を利用してきたのである。新しい製品やサービスが「マストアイテム」であると思わせるための一番効果的な方法として、すでに購入者が大勢いることを示すというものがある。マルコム・グラッドウェルが著書の中で「ティッピング・ポイント」と呼んでいる決定的な数にまで購入者数が増えると、商業的な成功は確実となるのだ。古い格言がいうように「一事成れば万事成る」わけである。

名もなき世間一般の人々であっても、その数が十分なまでに膨れ上がることで「まねたがる人々」を殺到させることは可能なわけだが、商業上の戦略としてより手っ取り早く効果的なのは、著名人を起用することだ。このために、有名スポーツ選手や歌手、俳優、さらにはリアリティ番組に出演したことで一時的に有名になった人々までもが、大金をもらって商品の宣伝を行っているのである。[2] 著名人がより大物で知名度が高く、そしてファンが多いほど、その行動をまねたがる人の数は増える。

このことに関しては、特に驚くべきことは何もない。われわれの知識の大部分は、他者をまねることで獲得したものだからだ。模倣は、試行錯誤を通じて新たな技能を獲得する際にかかる時間と手間が省けるために、子どもの頃には特に、最も広く用いられる学習形態である。

残念ながら、暴動や蛮行、略奪や自殺といった、より暴力的で破壊的な行動をもたらす衝動に関しても、模倣は重要な役割を果たしている。一見すると、衝動がそのような行為を引き起こしているようには思えないかもしれない。穏やかだった群集が荒れ狂う暴徒と化し、合法的な抗議行動が暴力・放火・略奪の舞台へと変わるまでには、数時間を要することもある。同様に、サセックスのビーチー岬やサンフランシスコのゴールデンゲートブリッジといった「自殺の名所」で自ら命を絶つ人々は、[3] 相当の入念さと覚悟をもって自分の死の計画を練らなければならない。死のうと決めたその地まで——数時間、または数日かかることさえざらな話だが

——移動する必要も出てくる。

ある男性は、アメリカからイングランドへと飛行機で渡り、そこからサセックスまで100キロ以上南へ下った後、ビーチー岬の崖から身を投げた。決行に先立って、男性は葬儀屋を雇い、棺を購入し、自分が入った棺をアメリカまで送る飛行機の便や日取りまでをも取り決めていた。[4] またある人物は、崖をじっくり吟味しながら海岸の端から端まで歩き、飛び降りるのにぴったりの断崖絶壁を探した。一般市民から通報を受けた警察により、決行前に男性はなんとか引き止められた。[5]

自殺志願者の中には、愛する人々に向けて別れの手紙を書き、それが無事に残るよう計らう人も多い。ビーチー岬近くの崖から飛び降り自殺したある老婦人は、別れの手紙をまずは念入りにビニール袋の中に密封し、それからポケットへと入れていた。自分の死体が海の藻屑になったとしても、手紙は読める状態で残しておきたかったのである。[6] では、このような行動に衝動的な部分が少しでもあるといえるのだろうか？

当然ながら、様々なタイプの衝動的行動について同様の疑問が持ち上がるだろう。一目惚れというケースですら、たいていは理想の相手と出会うための計画や準備を伴っているものだ。買い物や過食といったケースも同様である。だとすれば、これらの行動のどこが「衝動的」なのだろうか？

第2章において、見つめるうちにふいに形を変えるネッカーの立方体の例を挙げた。ある形から別の形への切り替わりは素早く、予想不可能であり、自分の力でコントロールすることはできない。衝動も似た形で作用する。脳をシステムR思考からシステムI思考へと一瞬で切り替えるのだ。

恋人たちの目と目が合うとき、陳列棚から「マストアイテム」を手に取るとき、後ろめたさを感じつつもブラックフォレストケーキをもう1切れ食べるとき、この切り替えが発生しているのだ。この一般的にごく短い時間のうちに、理性的な脳は裏方へとまわり、ゾンビ脳が優位となる。本章では、この切り替えの原因であり、ドラマチックかつしばしば悲劇的な状況に寄与する要因を考察したい。その状況とは、暴動と自殺である。

暴動の衝動

2011年8月4日木曜日の午後6時ごろ、マーク・ダガンという名の29歳の黒人男性が、ロンドン市内で警官によって射殺された。当時の状況については、いまだ十分な説明がなされていない[7]。8月6日土曜の午後5時ごろ、ダガンの遺族を含むグループが地元警察署前に集まり、平和的な抗議行動を行った。遺族らはダガン殺害について警察上層部と話をしたがったが、誰とも面会できなかった。それから2時間あまりのうちに、群集の数は約200人へと膨れ上がり、全員が同じことを求め続けた。ダガンの死についての説明である。群集の憤りに耳を傾けようと現れた警察上層部の人間は誰ひとりいなかった。

抗議行動が始まって約3時間半が経過し、8時半になった頃、とめてあったパトカーに物が投げつけられた。それからまもなく、さらに2台の警察車両が襲われた。群集は車に火をつけ、路上へと押し出して警察の包囲網との間のバリケードにした。地元の法律事務所には火が放たれ、ブックメーカー（訳注：賭博の運営会社）の事務所も放火された。まもなく、あちこちで火の手が上がった。その後数時間のうちに、店は荒らされて焼き尽くされ、自動車やバスは放火され、一般市民は襲撃され金品を奪われた。暴動はロンドンの他地区やイングランドの他の都市へと急速に広がっていった。[8]

「崩壊のスピードがすべてを物語っていた」。こう書いているのは、フィナンシャル・タイムズのジャーナリストであるゴータム・マルカーニだ。「自称・世界の首都たるロンドン市内に、燃えさかる暗黒郷たる地獄絵図が現出するまで、48時間とかからなかった……ロンドンやその他の都市の暴徒たちの多くは、笑いながら略奪を行っていた。つまり、このような破壊スピードをもたらしたのは、部分的には彼らの溢れんばかりの活力だったわけだ――お決まりの無気力さ、俗な言い方をすれば『まったり感』とは対極的なものである。サッカーのフーリガン行為と同じように、一連の暴力は気晴らしだったのだ――ニーチェのテーマパークで、1日遊んでいたわけである」[9]。

ロンドンの暴動の原因は数が多く複雑で、理解はいまだ十分なされておらず、報道も不適切かつ不正確なものが多く見られた。セント・アンドルーズ大学の心理学教授スティーブ・ライカーと、リバプール大学のクリフ・ストットは、この暴動に関する著書『Mad Mobs and Englishmen（狂った暴徒とイギリス人）』の中で次のように述べている。「8月の4日間、夜のイングランドは炎に包まれた。いや、こう言い直すべきだろう――ここを区別することが重要だ――8月の4日間、メディアは夜のイングランドが炎に包まれる映像に満ちていた、と」[10]

メディアはドラマ性を常に欲するものだが、この暴動は有り余るほどのドラマを提供した。

その結果、あの4日間の夜の出来事は、いくつかの象徴的な映像をもって語られることとなった。150年の歴史を持ち、2度の世界大戦を生き延びた家具店の内部が炎で焼きつくされる場面。不意に組織的な略奪を受ける店。助けるふりをして若い学生を襲い、金品を奪う暴徒。炎を背景に浮かび上がる、燃えさかるビルを脱し消防隊員の腕に飛び込む女性のシルエット。これら暴動の映像は、ライカーとストット曰く「起こったことすべての象徴である。このような映像が……事件に関するわれわれの理解や議論の方向性を決めるのだ」[11]。

一方で、はるかに議論されることが少なかったのは、暴動が初めに勃発したのがイングランドの中で13番目に貧しい選挙区であり、また多民族の混交が最も進んだ地域の1つでもあるという事実だ。暴動の7カ月前、支出削減により13あったユースクラブのうち8つが閉鎖され、学童保育や就労支援などその他のサービスへの財政援助も打ち切られていた。

40年前のベルファストでわたしが気づいたように、若者（特に黒人・アジア人）のチャンスの少なさ、貧困、妬み、強欲、ギャング文化、日和見主義、犯罪、ロールモデルとなるべき両親の不在などに、不満や社会的疎外の根源が見出されてしかるべきだった。「もう少し若ければ、わたしたち自身が暴れていたと思います」。暴動に参加したティーンエイジャーをもつ母親はレポーターにこう語っている。[12] よって、非があると言えるのは、抗議行動の初期における警察の対応と、メディアが暴動を報道する姿勢――誤報がなされるケースもあった――の両方である。

ここでは、衝動的犯罪行為の個々の事例のいくつかに焦点を絞って見ていこう。元は善良な市民であり、個人個人では決して法を破ることはなかったであろう人々が、群集の一部となることで法を犯したいという抗いがたい欲求に駆られた結果、略奪や窃盗が起こったのだ。

その中に、略奪者の逃走用の車を運転したとして告発された、19歳の大富豪令嬢がいた。良い教育を受け、大学入学を控えていた彼女は、「礼儀正しく、可愛らしくて人気者」のティーンエイジャーとして通っていた。ほかに、石のブロックを拾い上げ、店の窓に投げつけたという「才能ある女性スポーツ選手」もいた。オーディオ製品販売店から9万ポンド相当の商品を奪った暴徒たちに加わっていたとされたのは、17歳のバレリーナだった。カフェやレストランを荒らし回った一味に加わっていたとして告発され、勾留された法学部の2年生もいたし、その他にも会計・財政学を学ぶ22歳の学生、土木工学専攻の学生、不動産管理人、シェフを目指す人などがいた。

子どもたちも、同じように暴動に巻き込まれた。ある11歳の少女は、2軒の店の窓に石を投げつけて逮捕された。同じ年齢の少年で、50ポンドのくずかごを盗んだ子もいた。24歳の大学院生ナターシャ・リードは、ソーシャルワーカーとして働く準備をしている中、略奪被害を受けた店から薄型テレビを盗んだ。母親のパメラは次のように語った。「ナターシャはテレビが欲しかったわけではないの。自分がなぜ盗んでしまったのかさえ、よくわかっていないわ。テレビなんて必要ないというのに」。報道によると、ナターシャ自身も次のように述べているという。「わからないわ。なぜやってしまったのかしら」

暴動に参加したとして訴えられた人々のうち、翌朝になって冷静に考えて、なぜ自分が法を犯してしまったかを説明できる者はほとんどいなかった。暴動の現場から薄型テレビを抱えて歩き去るところを見つかった19歳のロレイン・マクグレーンと同じように、多くの人はこう言うしかなかった。やったことは悪いことだとはわかっているが、「他のみんなもやっていましたよ」と。

模倣による自殺

悲しいことだが、自らの命を絶とうと考える人々の一部は、自殺者の前例に倣っているようだ。その手の人々は、ある特定の場所、特定の方法を選んで自殺をする。[13] それまで他の人々が同じ形で自殺をし、その死について広く知れ渡っているからだ。特に多く見られるのが、活字メディアで広まった場合である。

「テレビで自殺の話が伝えられる場合とは異なり、新聞上の自殺のニュースは保存・読み返しが可能で、壁や鏡に貼りつけたり、熟読することができる」。ウェイン州立大学刑事司法学科のスティーブン・スタック博士はこのように説明している。「テレビの自殺ニュースは一般に20秒間にも満たず、すぐに忘れ去られたり、気づかれないことすらある。メディアが自殺報道を繰り広げている最中に起きた自殺について詳細に研究してみると、遺体のそばに自殺を報じる紙面が残されているケースが多いことがわかっている」[14]

模倣自殺のリスクについては、長い間認識されてきた。ゲーテの小説『若きウェルテルの悩み』の中で、主人公は恋に破れて自殺をするが、小説の影響により特に若者の間で模倣自殺が相次ぎ、作品はヨーロッパの多くの地域で発禁処分を受けることとなった。有名人が自殺した場合にも、模倣自殺が立て続けに起こることがほぼ常である。

無名の人間が自殺した場合、その後1カ月間の増加は約3パーセントと微々たるものだが、有名人が自ら命を絶った場合、自殺の増加率は14パーセントにものぼる。例えば、映画スターだったマリリン・モンローの自殺が報じられた1962年8月には、自殺者数は300人増えた――増加率は12パーセントだった。末期的病状の患者に窒息死を勧める自殺指南書『安楽死の方法（ファイナル・エグジット）』が1992年に出版された際には、ニューヨーク市における窒息自殺の件数が8件から33件へと増え、約400パーセントの増加となった。これらの自殺者の4分の1以上が、『安楽死の方法』を所持していた。

同調圧力と自殺衝動

集団自殺の中には、2人だけで実行する「心中の約束」もあれば、大人数がカリスマ性をもつ指導者から説得、もしくは強制されて行うものも存在する。後者の1例が、1978年のガイアナで発生したジム・ジョーンズ代表率いる人民寺院の信者が起こした集団自殺である。200人の子どもを含む900人以上のカルト教団信者が、列を作ってシアン化物で風味づけした教団特製の飲料水を飲み、亡くなったのだ。1997年には、サンディエゴを拠点とし、UFOを信仰したカルト教団ヘヴンズ・ゲートのメンバー39人が自殺を遂げた。目が覚めれば、空飛ぶ円盤に乗ってヘール・ボップ彗星を追いかけているはずだと、指導者のマーシャル・アップルホワイトに思い込まされたのだった。

インターネットもまた、自殺を支援したり強く勧めるウェブサイトを通じ、特に若い人々に同調圧力を与えている。実のところ、そのようなサイトの急増――グーグル検索のヒット数は、10年前が約10万件だったのに対し、現在では約24万３０００件となっている――が、今ではティーンエイジャーおよび35歳未満の成人の死因トップが自殺であるという事実の理由として考えられるのではないかとされている。[15]「自殺志願の若者がサイトを訪問した場合、自殺に対する疑念や恐怖をなくしてしまう恐れがある」。この分野の第一人者である、ドイツのマンハイム精神保健中央研究所のカチヤ・ベッカーはこう説明する。「リスク因子として挙げられるのが、自殺を促す同調圧力や、心中の約束などだ。さらに、チャットルームの中には、自殺を決行したチャット仲間を祝福する所もある[16]」

混乱した鬱状態の人々は、自殺の名所で自らの命を絶ったり、憧れの著名人と同じ自殺方法を取ることにより、自分がひとりではなく、自らの持つ自己破壊衝動も異常なものではないのだということに慰めを見出しているのかもしれない。

時として、自殺を促す上で他人の果たす役割は、より直接的なこともある。携帯電話が普及した現在、公衆の面前で自殺を決行しようものなら、ユーチューブやフェイスブック、ツイッターなどに載せられてしまう可能性が高い。死んでやると叫ぶ人間のもとにはすぐさま群集が押しかけ、時には単に携帯電話に一部始終を記録するだけでなく、それよりはるかに積極的で悪質な役割を果たすこともある。

２００８年1月のある土曜日の午後、17歳のショーン・ダイクスは、ダービー市中心部のウエストフィールド・ショッピングセンターの屋上へと上り、縁に立って飛び降りる構えを見せていた。警察の交渉担当者としてバリー・サッカー警部補が現場に到着し、ショーンに下りてくるよう説得を試みた。下の歩道には300人ほどの見物人が集まっていた。たくさんの人々が、携帯電話で現場の様子を撮影しはじめた。誰かが「どこまでとべる?」と叫び、「早くとべよ」とはやし立てる人々もいた。

「ショーンは話し合いに応じてくれていた」。バリー・サッカーは検死陪審に対しこう述べている。「わたしはショーンに向けて手を広げ、じっと待っていた。ショーンも身をかがめ、下にいるわたしの手を握ろうとした――そのとき、『税金の無駄遣いめ』という叫び声が聞こえた。ショーンは身を起こし、『我慢の限界だ』と言ってカウントダウンを開始した。それから、ショーンは『おしまいだ』と言い、目を閉じると身を投げた」。ショーンは約18メートル下の歩道に激突し、即死した。[17]

遅すぎた後悔

悲劇的な話だが、自殺の衝動に身を任せてから数秒のうちに、自殺者は自らの決断をひどく後悔することがある。サセックスの沿岸警備隊員のドン・エリスが語ってくれたケースがその一例である。ドンは60代前半のがっしりとしたひげ面の男で、イングランド南岸のビーチー岬の近くに駐在している。ビーチー岬は高さ約160メートルのイギリスで最も高い白亜質の海食崖で、年間100万人以上の人々が訪れる。大多数の人々の来訪目的はといえば、崖沿いの道をぶらぶら散歩したり、柔らかな芝生の上でピクニックをしたり、息を飲む絶景を楽しんだり、といったところである。

その一方で、はるかに悲惨な理由でこの地へと足を運ぶ人々もいる。この岬は、小説家のルイ・ド・ベルニエールの言葉を借りて言うならば「見るからに死への憧れを抱かせる」ほどの美しさなのだ。[18] こうして、毎年およそ50人がこの地で最期を迎えているのである。

崖の端へと歩いて近づいていく中年男性をドンが発見したのは、沿岸警備隊基地に向かう途中のことだった。男性は整った身なりで、明るい色の傘を持っていた。自殺志願者の振る舞い方に関する経験が豊富なドンは――職務に就いて以来、20年間で1000人を優に超える志願者たちと向き合ってきたのだ――ゆっくりと静かに男性の方へと近づいた。動きをゆっくりかつ何気ないようにしたのは、男性が驚いて飛び降りてしまうことを防ぐためだった。

だいたい3メートルの距離にまで近づいたとき、ドンは朗らかに話しかけた。「おはようございます。パッとしないお天気ですね[19]」。男性は微笑んだが、何も言わなかった。彼は注意深く傘を丸め、それを地面に刺した。それから、やはり一言も発しないまま、端から足を踏み出した。男性が約150メートル下の岩場へと転がり落ちて死ぬ直前、ドンは彼の叫び声を耳にした。「助けて！　誰か！」「そのときには、誰にもどうすることもできなかった」。ドンは悲しげに振り返った。

猿まね

1990年代前半、イタリアの研究者たちにより、まったく予想外で驚くべき発見がなされた。著名な神経科学者であるヴィラヤヌル・ラマチャンドランによれば、この発見は「『未だ報告されていない』（少なくとも、公には広まっていない）10年に1度の重要なものだ」[20]。脳機能の研究をする間、科学者たちが電極をマカクザルに埋め込んでいた。ある日、1人の研究者が腹を空かせ、軽食をとることにした。彼が食べ物へと手を伸ばしたとき、サルの前運動皮質のニューロンが発火（訳注：活発化し、電位が急激に変化すること）を始めたことに彼は気がついた。発火し始めた部位は、動物が自分のエサを取ろうとする際に活発化した場所と同じだった。だが、マカクザルはただじっと座って研究者を見ていただけだったにもかかわらず、なぜこのようなことが起きていたのだろうか？

後になってわかったことだが、この謎を解く鍵は、自らの行動ではなく他者の活動に反応して発火する特殊なニューロンの存在にあった。これは「ミラーニューロン」と名づけられ、20年を経た今では、この発見の重要性を疑う学者はほとんどいない。「ミラーニューロンは、DNAが生物学に与えたのと同じくらいの影響を心理学に及ぼすだろう」とラマチャンドランは予測している。「ミラーニューロンは統一的な枠組みをもたらし、これまで謎に包まれたままで、実験では解明できなかった精神能力の多くを説明する助けとなってくれるだろう」[21]

この偶然による発見の後の数十年間で、ミラーニューロンという特殊な脳細胞は、心理学者の脳に対する見方を、とりわけその社会的側面において劇的に変化させた。ミラーニューロンの発見以前、科学界においては、他者の振る舞いを解釈したり予測する際に用いているのは理性的なシステムR思考であるというのが一般的な考えだった。だが、社会的理解や共感は、ミラーニューロンが他者の行動のみならず、その意図や感情をも「模倣する」ことで自動的に発生しているようだとわかったのである。[22]

例えば、誰かが微笑むのを見たときには、われわれの持つ微笑みに対応したミラーニューロンも同様に発火し、微笑みと結びつけられる感情を心の中に発生させているのだ。相手の微笑みの裏側にある意図について考える必要はない――反応は即座に、かつ自然に現れるのである。

現在では、サルを用いた最初の研究を発展させ、神経科学者たちは脳イメージングを用いて人間のミラーニューロンを調べている。[23] このような研究によって判明した重要な事実の1つが、ミラーニューロンにより行動の裏の意図を読み取ることが可能となっているということである。例えば、ティーカップを持ち上げる場面よりも、誰かが紅茶を飲もうとしている場合、テーブルを片付けようとしてカップを持ち上げる場面よりも、誰かが紅茶を飲もうとしている場面を見るときの方がミラーニューロンは活性化する。ミラーニューロン・システムにより、表情を読み取ることが可能になっていると考えられる。

不快感に顔をしかめた場合にも、誰かが顔をしかめるのをただ見るだけでも、脳内の同じ領域が発火するようになっている。動きがあまりにも小さく微細で、意識的には気がついていない場合であっても、脳では同じ現象が発生する。嫌悪の表現と結びつけられる、第6章で見た「マイクロゲイプ」は、見ている人間には誰にでも同じ反応を引き起こす。

自閉症は他者への共感能力の欠如に特徴づけられる疾患であるが、自閉症患者はミラーニューロン・システムが機能不全を起こしている可能性があることが、研究により示唆されている。重度の自閉症であればあるほど、ミラーニューロン・システムの活動が乏しくなっているのである。この原因の一部として、「視線回避」すなわち、自閉症患者は他者の表情を見ることができないという事実が考えられる。

わたしの研究所で行ったある実験では、特別に収録したドラマを自閉症患者たちに見せた。妻の親友と浮気をしている男を描いた短編である。自閉症でない観客はほとんどすぐに内容が読み取れたのに対し、自閉症患者の場合は、内容が少しでもつかめた者は誰1人としていなかった。視覚追跡技術を用いて観客がどこを見ていたのかを調べてみたところ、自閉症ではない観客が俳優の表情に視線を集中していたのに対し、自閉症患者の視線はスクリーン上をうろうろとさまよい、3人の顔のいずれかに向かうことは1度たりともなかったことが明らかになった。

よって、暴動を目撃することにより、それが直接的であれ画面越しであれ、ミラーニューロンが活性化され、興奮・怒り・恐怖・激怒といった、目にしている行動と結びつく感情が喚起されるのだろう。ミラーニューロンにより喚起される反応は他者の存在によって強められ、同じように行動したくなる衝動が抗いがたいほどまで大きくなることもある。

他者の力

世間に大きな影響を与えた著書『群衆心理』の中で、19世紀フランスの著作家ギュスターヴ・ル・ボンは次のように書いている。「それを構成する個人の如何《いかん》を問わず、その生活様式、職業、性格あるいは知力の類似や相違を問わず、単にその個人が群衆になり変わったという事実だけで、その個人に一種の集団精神が与えられるようになる。この精神のために、その個人の感じ方、考え方、行動の仕方が、各自孤立しているときの感じ方、考え方、行動の仕方とは全く異なってくるのである」（『群集心理』櫻井成夫訳、講談社、１９９３年[24]）ル・ボン自身の言葉を使って言えば、暴動者1人1人が一緒になって「狂った暴徒」、すなわち思考停止した「野蛮人たち」の集まりを形成する。彼らは「本能に従って」行動し、「自発性、暴力性、残忍性、さらには原始的存在の持っているような熱意と勇気」を有している、というのであるが、この考え方に異を唱えたのが、スティーブ・ライカーとクリフ・ストットである。

２人は群集心理の研究において世界トップクラスの専門家であり、２０１１年のロンドン暴動に関する彼らの見解はすでに見た。ライカーとストットの考えでは、「普通の人々」がなぜ暴徒に引き込まれてしまうのかを説明する際に用いられる「伝播」モデルはあまりに単純であり、また（２人の表現をそのまま用いると）「一般に暴動はいくつかの出来事から成っている」という事実を無視している。[25] ２人は、大衆紙や人気取りに走る政治家が用いているような説明ではなく、人の心理に沿って焦点を絞った調査を行い、原因をつきとめねばならないと主張している。

衝動的行動が熟慮に取って代わるあの瞬間の説明をしようとしたとき、１つ確かであると思われることがある。それは、どう反応すれば一番良いかが不確かなとき、われわれは周りの人々の行動を参考にするということだ。

身体的興奮と模倣行動

1960年代に行われた有名な実験で、アメリカの心理学者スタンレー・シャクターとジェローム・シンガーは、実験参加者の一部に交感神経刺激剤であるアドレナリンを投与し、別の実験参加者には偽薬を与えた。[26] アドレナリンを注射された実験参加者のうち、一部には投与されたものが何であるかを伝え、残りの実験参加者には、視力を良くする新薬サプロキシンを投与したという誤った情報が伝えられた。アドレナリンが投与されたことを知らされたグループの実験参加者には、薬の作用で心拍数が増加し、ほてりを感じる可能性もあることが告げられた。薬の性質について誤情報を与えられた実験参加者には、薬の作用でしびれ、かゆみ、軽い頭痛が出るかも知れないと伝えられた。

それから、実験参加者は実験の次の段階が始まるまで、アンケートに答えて待っているよう指示された。そこで実験参加者とともに待機していたのが、研究者に雇われたサクラである。サクラの男性が受けていた指示は、底抜けに楽しそうに振る舞うこと――丸めた紙をふざけてくずかごに放りこんだり、紙飛行機をつくったりした――あるいは、質問内容の馬鹿馬鹿しさに悪態をつくなど怒った様子を見せることだった。

誤情報を与えられた実験参加者たちは、自分の心臓の鼓動が速くなっていることに気づきつつも、自分が「なぜ」そこまで興奮しているのかがわからず（本当はアドレナリンの作用なのだが）、サクラの気分に合わせてしまう傾向が見られた。サクラが上機嫌な様子を見せると、彼らも上機嫌となったのだ。サクラが怒ったように見せると、彼らもまた腹を立てた。

それに対して、偽薬を与えられたグループと、アドレナリンを注射されたことを知っており、そのため自分が興奮を感じている理由もわかっていたグループには、このような効果は見られなかった。「交感神経が活発化した状態で、それに対する適当な理由がすぐ見つからないとき、実験参加者は多幸・怒り・愉快といった状態へといとも簡単に誘導されてしまうのだ」。スタンレーらはこう述べている。

この実験は、穏やかだった群集の気分が激しい怒りへと数秒のうちに変わってしまう仕組みの説明になる。何人かの人が、例えば大声を上げたり物を投げたりし、怒りを声や行動で表し始めるだけで、他の人々も同じような反応を示すのだ。ただ他者がいるというだけで、われわれの緊張や興奮は高まり――これは、原始的な闘争・逃走生存本能の一部である――自分の感じているこの感覚に説明がつかない場合、その原因を勘違いしてしまう可能性が出てくるのである。

まとめると、この効果が発生するのは、ある状況――吊り橋、サスペンス映画（第8章参照）、もしくは大勢の群集の一部であること――によって生まれた興奮が、何かしら他の原因に誤って帰せられた場合である。橋や映画による興奮を性的魅力による興奮と取り違えたり、他の群集とともにいることで高まった興奮を怒り・疎外感からくる興奮と勘違いしてしまうのだ。もちろん、このような理論によって人々が暴動を起こす理由が説明できると言っているわけではない。ただ、衝動的かつ――関わっている人々の多くのケースにおいては――普段とは異なる行動をもたらす多くの要因の1つではおそらくあるだろうというだけだ。

ル・ボンの主張によると、群集の「最も驚くべき特性」は実際のところ、次にどうすればよいか迷ったときに、常に他の皆がやっていることをまねすべきだという考えに基づく衝動であるという。このように行動することで、集団の中で目立つことによる恥ずかしさを避けるだけでなく、自らの行動に対する個人的な責任感を軽減しているのだ。

「一般に、事件発生時には、群集はただなりゆきを眺めつつ互いを観察しているだけではない」。スティーブ・ライカーとクリフ・ストットはこのように報告している。「周りの人間の表情、シュプレヒコールのトーン、投石など暴力行為の兆し――そして、これらの行動に対して浮かんだ表情――これらから、他の人々も敵と見なした相手と戦う準備ができているとわかれば、群集はより暴動を起こしやすくなるのである。このように、急な事件によって一体感、共通の目的、不満が報復へと変質する力が生まれるのである[27]」

リーダーに従え――模倣学習の力

小さい頃から、われわれは自分自身を様々な社会集団の一員として定義している。最初の社会集団は自分の家族であり、ここでわれわれは、微笑んだり笑ったり泣いたり、さらには癇《かん》癪《しゃく》をおこしたりといった、注意をひきつけ承認を得るための作戦を学び、それに習熟していく。成長するにつれ、社会の輪は学校や先生、仲間集団などへと広がっていく。その後、仕事での上司や同僚、プライベートの友達や近所の人々もこれに含まれるようになる。われわれは常に、承認を得るべき社会集団を徐々に広げているのだ。

この「発見的模倣学習」と呼ばれる本能は脳に組み込まれたもので、他者から受け入れられ、「普通」と見なされるための生来的な必要性に由来すると思われる。クラブに入り、協会を形成し、何かのファンや「流行の忠実な信奉者」になりたいという欲求の土台となっているのが、この本能なのである。

社会の主流派から異端であると見なされた人々——階級や肌の色のせいかもしれないし、性的指向やその他何らかの少数派の嗜好が原因かもしれない——によってよく採られている選択肢は、似た思考をもつ他者とともにリラックスできるようなグループ、クラブ、協会をつくるというものである。模倣衝動の負の側面は、この章で見てきたように、模倣自殺や群集による暴挙へとつながる恐れがあることだ。

瀬戸際で踏みとどまる

自ら命を絶とうという決意が衝動から発生しうるのとまったく同じように、それをやめようという決意もまた衝動から発生しうる。大学で臨床心理学の講義をしていた頃、わたしは重度の鬱状態に陥っていた23歳の男性を治療したことがある。その男性は、16歳のガールフレンドと口論になった後、ビーチー岬の崖から飛び降りようと決意した。死に場所まで車で向かっていたその若者（バリーと呼んでおこう）は、岬へとたどり着く前の最後の信号が赤になり、車を停めた。

バリーの車は左車線を走っていたが、バリーが信号待ちをしていると、魅力的なブロンドの女の子が運転する、赤いスポーツオープンカーがバリーの横に停まった。互いの目が偶然合うと、彼女はバリーにまぶしい笑顔を見せ、信号が変わるとアクセルを踏み、右へと曲がっていった。その明るく朗らかな笑顔に反応してバリーのミラーニューロンが発火し、ポジティブな感情を喚起した様子が目に浮かぶようだ。ひょっとすると、そのような感情が幸せだった日々や場面の思い出を呼び起こしたかもしれない。いずれにせよ、バリーは急に自殺しようという考えを改めて自宅まで引き返し、そのとき以来急速な回復を見せた。

バリーは後に、次のように語っている。「僕が笑いかけるに値する男だと思ってくれる女の子がまだいるのなら、それだけで生きる意味があるなって思えたんです」。自己破壊的な衝動は、同じく衝動によって、生きようという衝動へと変化したのである。もしバリーの車が赤信号に停められていなかったら、もしオープンカーの女の子がちょうどその瞬間に到着していなかったら、そして、もし彼女が前方をただ見つめるだけで、バリーと目を合わせ微笑んでくれなかったとしたら、結末はほぼ確実に悲劇的なものとなっていただろう。

あらゆる証拠が示唆しているのは、多くの場合、破壊的衝動は——内に向かうものであれ外に向かうものであれ——それを無害化したり、より建設的な行動へと転換させることが往々にして可能だということである。だが、そのチャンスは少なく、途方もない忍耐強さが要求されることも多い。

沿岸警備隊員のドン・エリスは、20年にもわたって何百人という自殺志願者をなんとか引き止めてきた経験をもつため、崖の上の生死の分かれ目がまさに紙一重であることを理解している。自殺志願者とより長く会話ができれば、それだけ飛び降りないよう説得できる可能性も大きくなる。時には、ドンは5時間近くにもわたって飛び降りそうな人のそばに座り、彼らの悩みを静かに、判断を下さない姿勢で辛抱強く聞き続けることもある。

どのような衝動であれ、それから時間的・空間的距離を置くことができれば、それにとらわれる可能性を低くすることができる。このことは、暴動への参加や自殺のケースと同じく、衝動買いや一目惚れをする場合にも当てはまる。次の第12章で見ていくように、たとえ少しの間距離を置くだけでも、自制心は強さを取り戻し、衝動を抑えることは十分可能になるのである。

第12章

自制心を鍛えるには

Deplete Us Not Into Temptation

「自らの反応を無視し、中断させ、さもなければ変更することのできる人体の能力は、人間の自我がもつ最も劇的かつ印象的な機能の1つであり、様々な行動パターンに対して幅広い影響を与えている」

――マーク・ムラベン、ダイアン・M・タイス、ロイ・F・バウマイスター
『Self-Control as Limited Resource: Regulatory Depletion Patterns（限りある資源としての自制心――統制消耗のパターン）』

トロイア戦争からの帰りの航海中、オデュッセウス一行は、セイレーン――神秘的な歌声で船乗りを岩場へと誘き寄せ、座礁させる美しい乙女だ――のすむ島の近くへとやってきた。その魅惑的な歌を聴いた上で生き延びてやろうと決めたオデュッセウスは、船員に命じて自らをマストに堅く縛りつけさせ、それから船員たちの耳を蠟《ろう》でふさがせ、「セイレーンの歌がオデュッセウスだけに聞こえるようにし、生き残れるように」した。

この戦略は成功だった。伝説は次のように伝えている。「セイレーンの調べが護符で守られたオデュッセウスの耳へと届き、オデュッセウスは自分のいましめを解いて針路を変更するよ

う船員に命令し、また懇願した。だが、船員たちはそのまま進みつづけ、魔性の歌が聞こえなくなった頃に、再びオデュッセウスを自由にした」[1]。自分の乗った船は意のままにできるかもしれないが、セイレーンの抗いがたいほどに魅力的な歌の前では「自分の運命までをも操ることはできない」と気づいていた点で、オデュッセウスは賢明だった。岩場へと船を進めようとする自分を押し止められるだけの自制心がないことを、オデュッセウスは知っていたのである。

ここで逆説的なのは、もしオデュッセウスが誘惑を振り払うことに成功していたとしても、そのための苦闘によって、彼の自制心は強まるどころか、むしろ弱まってしまっていただろうということである。

研究の結果、意志力行使の限界を定めているのは、主として意志力そのものであることがわかっている。ある状況で自制心を発揮することで、別の状況では自制心を行使する能力が下がってしまうのだ。上司と口論したり恋人と喧嘩したあとだと、チョコレートをむさぼったり、気晴らしに一杯やったり、たばこを一服したりといったことを自制するのは、普段より相当大変に感じるだろう。ストレスにさらされたとき、自制心を保とうと頑張ることで、数々の衝動に対する抵抗力は著しく低下してしまう。衝動の多くは不健康なものか、生命を危険にさらしさえするものだ。

衝動のコントロールは、筋肉を使うのと同じようなものだ。どちらも使用を通じて疲れがたまり、使われれば使われるほどより疲労も蓄積されていく。この章では、本書で述べてきた様々な衝動――恋愛から衝動買い、過食から自殺、暴動にいたるまで――のすべてにおいて、そのような疲労が果たしている重要な役割について考えていこう。

自制心とは何か

自制心とは、望んだ目標を達成するために、自らの言葉や行動を修正する能力である。一般的には、社会的・文化的に規範となっている価値観、道徳心、理想、期待に行動が適合するよう努めることを意味する。「自制心」を「自己調節」という用語と同じ意味で用いる心理学者もいるが、わたしはむしろ、自制心を意識的かつ慎重なシステムR反応としてとらえたい。別の反応を可能にするためにある反応を抑制したり無効にしたりできるのは、自制心があるからである。これに対し、「自己調節」とは自動的な恒常作用を表す用語である。恒常作用は一定不変の状態を維持するために必要とされるもので、例えば、様々に変化する外部環境の中でも深部体温はできるだけ摂氏37度近くに保たれるようになっている。

自制心の欠如は、様々な衝動制御障害、例えば、過食やアルコール依存、薬物乱用、ヘロイン中毒、犯罪や暴力、浪費、衝動的な性行動、望まない妊娠、喫煙、ある種の自殺などと関連づけられてきた。さらに、自制心の欠如によって期待される学校成績が出せなかったり、課題に取り組み続けられなかったり、人間関係がうまくいかなかったり崩壊したり、その他様々な問題が発生すると見られている。

シカゴ大学ブース・ビジネススクールの心理学者ウィルヘルム・ホフマンは、２０５人の成人にポケットベルを渡し、自制心を発揮しなければならない機会が1日あたり何回あるかを調査した。[2] 1週間にわたり、ホフマンらは無作為に間隔を空けて被験者たちにポケットベルで連絡をとり、次のように質問した。何か誘惑を感じることはあったか？　あったなら、欲望はどれだけ強く感じたか？　誘惑に負けてしまったか、それとも我慢できたか？　後者の場合、どこまでうまくいったか？　7日という期間の間に、約8000の誘惑があったことが記録された。

それらの誘惑をどれだけ我慢できるかは、欲望の強さのほか、優先順位のより高い目標が他に立てられているか否かによっても左右された。数週間後の休みの日にビキニを着たいと思っている女性は、そのような休日プランのない人と比べ、クリームドーナツをより簡単に断れるだろう。

また、性格も効果的に自制心を働かせる能力と関わりがあったほか、状況的、対人的要因にも自制心との関連性が見られた。[3]これらの要因の中には、アルコールの影響や他者の存在――特に、すでに誘惑に負けてしまった他者の存在――などが含まれていた。「朱に交われば赤くなる」ということわざがあるように、周りからの影響がある場合、自制心を働かせることははるかに大変になるのである。このことは、自殺の衝動や、暴動中に略奪・破壊を行いたくなる衝動について考えた際に見た通りである。

衝動性と自制心

マシュマロを用いて4歳児の意志力を調査した、スタンフォード大学の心理学者ウォルター・ミシェルの有名な実験がある。[4]実験では、子どもはテーブルの前に座らされ、テーブルの上にはベルと伏せたお菓子の缶が置かれていた。実験者は、自分は部屋を離れなければならないが、子どもがベルを鳴らせばすぐ戻ってくることを説明した。それから、実験者はお菓子の缶を持ち上げ、3つの小さなマシュマロを見せた。そのうち2つは並べて置いてあり、もう1つは少し離して置かれていた。実験者が戻ってきたときには2つマシュマロがもらえるが、それより前にベルで呼んだ場合は1つしかもらえないと子どもに告げる。それから実験者は部屋を出ていき、子どもが誘惑に負けてマシュマロを食べてしまうまでどれくらい待つことができるか、隠れて計測した。

一部の子どもは衝動性が強く、マシュマロ1つをすぐさま口に入れてしまっていた。辛抱強く20分もの間実験者が戻るのを待ち続け、マシュマロを2つもらえる権利を手にした子どももいた。研究の結果、マシュマロを食べるまでに待つことのできた時間の長さで、将来の学業的・個人的成功を正確に予測できることがわかった。

4歳だったときに待つことができなかった「せっかちな」子どもは、18歳になる頃には自尊心が低く、また頑固で嫉妬に駆られやすく、いらいらしやすいという周りからの評価を受けていた。4歳のときに、ウォルター・ミシェルが戻るまでマシュマロを食べずに待てた「辛抱強い」子どもは14年後、より高い対処能力、社会的能力、信頼性を示した。彼らは自己主張能力、頼りがい、学業的成功といった面でより優れ、高校修了時のSAT（大学進学適性試験）のスコアは約210点高かった。

前述の子どもたちが直面した困難な課題の根底にあったのは、「双曲割引」と呼ばれる原理である。4歳児にとっては、すぐにマシュマロ1個を味わえそうだという見込みの方が、後になれば2つもらえそうだという見込みと比べ、より価値が高かったのである。大人の場合でも、普段は分別があり理性的な人物が、目先の利益を得るために長期的な健康、幸福、収入を自ら進んで危険にさらしてしまう背景には、双曲割引の原理がある。

アップルのiPadやプラズマテレビを買った方が、クレジットカードの借金を返済するよりはるかに手早く満足感を得られるのだ。そばにいる客がカロリーたっぷりのデザートをたらふく食べているのを目にすれば、数週間後に体重が減っているのを目にするよりも、自分もデザートを注文する方がだいぶ魅力的に感じられるかもしれない。そのような誘惑を克服し、自制心を発揮できる能力が成人後に備わっていると、数多くの恩恵がもたらされる。そのような能力をもつ大人は、周りからの評判が良く、また成功をおさめていることが、研究の結果わかっている。人間関係もより健全で安定しており、罪を犯すことは少なく、心の病を患うことも少ない。[5,6]

では、自制心を発揮するのに困難を覚えることがほとんどだという人もいる一方で、時折大変に感じるくらいだという人もいるのはなぜだろうか？　一部の心理学者らによれば、自制心の発揮を困難にする因子は意志力そのものなのである！　「あらゆる意味で、自制心は筋肉と似通っている」と、フロリダ州立大学の心理学者ロイ・バウマイスターは述べている。「筋肉と同様に、鍛えることで強くなる。そして、使用直後には力が出なくなるという意味で、自制心にも筋肉と同じように疲労が見られるのだ」[7]。言い換えれば、暮らしの中のある部分に必要とされる自制心が増えれば増えるほど、それだけ他の部分において使える自制心は減ってしまうのである。このような発見から、実際に消耗しているものとは一体何なのか、という興味深い疑問が浮かんでくる。さらには、自由意志（訳注：他からの拘束を受けず自発的に決定する意志）とはどういう意味なのか、そもそものようなものをわれわれは持ち合わせているのか、ということについても考慮する必要が出てくる。

食べすぎや買いすぎの衝動、恋に落ちたり自殺したりといった衝動に抗えるかどうかが、単にある特定の資源が十分な量だけ残っているかどうかの問題だとすれば、燃料タンクの空になった自動車がもはや走り続けられないのと同様に、人間も自制心を発揮することができなくなるということになる。

衝動 vs. 自制心

衝動と自制心の間に対立があるという見方は、ギリシアの哲学者たちのいう「情念」と「理性」との間の対立のように、はるか昔から存在している。プラトンの対話篇『プロタゴラス』によると、悪いと知りつつ進んで行動する人間などいないのだから、意志の弱さなどは存在しえない、というのがソクラテスの主張だった。むしろ、自制心に乏しい人間は単に、見聞が広く賢明な人間が持っているような知識や「適切な視点」に欠けているだけなのだ、とソクラテスは述べた。

これに対し、アリストテレスは『ニコマコス倫理学』の中で、人は自らの情念に飲まれたとき、良くないと思いつつも利に反する行動をとってしまう可能性がある、と述べた。アリストテレスの用いた例は、2000年前と同じように現代にも通じるものだ。彼は、おいしくても健康に悪い食事を出されたときに、ご馳走に向けられた「情念」のために「理性の声」が聞こえなくなってしまえば、結果として誘惑に屈してしまう可能性も出てくることを説明したのである。

しかし、自制心という「筋肉」が行っているのは、衝動を抑えることのみではない。自己監視、ストレスへの対処、様々な選択肢の考慮、複数ある手段の比較検討、意思決定などを実行する機能が寄り集まった、ずっと大きな集合体の一部が自制心なのだ。これらの機能のどれもが共通の限られたエネルギー源を利用しているため、ある方面の誘惑に耐えることで、別の方面の誘惑に耐えることがはるかに難しくなるおそれがある。

ミネソタ大学のキャスリーン・ボースが中心となって行った一連の研究[8]の中で、被験者たちに買いたい製品を幅広い選択肢から選ばせたところ、選択を行った後では苦痛に対する耐性の低下が見られた。まずい味の飲み物を飲めば報酬がもらえると告げられたにもかかわらず、被験者らはあまり飲もうとはしなくなったのだ。これに関連した研究で、様々な選択肢から受けたい講義を選択させられた大学生は、数学のテストに向けた勉強をあまりやらなくなり、代わりにテレビゲームをしたり、雑誌を読むことを選んだ。他の研究者による研究では、自制心という「精神の筋肉」が使いすぎにより消耗しているとき、論理的な推論や理性的な思考が困難になったり、予期せぬ挫折に対処する力が衰えることがわかっている。

身体の状態と自制心

空腹、喉の渇き、疲労、薬物中毒、性的興奮はいずれも、生理的要求を満たそうとする欲望を生み出し、食べたり、飲んだり、眠ったり、薬物を摂取したり、セックスをすることによって充足される。これらは「生理的動因」と呼ばれ、長期的な目標達成を阻害するような衝動をもたらしうる存在である。肥満（空腹による）、薬物中毒（薬物への渇望による）、不倫（性的興奮による）といった、自制心が関わる非常に重大な諸問題も、生理的動因に根ざしたものである。[9]

理論上は、非本能的な「冷めた」状態にあるとき、誘惑によって自制心は強固なものとなり、長期的な利益が優先されるだろう。だが、本能的な「熱い」状態になると、その欲求を満足させるために、誘惑によって衝動が生み出されると考えられる。この仮説を確かめるため、ノースウエスタン大学のローラン・ノルドグレンとアイリーン・チョウは、互いに信頼しあった関係にある異性愛者の男性たちを募集した。[10]一方のグループには、性的興奮をかき立てることがわかっているエロチックな10分間の映画を見せ、もう一方のグループには、10分間の女性ファッションショーの映画を見せた。

それから、被験者たちは5枚の写真をじっくりと見た。それぞれの写真には「非常に魅力的」と思われる若い女性が写っている。男性1人1人が写真を凝視していた時間の長さが記録された。1週間後、同じ被験者グループ2組に研究所へ再び来てもらい、前回と同じエロチックな映画とエロチックでない映画、さらに新しい5枚の写真を見せた。ただし今度は、写真の女性は留学生であり、来学期に心理学科で授業を受けることになっていると伝えられた。数週間後に当の女性に会うかもしれないと被験者たちに思わせることで、誘惑の度合いを高めようというのがノルドグレンらの狙いだった。

「性的興奮を起こしていない男性の場合、誘惑の度合いが低いとき（第1段階）と比べて、高いとき（第2段階）には魅力的な女性へあまり注意を集中しなくなるだろう、というのがわれわれの予想だった」。ローラン・ノルドグレンは説明する。「逆に、性的興奮をかき立てられた男性の場合は、誘惑の度合いが低いとき（第1段階）よりも、高いとき（第2段階）の方がより、魅力的な女性へと注意を集中するだろうと予測を立てたのだ」。結果は予想通りだった。（長期的な目標を優先すると想定される）非本能的な「冷めた」状態の男性は、（短期的な目標を優先すると想定される）本能的な「熱い」状態の男性と比べ、写真に対して示した興味はずっと少なかったのである。

消耗から誘惑へ

ロイ・バウマイスターは、フロイトへの敬意もこめて「自我消耗」と名づけられた現象を調べている。その研究では、腹を空かせた被験者の前に2種類の食べ物を置いた。片方は1皿分のチョコレートクッキーだ。焼きたてだったため、良いにおいが実験室に満ちていた。これがチョコレートとともに出された。もう片方はボウル1杯分の赤大根と白大根だった。被験者たちは3つのグループに分けられた。1番目のグループは、「大根を2つか3つ」は食べ、おいしそうなクッキーとチョコレートには手をつけないよう求められた。2番目のグループは、クッキー2、3枚、もしくは小さなチョコレート菓子一摑《つか》み分を口にすることが許された。3番目のグループには、食べ物がまったく与えられなかった。

指示を出した後、実験者は5分間部屋を離れ、マジックミラーを通して被験者を密かに観察し、食べた量を書き留めるとともに、指定された食べ物だけを食べたかどうかをチェックした。次いで、実験者は被験者に決して解けない問題を数問出し、不可能な課題をついにあきらめてしまうまで、被験者がどれくらいの間取り組むのかを計測した。「誘惑に抵抗することで、被験者に心理的コストが発生したようだ」。ロイ・バウマイスターはこう述べている。「というのも、誘惑に抵抗した被験者は、フラストレーションに直面すると簡単にあきらめてしまう傾向が強まったからだ。チョコレートを食べたグループの方が問題に取り組んだ時間が長かったが、これはチョコレートを食べたことでパフォーマンスが向上したというわけではない。むしろ、チョコレートが欲しいにもかかわらず代わりに大根を食べたグループは、そのことで資源を消費してしまい、ゆえにパズルで粘り強さを発揮しづらくなったと考えられる。チョコレートを盗み食いすることが難なく安全にできそうだという状況も、これに拍車をかけた[11]」

後の研究で、オールバニー大学のマーク・ムラベンらは、付き合い程度の飲酒をする男子学生グループに、数分の間「シロクマ」について考えないようにと言った。それから、学生らは全員、様々なビールについての「味覚テスト」に参加するように依頼を受けた。直後に運転テストも受けねばならないため、あまり飲みすぎないようにと最初に注意を受けた上でである。

このように注意したにもかかわらず、「シロクマ」について考えないよう求められた学生たちは、そのような要求をされなかった学生たちと比べ、飲んだ量は有意に多かった[12]。この種の実験に見られる差違により、ある状況で自制をきかせることで別の状況では自制をきかせる能力が衰えてしまう、という結論には一貫した裏づけが与えられているのである。

ある研究によれば、自制心を消耗した被験者らは、より健康的なグラノーラ・バーよりも甘い菓子の方を好んだ。そのような被験者は、より知的だったり芸術的だったりする映画よりも、比較的低俗な映画の方を選んだという別の研究もある。数日後に見る映画を選ぶときにすら、このような選択は発生したのだった。[13]

実際の消費にも影響は及んだ。ダイエット中の人は消耗時にはそうでないときよりも多くの量を食べたが、その一方で、ダイエットをしていない人の場合は比較的影響は少なかった。「この違いは重要だ」とロイ・バウマイスターは指摘する。「なぜなら、このことは自我消耗が単に本能的欲望や快楽追求を強化するのみではないことを示唆しているからだ。むしろ自我消耗は、本来ならば振る舞い方を指し示してくれるはずの道徳的な意図や抵抗力を徐々にむしばんでゆく」

別の研究では、自我消耗の作用により、消費者は消耗していない対照群と比べ、商品により多くの金を支払うようになることが判明した。[14]またある研究では、学生たちに実験参加の見返りとして10ドルを支払い、表向きは学内書店によるマーケティングキャンペーンの一環として、実際に衝動買いをする機会を与えた。自制心が消耗していた被験者の消費額は、消耗していなかった被験者の10倍を超えたのだった。

これらすべての研究が伝えているのは、シンプルなことである。仕事に出かける前にパートナーと喧嘩するのを我慢したならば、その日のうちは同僚に対するいら立ちをコントロールすることがより難しくなるかもしれない。お昼にストロベリー・チーズケーキのおかわりを断れば、午後に高カロリーのスナックを我慢するのははるかに大変になるかもしれない。睡眠時間が少なければ、翌日になってから時間がたつと誘惑に打ち勝つことはそれだけ困難になるだろう。特に、その日がとりわけストレスのたまる日だった場合はそうである。

自我消耗の結果として自制心が弱まることは、本書で説明した衝動のうち、ほぼすべてのケースにおいて見られる。ダイエットを続けることで自制心が酷使され、おいしそうなご馳走を我慢することがいっそう困難になる可能性もある。混みあった店内で買い物をする際、冷静沈着でいようと頑張ることにより、衝動買いをするまいという決心が鈍ってしまうこともある。気分がふさぎ、絶望の淵に立たされた人にとっては、日々の困難に対処していく中での重圧が原因で、ハムレットの科白を引用するならば「不法な運命の矢弾を堪え忍ぶ」(『ハムレット』福田恆存訳、新潮社、1967年)ために必要な意志力が致命的なほどに減らされてしまう可能性もある。

その結果、自殺でさえむしろ望ましい選択肢にも思えてくる可能性があるのだ。失業、貧困、孤立、そして物質的所有をステータスや自尊心と結びつける社会においては財産の少なさなどからくるストレスに直面すると、自制心を保つために精神的な努力を強いられ、それが原因で安易なもうけ話を聞いたときの興奮に抗う力が弱まり、チャンスがあれば手を出してしまうようになる可能性が非常に高いのである。

また、単に他人が意志力を発揮するのを見ているだけでも自我消耗は発生しうる。近年、イエール大学とカリフォルニア大学ロサンゼルス校(UCLA)の心理学者は、被験者たちに想像上の腹を空かしたウェイター、またはウェイトレスの気持ちになってもらうという実験を行った。そこは一流シェフの店で、勤務中の食事は禁止されているという設定だ。それから、被験者たちに時計、自動車、電化製品など様々な商品の写真を見せ、それらにいくらなら支払うつもりになるかを評価してもらった。対照群と比較すると、他人の身になって自制心を働かせた人々は、より多くの額を商品に費やす気になっていたことがわかった。[15]

自制心をもたらす脳の2つのシステム

自制心は、脳の2つの相補的な実行制御システムの働きから発生するものである。[16] 片方の役割は、意図していたことと実際に起こったこととの食い違いを探知することだ。誤りが見つかると2番目のシステムの出番となり、望ましい反応を引き起こし、矛盾した反応を抑制しようとする。これら2つのシステムは、主として前帯状皮質と前頭前皮質に存在しており、これらについては第3章ですでに説明した。

これらの部位はまた、自己監視やストレス要因への対処、意思決定や選択肢の比較検討などといった実行機能をも司っており、このような実行機能はみな限られた同じエネルギー源を利用している。意志力を発揮した後だと、これらのシステムは実際の行動と望んだ目標に到達するのに必要な行動との間のミスマッチを感じとりにくくなっているのだ。

この資源は枯渇しやすく、また消耗してしまえば、自制心が発揮できなくなる可能性は高まる。例えば、1日中食べ物のことを考えるまいと頑張ってきた人や、[17] 傷つけられた社会的アイデンティティを堪え忍んできた人に、[18] 自我消耗は起こりうるかもしれない。

ここまでは、「自我消耗」「意志力」といった観点から議論を構築してきた。後者は、ロイ・バウマイスターも認めるように「魅力に乏しく、古くさいという受け取られ方[19]」をされており「筋肉疲労」と似たものを感じさせる。自我消耗が十分に立証された現象である一方で、実際に消耗する資源の正体については長い間謎のままだった。近年、数多くの著名な心理学者たちは、この資源とはグルコースであると唱えている。

燃料不足——グルコースと自制心

人間の脳は体重のたった2パーセントを占めるにすぎないが、血液中のグルコースのうち、最大で75パーセントにものぼる量を消費している。血中のグルコース濃度があがれば、処理実行能力がアップし、短期記憶力が向上し、また反応時間がスピードアップすることがわかっている。

反対に、血中グルコース濃度の低下は、自制心の欠如、攻撃性、犯罪行為、感情をコントロールする能力の低下、衝動性、不注意、さらにはストレスへの対処や禁煙に困難をきたすなどの問題と関連づけられてきた。バッテリー残量が少なくなるにしたがって電球の光もかすかになっていくのとまったく同じように、自制心もまた、この広く支持されている考えによると、グルコース濃度が下がるにしたがって弱まっていくのである。[20]

２００７年、フロリダ州立大学のマシュー・ゲイリオットらは、自制心を発揮することで血流中のグルコース濃度が低下するとの研究報告を行った。ゲイリオットらはさらに、最初に自制心を働かせたことによる血中グルコース濃度の低下は、その後の課題における自制心の働きの低下との強い関連性を示したと述べた。「脳の活動のほぼすべてがグルコースを消費するが、グルコース濃度がかすかに変動したとしても、それが正常な、もしくは健康的な範囲にとどまる限り、ほとんどの認知プロセスにとって影響は比較的少ない」とゲイリオットらは報告している。

「ところが、実行機能に依存する統制と努力を必要とするプロセスは、他のほとんどの認知プロセスとは異なり、通常のグルコース濃度の変化にも非常に影響を受けやすいと思われる……よって、自制心はグルコースの濃度変化に非常に敏感である可能性がある。実際、グルコース濃度が低かったり、グルコースが効果的に身体から脳へと送られていないときには、自制心が発揮できないケースが増えるかもしれない、ということが、間接的な証拠によっても示唆されているのだ[21]」

ゲイリオットらが被験者に、砂糖（すなわちグルコースの化合物）で甘味をつけたレモネード味飲料か、もしくはスプレンダ（ゲイリオットらによると、これは砂糖の代用品で、血中グルコース濃度は上がらない）で甘味をつけた同様の飲料を与えたところ、前者によって自我消耗効果の一部に軽減が見られたのに対し、後者ではそのようなことは起こらなかったという。

このような陳述には説得力があるように思われるし、実験結果にも争う余地はないようであるが、この見解には他の心理学者たちから強硬な批判が出されている。例えば、ペンシルベニア大学のロバート・クルツバンは、この説明が成り立つためには、２つのことが真実である必要があると指摘した。[22] 1つは「自制心を要する課題をこなすことは、自制心を要さない課題をこなすことと比べ、よりグルコース濃度を低下させる」、もう1つは「自制心を要する課題をこなした後は、課題をこなす前よりもグルコース濃度は低下する」という主張だ。いずれの主張も、マシュー・ゲイリオットらによる研究の中では立証されていないとクルツバンは述べている。

したがって、自制心が疲労したときに消耗する資源とはいったい何なのか、という問題の結論については、当面の間は先送りにしなければならない。衝動のコントロールに関して言えば、心に留めておくべき重要なポイントは、ある活動中に自制心を発揮することで、別の活動中に自制心を発揮することが難しくなってしまうということだ。

自制心を鍛えることは可能か

証拠が示唆するところによると、答えはイエスである。だが、どのようにすればよいかを説明する前に、教訓として見ておきたいのが、かつてある集団が別の集団に対し、自然な成長に反して自制心を力ずくで押しつけようとした、最も有害かつ見当はずれともいえる試みである。これは、宗教熱と医学の無能に関する恥ずべき話であり、故アレックス・カンフォート博士の言葉を借りれば、結果的に「医学と性の歴史上、最も奇妙かつ何の益もない一幕」となってしまったのだった。[23]

3世紀以上もの間、ある種の衝動についての悩みが、他の何よりも多くの大人たちの人生に影響を与え、その子どもたちの人生をめちゃくちゃにしていた。その衝動とは、マスターベーションだった。親や医者や教会の聖職者らは、「身体の悪用」と呼ばれたマスターベーションがもたらすと考えられる結末を恐れ、この行為を撲滅する方法を探ったが、その手段は往々にして極めて残酷かつ屈辱的なものだった。

1710年以前は、西ヨーロッパのほぼ全域において、マスターベーションは一般に自然な行為であると受け取られていた。マスターベーションは心の中の悪しきものの多くを拭い去り、身体を軽くするとアリストテレスは考えていたし、医学書の著者の中には、長らく溜め込みすぎた精子は毒へと変化し、めまいや視力低下といった症状の原因になるという見解を抱いていた者もいた。著者不詳の『Hippolytus Redivius（ヒッポリュトス・レディビウス）』（1644年）の中では、マスターベーションは女性に伸びる魔の手からの救済手段であるととらえられていた。

教会だけが唯一、この行為への反対を続けた。もしかすると、それが快楽を与えるものだったからかもしれない。ある神学のテキストには、次のように書かれていた。「法に則った婚姻関係以外の場で精を漏らすのは罪悪である。そこに内在する悪は、精子の放出によってもたらされる強烈な性的享楽と快楽の充足にあることはほぼ間違いないだろう……医療が目的であれば精子の放出も合法と言えようが、それも快楽をもたらすことなく精子の放出を成し遂げられればの話である」

世の中の姿勢が劇的な変化を見せたのは、1710年に『Onania, or the Heinous Sin of Self-Pollution（オナニア、もしくは自慰行為の憎むべき罪）』が出版されてからだった。[24] 本名不詳の著者は、ベイナード博士なる人物の警告として、次のような言葉を引用している。「自慰行為を行うみだらな人間に目を向けてみれば気づくだろう。そのあごは貧弱で顔色は悪く、弱々しい尻とふくらはぎもない脚を持ち、盛りを迎えても生殖能力は失われずとも衰えており、他人にとっては物笑いの種、本人にとってはひどい苦痛である」。ただ、この本の目的は、人々の教化というよりはむしろ「放縦がもたらした結果」を治療するための特許薬1箱を、ソブリン貨半分の値段で売りつけるためだった。もしサミュエル＝オーギュスト・ティソ博士によって取り上げられなかったら、『オナニア』はほとんど気づかれも読まれもしないまま忘れ去られていたかもしれない。

スイスの著名な内科医だったティソは、流行病に関してローマ教皇の相談役を務め、公衆衛生に関する名高い著作もあった。1758年、ティソは悪名高き『オナニスム』を発表。この中でティソは、マスターベーションが原因で「衰弱、視力の悪化、消化器障害、性的不能……さらには狂気」などといった深刻な疾患が発生すると主張した。

一般向け育児書の著者らも、自制心の欠如は弱さや不健康へとつながり、さらに狂気に至る可能性も十分あるとして、親の恐怖心をさらに煽り立てた。1901年に出版された『What a Young Wife Ought To Know（若妻の心得）』の中では、母親たちに対して次のような警告がなされている。

「体内の余分な液を排出するための器官は、体の他の部分と密接に関係しているため、少しでもいじくることは子どもにとって害であり、病気をまねいてしまう……子どもの居場所は四六時中把握しておくこと。辛抱強く、祈りをこめて躾けること。真実を教え、子どもたちの信頼を守ること。そうすれば、子どもはたくましく純粋な男の子や女の子になってあなたに報いてくれるだろう。あなたの目をまっすぐ覗きこみ、こんなことまで言える子どもが育つのだ。『お母さん、ひどい不幸をもたらすあの習慣は捨てました』と」

息子や娘の自制心を鍛えようとする親のために、教会や医療関係者は様々な形の援助を提供した。その中には、風変わりな機械装置や外科的処置、さらには危機を警告するレコードまでもが含まれていた。１８９７年、聖職者だったシルベイナス・ストール博士は、『What a Young Boy Ought To Know（男子の心得）』を出版し、さらには蓄音機用のレコードも制作して、その中で親や教師に対して次のように注意を与えた。「マスターベーションの繰り返しを防ぐため、そして、願わくはこの堕落行為から犠牲者を永久に救うために」男の子の服装は「拘束服にし、手は後ろ手に縛り、ベッドの柱にくくりつけるか、ロープか鎖で壁の輪っかに結びつけておく」べきである、と。

親が使用できた器具の例として、男女両用の貞操帯や、ペニスのまわりに装着し、勃起すれば強烈な痛みを与えるトゲつきのリング、そして、強力な電気ショックを与えたり、大人が気がつくように警告音を発する箱などもあった。医者の中には、ペニスに水ぶくれを起こす赤色水銀軟膏を提供しようと申し出る者もいた。１７８６年には、S・G・フォーゲル博士なる人物が性交防止手術（包皮に銀の針金を入れる）を奨励し、その手の手術が多数執り行われた。19世紀後半になると、両性に対してさらに過激な手術がなされるようになっていた。オハイオ州セント・ジョンズ病院のアイヤー博士の報告によると、ある少女のマスターベーションに対処した際、まずクリトリスを焼き、そこに針金を埋め込んで縫合したものの、少女がすぐにそれをはぎとってしまったため、ついには器官全体を切除したという。

アレックス・カンフォートは次のように述べている。「狂気的な話が伝わり信用を落としたものの、職業モラリストたちは変わらずに、高みからの攻撃を信頼できる事実として普及させる活動を続けた。無害な行為に関する不安は長らく、思春期の男子に心理的動揺をもたらす原因だった。それがリストの筆頭を飾らなくなって最初の世代がわれわれの世代なのかもしれない[25]」。ここで見たような、衝動的な行動を防ごうとした残酷かつ無駄な試みはさておき、現実的にはどのような方策を講じることができるだろうか？

前章の終わりに述べたように、最もシンプルな方法の1つは、間をおいてよく考えてみることだ。たとえ短い時間であっても、あなたを誘惑する物事から時間的・場所的な距離を少々置くことで、衝動を消滅させることも可能なのである。[26]

例えば、次に衝動買いをしそうになったときには、ショーケースからいったん離れ、ゆっくり10まで数えてみよう。さらに効果的なのは、店を出てしばし散歩してみることだ。店の人間にとって、買ってくれそうな客に一番言われたくないフレーズの1つが「考えておきましょう！」なのである。これは店員なら理解しているし、どんな接客マニュアル中でも強調されているポイントなのだが、客に「考えておく」猶予を与えてしまえば、たとえそれが少しの時間であっても、買ってくれる可能性はぐんと下がってしまうのだ。

「立ち止まっての熟考」が持つ強力な効果は、第9章で簡単に紹介した。ロンドンのオフィスワーカーたちのチョコレート摂取に関する研究がそれである。彼らは、食習慣に関するアンケートに答えた報酬として、チョコレートを与えられた（と彼らは信じていた）。このチョコレートは、2つのうちいずれかの形で提供された。デスク上の透明なガラス製容器に入ったチョコレートもあれば、少し離れた場所の容器に入れられたものもあった。

前者の場合、チョコレートは常に視線の先にあったので、食べるためには、ただ手を伸ばして取るだけでよかった。2番目のケースでは、直接チョコレートを目にすることはできず、席を立って容器のある場所まで2メートル弱の距離を歩く必要があった。チョコレートを食べるために必要とされる労力の差は小さかったものの、実験の結果「デスクの上」グループの方が、「デスクから遠い」グループの6倍のチョコレートを消費したのだった。このケースでは、まさに「去る者は日日に疎し」が当てはまったわけである。

立ち止まってじっくりと考え、システムI思考ではなくシステムR思考を使って提案を評価してみるという手段のほかに、訓練を通じて自制心を鍛えることも可能である。上腕二頭筋を鍛える際、徐々にダンベルの重さを増やしていくのと同じように、自我消耗への耐性をアップさせるには、小さめの誘惑から練習を始めることが必要である。この際の誘惑は、我慢する価値が十分あり、自制することで人生がほんの少し良い方向へと向かうようなものであるのがよい。

例えば、運転中に他の運転手に抱いた怒りを抑えたり、いらいらしても悪態をつかないといった類いである。だが、要求が高すぎて、限られた資源の消耗を早めてしまうようなものは避けるべきだ。例を挙げるなら、新年の抱負を6つ決めるのではなく、1つだけに絞ってみるのがよいだろう。自分を変えるという課題のうち、ただ1つに資源消耗を限ることで、目標を投げ出さずに達成できる可能性が高まる。

また行動の中で小さな身体的変化を起こすことにより、自制心を鍛えるという方法もある。第9章で紹介した実験では、観客のポップコーンをつまむ側の手にオーブン用ミトンをはめてもらうことで、映画鑑賞中に消費されるポップコーンの量がどれだけ顕著に減少するかを示した。近年の研究によれば、このような小さな訓練を行うだけでも、より大きな問題に立ち向かう際の自我消耗を回避しやすくなることが判明している。[27]

宗教的信仰と自制心の向上

オンタリオ州にあるクイーンズ大学心理学科のケビン・ラウンディングらは、宗教が自制心を促進し、それによって社会的に受け入れられる行動を促すという説を検証した。この説の基になっているのは、宗教的信仰は元々、様々な出来事へ対処する力を高め、支配範囲を広げるために発達したのだという主張である。[28] 神を信じることで、世界はより秩序だった予測可能な地であるように思えるのだ。[29] この見解を裏づけているのが、不確定な出来事に見舞われた人の宗教的信仰が強化されることを示した研究である。[30] 戦時中の兵士が口にした、次のような言い習わしもある——「苦しいときの神頼み」

人口が増えれば増えるほど社会に名を知られないまま生活する人たちが増え、こうした人たちが他人の行動に便乗する危険は大きくなり、人々を教化する全知全能の神の存在は大きくなってゆく。[31] ケビン・ラウンディングは次のように語る。「より具体的には、文化的生活に内在する、自制心をめぐるジレンマの解決方法を宗教は提供できるのだ。集団の利益を害するかもしれない利己的な衝動をコントロールしたり、短期的誘惑より長期的目標を優先したり、内なる自制心も鍛えたりする際に役立つのが宗教だ[32]」

ラウンディングらは、研究の結果から2つの主要な結論を導きだした。1つ目は、自制心は社会の安定にとって中心となる存在であるということである。2つ目は、宗教は自制心を管理するための効果の高い文化的メカニズムであり、宗教のおかげで、われわれの古い祖先は厳しい環境にもかかわらず、進化する上で適応性のある決定を下すことができたのだ、という結論だ。「よって、原始社会では、自制心を発達させることができるかを基準に、宗教的信仰を文化的に選択していたのかもしれない。自制心が発達することで、今度は前向きな行動が無数に生まれ、血のつながりのない人々がどんどん増えていく中で、究極的には社会的な交わりや協調が容易になるのだ」

まとめ

ここまで衝動の本質を理解するために探求を続けてきたが、すべての研究結果から何がわかるだろう？　確信をもって言えるのは、次の4点である。

1点目。衝動は誰にでも起こるが、個々の衝動はそれぞれに特徴がある。衝動は、われわれにある特定の行動をとらせる。普通は、必要を満たしたいという差し迫った欲求と結びついている。例えば、空腹、喉の渇き、性欲といった本能的な欲求があげられる。これらのいずれかを感じた「熱い」状態では、衝動の強さゆえに自制心の発揮ははるかに困難かつ不確実となる。

2点目。自制心とは限りある資源であり、急速に消耗してしまうものだ——何が実際に消耗しているのかは正確にはわかっていないが。加えて、病気やけがなどにより、脳の特定の部位にダメージを負うことによっても、衝動をコントロールする能力が根本からむしばまれてしまう可能性がある。

3点目。衝動とは、短期的な欲求充足に方向づけられた、誘惑をもたらす刺激への原始的な快楽反応である。しかしながら、衝動のもつ力は時間の経過とともに急速に衰えてゆく。

最後に4点目。衝動はシステムI思考の産物であるため、ほとんどが努力を要さず実行され、たいていは発生した行動にわれわれは気がつかないままである。これは、行動の最中に、もしくは行動の結果として、何か普段と違うことや予想外のことが起こらない限りは気づかないものだ。

後から起きた恐ろしい出来事がなかったならば、ベルファストの映画館へ衝動的に向かったときのことについてわたしが考えをめぐらせることもなかったであろうし、フレッド・アイヒラーにしても、自分がトイレに向かう途中に衝動を感じて立ち止まり、同僚らとおしゃべりをしたことなどは、まず覚えてはいなかっただろう。

同じように、ぎりぎりのタイミングで納屋の火事からはい出した少年トニーも、おそらくはエスカレーター上で感じた恐怖のおかげで一命をとりとめたピーターも、仮に生命の危機に直面していなかったとしたら、得体の知れない恐怖の瞬間をやや恥ずかしげに振り返りつつも、さして重要なことだったとは考えなかっただろう。

衝動をコントロールする能力が、われわれのコントロールの及ばない場所にある要因——例えば、特定の脳の部位の健康状態など――に依存しているという事実から、自由意志の本質に関する重要な問題が持ち上がる。そこで、本書の締めくくりとして、たとえ神経科学的観点からは疑わしいとしても、社会的観点から見れば、自由意志を信じることは必要不可欠なのだということを説明していこう。

おわりに
自由意志は大いなる錯覚である

Free Will Is a Grand Illusion

「人間が自らを自由であると思っているのは、誤っている。そしてそうした誤った意見は、彼らがただ彼らの行動は意識するが彼らをそれへ決定する諸原因はこれを知らないということにのみ存するのである。だから彼らの自由の観念なるものは彼らが自らの行動の原因を知らないということにあるのである」

——スピノザ『エチカ：倫理学（上）』（畠中尚志訳、岩波書店、2006年）

幸せな家庭を築き、社会的地位のある人生を送っていた40歳のあるアメリカ人男性は、あるとき突然、理由もわからないまま、小児愛者になってしまった。男性は児童ポルノの収集を始め、子どもに性交渉をもちかけ、12歳の義理の娘に体の関係を迫った。児童への性的虐待で有罪となった男性は、刑務所で服役するか、もしくは性依存症治療プログラムに参加するかの選択をせまられた。収監だけは避けたいと強く思っていた男性だったが、自らを駆り立てる欲望を制御することはできなかった。

刑期が始まる日の前夜、男性はバージニア大学付属病院の緊急治療室を訪れ、脳のスキャンを希望した。スキャンを実施したところ、大きな腫瘍が見つかり、それが右側の眼窩前頭皮質を圧迫していたことがわかった。[1]すでに見たように、脳のこの部分は、社会的行動の統制に関与している。この部位に損傷があると、道徳的・社会的知識の獲得が阻害される可能性があり、また衝動をうまくコントロールできないリスクも高くなる。手術が行われ、腫瘍が取り除かれると、小児愛的衝動も消え去った。しばらくして再び衝動が発生するようになると、再度スキャンが行われ、腫瘍が再び成長していたことが判明した。2度目の手術でその腫瘍も取り除かれ、性欲もまた消え失せたのだった。

腫瘍の存在が考慮されたため、この男性は常軌を逸した行動に対する責任を免除された。このことに関しては、合理的な思考の持ち主であればほとんどの人が納得できるのではないかと思う。だが、今回のような腫瘍、もしくは他の何らかの明確な損傷が見られなかったならば、男性はほぼ確実に、危険で常習的な小児愛者だとして非難を浴びていただろう。その場合でもおそらく原因は脳の変化であり、それがただ腫瘍に比べて見えづらかったり、現時点では特定できないだけであるにもかかわらずだ。[2]

脳に損傷を受けたフィニアス・ゲージやスペイン人のEVRのエピソードは第3章で紹介したとおりだ。彼らと同様に、不運なこの男性は自らの行動をコントロールできなかったのである。このようなケースを考えてみると、ほぼ普遍的に受け入れられている自由意志というものの存在を、信じてよいものかどうか疑いが出てくる。

1998年に36の国々で実施されたアンケートでは、調査対象者のうち70パーセントを超える人々が、自分は自由意志を有しているという確信を抱いていたことがわかった。このようなわけで、犯罪を犯す人々にはその行為についての責任はない、という考えをほとんどの人が受け入れられないのである。ある研究では、常習的な犯罪は器質性障害（訳注：物理的な損傷が原因で発生する障害）であると考えている人は、4人中1人にも満たないことが判明した。[3]

一方で、囚人たちの中には心の病を抱えている者が多くいることが、数多くの研究から明らかになっている。重度の精神障害を持つ囚人の数は、世界で数百万人に達するとの試算もある。ある研究で被告人を責任能力という観点から調べたところ、4分の1が医学的にも法的にも裁判を受ける能力を有していないと判断された。[4] 囚人2万3000人を対象とした検査では、囚人は一般の人々と比べ、精神病または鬱病を患う者の割合がはるかに高く、反社会性パーソナリティ障害を発症する確率も通常の10倍だった。[5] こういった精神衛生上の問題は、幼少期の虐待という過去やトラウマと関連づけられることも多い。[6]

このような研究結果があるにもかかわらず、ほとんどの裁判官や陪審員団、法律家や一般の市民たちは、裁判にかけられる人間は自らの自由意志を行使して法を犯すことを決めたのだと相変わらず考えている。犯罪性のない行為で、単に秩序を乱す類いのものだったとしても、脳の異常が原因であるとするには抵抗感が強いこともしばしばである。ADHDを持つ子どもたちについては第4章で見ていったが、そのような子どもは神経的な問題を抱えていると見なされるよりも、「言うことを聞かない」「行儀が悪い」「目立ちたがり」と思われることの方がはるかに多い。

「自由意志の問題の核心となると、行動の元となる精神的作用について論争が起きる」。フロリダ州立大学の心理学者ロイ・バウマイスターはこう語る。「すなわち、人間は自律的な存在として、複数の選択肢から自らの行動を本当に選んでいるのだろうか？　それとも、人間は本質上はただの因果連鎖中の輪の1つであり、したがって人間の行動も、先行する出来事に起因して起こる避けられない結果にすぎず、実際にとった行動と違う行動ができるような人間は1人もいないのだろうか？[7]」

「われこそがわが運命の支配者。われこそがわが魂の指揮官なり」。19世紀の作家ウィリアム・アーネスト・ヘンリーはその詩『インビクタス』の中でこのように宣言した。200年後の神経科学者――わたしも含め――からすれば、申し訳ないが間違っていると言わざるをえない。わたしたちには自由意志があるという確信には何の根拠もないことを示唆する研究結果が、心理学や神経科学の分野でここ10年のうちに次々と出てきているのだ。[8]

「主観的な感覚としては、選択を行うときは複数ある選択肢からどれでも好きなものを選べる気がするが、それは錯覚である」とバウマイスターは述べる。「なぜなら、意識の外側にある力が作用して、何を選択するかを決定しているからである。たとえ、自分ではどのような選択がなされるか最後になるまでわからないとしてもだ[9]」。研究結果では、自由意志という錯覚は無意識の脳内活動から発生していると強く示唆されている。[10][11][12]「機械の中の幽霊」（訳注：デカルト的二元論を批判するため、イギリスの哲学者ギルバート・ライルが用いた概念）などは存在しない。「ホムンクルス」（訳注：脳内に住むと仮定される小さな人）や「小びと」が頭の中のどこかに潜んでいて、行動を1つ1つ決定しているわけではない。「わたしの身体」の中に「わたし」がいるわけでもない。デカルト的二元論は葬り去られたのだ。マービン・ミンスキーの言葉を借りれば「心は単に脳がすること[13]」（『心の社会』安西祐一郎訳、産業図書、1990年）なのである。

意識的な心——観客か、それともプレイヤーか

意識とは行動を引き起こす存在ではなく、それを見守る存在だということを初めて明らかにした科学者の1人が、カリフォルニア大学サンフランシスコ校の生理学教授、ベンジャミン・リベットだった。1980年代初頭、リベットは同僚らとともに、ある実験を実施した。これは、神経科学者のスーザン・ブラックモアが「これまでに行われた意識に関する実験の中でも最も有名なもの」[14]と評するものである。リベットらは被験者の頭皮に電気センサーを取り付けることで、ある決定に関連する脳活動は、その決定を下そうと本人が意識する前に発生していることの証明に成功したのである。[15]

リベットらは、実験参加者に自発的に体の一部を動かしてもらい、体を動かそうという意図がいつ発生したかを把握するため、意図が発生した瞬間に、コンピューターのスクリーン上を移動する点がどの位置にあったかを報告してもらった。脳の記録をとったところ、電気活動のスパイク波形、いわゆる運動準備電位が発生するのは、被験者が動こうという自らの決定を意識する0・5秒ほど前であることが判明した。後に反復実験も行われ、そこでも同様の結果が得られた。リベットの革新的なこの研究が示唆しているのは、次の順序で事象が発生するということである。

第1段階——ある活動に関連した脳の活動が発生する

第2段階――その行動をしたいという欲求を約0・5秒後に意識する
第3段階――行動を起こす

われわれにとっては、自分が何らかの行動を起こす際、第1段階より先に第2段階が起こっているように思われるかもしれないが、そうではない。ある特定の行動をとろうと脳が決定した後になってはじめて、われわれはその決定を意識するのである。この順序は日々経験していることとはまったく正反対であり、にわかには信じがたい。

「自分の行動なら自分で起こしたものだからわかる、というのが常識的な感覚だ」。ハーバード大学のダニエル・ウェグナーはこう述べている。「本質的には、われわれは意識的な意思によって、自分が何をするのかを知らされているのだ。だが、自分がやっていることが何なのかがわからなくなる可能性もある。時にその原因は統合失調症だったり、解離性障害だったり、心因性運動障害だったりする――また、行動の発端を見誤らせるような状況に出くわしたことが原因であることもある」[16]

一般の人々や、自由意志という観念を擁護することで宗教的・哲学的な既得権益を得ていた人々だけではなく、神経科学者たちの多くもまた、リベットの研究結果には憤慨した。リベットの実験が巻き起こした激しい対立がなおさら注目に値するのは、神経科学者であるスーザン・ブラックモアが以下に指摘しているような事情があるからである。

「ほとんどの科学者たちは、自分を唯物論者だと言っている。つまり、彼らは精神と身体が別々のものだとは信じておらず、デカルト二元論を断固として受け入れないということだ。それならば、リベットの研究結果に彼らが驚くことは少しもないはずである。当然、行動を始めるのは脳でなければならないし、また、行動を起こしたという意識的な感覚も錯覚でなければならない。だが、リベットの実験結果は激しい批判を巻き起こした。わたしとしては、彼らの唯物主義はごく表面的なもので、唯物論者を自認する人間ですら、いまだに自分が生物的な機械であるという結論を完全に受け入れられてはいないのだと思わざるをえない」[17]。このように批判の嵐が吹き荒れる中で、他の研究者たちはリベットの研究結果に確証を与えるのみならず、意識的な意図が発生するのはリベットの主張よりさらに後であることまでをも発見したのだった。[18][19]

不可欠な社会的構成概念としての自由意志

自由意志などというものは存在しないということが広く受け入れられたとしたら、社会にはどのような影響がおよぶのだろうか？　個人的にも社会的にも悲惨なことが起きる可能性があることが、あらゆる根拠から察せられる。先行研究によれば、人生における出来事は自分でコントロール可能であり、意志の力を働かせて自由な選択を行うことができる、と信じられるかどうかで、行動や気持ち、意志や振る舞いに大きな変化が出てくるのである。[20][21]「自らの振る舞いや、自身の人生に影響する出来事を自分でコントロールすることなどできないと考えてしまえば、もっと上手くやれる能力を持っていながらも、成果をあげられなくなってしまう」。ゲント大学実験心理学科のダビデ・リゴーニはこう述べている。[22]

自由意志に疑いを抱いている人々は、他人を欺いたり、他人に攻撃的に振る舞ったり、様々な反社会的行動に手を染める可能性がより高いことが、社会心理学者たちによって示されている。[23]自由意志を信じないことで、ごく根本的なレベルにおける脳の働き方に変化が生じることも判明している。[24][25][26]だが、一体これはどうしてなのだろうか？

トム・ストッパードの演劇『ジャンパーズ』では、論理学教授で懐疑論者のマクフィーが射殺される。マクフィー暗殺を悲しむ人々を慰めようと、ボーンズという名の無能な警部補は次のように声をかける。「まあ、不死を選択できるわけでもありませんからね！」だが、まさにわれわれは不死への憧れを持っている。それがどのような形であれ、意志の力を信じたいというわれわれの欲求がここまで強く、そして強固なのも、その憧れのせいなのである。人間は動物の中で唯一恥じらい、言葉を話し、そして何十年も前から自らの死が確実であることを知っている。

「人類は……死を認識し、自分が消滅することに対して最終的には何もできないし、死を防げないことを悟っているため、極度の不安により行動がとれなくなる危険に常にさらされている」[27]と述べているのは、サラトガスプリングス市にあるスキッドモア・カレッジ心理学科のシェルダン・ソロモンだ。この恐怖に対処しようと、あらゆる文化は物語を作って宇宙の起源を説明し、許容できる行いについてのルールを定め、そして天国（天使もしくは乙女で満たされているが、これは教義の性質次第である）や輪廻転生の話を通じて人間は消滅しないと期待を持たせた。

世俗的な今の世の中なら堂々たる記念碑、後々まで残る財団、絵画、彫刻、著作などを残して、不滅でありたいと願うこともあるだろう。「死を超越するこれらの文化的様式により、人は自らがヒーローまたはヒロインとして、意味のある世界に生きているのだと感じることができる」と、シェルダン・ソロモンは述べている。[28]

これらの防衛的心理機能すべての中心にあるのが、意志の力に対する信頼である。もしも自分の運命をコントロールしているのはわれわれ（「われわれ」が実際のところは誰であれ）だとは信じず、またシェイクスピアが言うように、どんな過ちについても「罪は星にあるのではない、われわれ自身にあるのだ」（『ジュリアス・シーザー』福田恆存訳、新潮社、１９６８年）と考えるのをやめてしまえば、死の予感がまさに「強力で恐ろしい」ものになってしまうのだ。意志の力とは実際のところ、他のすべての世界観と同様に、究極的には共有された虚構であると言えるのかもしれない。だが、人生において最も重要な真理は、その虚構の上に成り立っているのである。

自由意志という概念を否定してしまった場合、社会にどのような影響が出るのかについても考慮する必要がある。そのような世界では、犯罪者はその行為についての責任を免除されるであろうし、レイプ犯や児童を狙った痴漢を処罰することもできず、独裁者は今日に比べ法的・倫理的制裁を受けずに集団殺戮を行うだろう。どれほど残酷で非人間的な振る舞いであっても、加害者は平然とこう言ってやり過ごしてしまうかもしれない。「俺には関係ないよ。やったのは俺の脳ミソなんだから！」

よって、神経科学者や心理学者らは自由意志は錯覚だと言って簡単に片付けてしまうかもしれないが、この錯覚を抜きにしては個人も社会も生きていくことは決してできないのである。

社会的構成概念として、唯一自由意志だけが、秩序だった社会と混沌との間に立つ壁なのだ。われわれは自分で意思決定をしており、自律性を持ち、自らの行動をコントロールできるのだと「信じること」こそが、科学的な事実よりよほど重要なことなのである。

われわれには、意識的な意思があるようだ。だから自分は自由に行動できる。行動を起こしているのは自分であり、自分の言動には責任をとるべきだ。そして、他の皆も同じようにすべきだ。と、このように感じられるわけである。ダニエル・ウェグナーは次のように語っている。「これをすべて錯覚だと言ってしまうことで目が覚めるところもあり、また究極的には正しいことなのだが、錯覚であるからといって取るに足らないと結論づけてしまうのは誤りだ[29]」。

だが、そうはいっても、事実に目をつぶるわけにはいかない。衝動の存在も示しているように、心が脳を動かすわけではないのである。脳が自らを動かしているのだ。心はその過程で生まれるにすぎない。

謝辞

本書を執筆するにあたり、多くの方々にお世話になった。とりわけ、インパルス・リサーチ・グループの面々から受けた貴重な助力とサポートには大変感謝している。

初期段階の草稿に関して、医学的知見と貴重な意見を与えてくださったジョン・ストーリー博士には特別な謝意を表したいと思う。マインドラボ・インターナショナルの同僚である、データ分析主任ジョー・ヒリング理学修士とマネージング・ディレクターのダンカン・スミスから受けた援助にも感謝したい。また、神経学者であるチャーリー・ローズには、引用作業および本文の批評でお世話になった。スティーブン・マシューズは、いつもと変わらず熱心に本文を読み、コメントを寄せてくれた。

カルガリー大学のマーガレット・ユーフラ＝ライチ博士にも心からの感謝を伝えたい。博士は世界トップクラスの肥満研究の専門家であり、衝動食いに関する章の執筆にあたっては多大なるお力添えを頂いた。自殺者の精神状態に対する洞察を与えてくれた、沿岸警備隊の基地長ドン・エリスに深く感謝申し上げたい。彼の知識は、自殺した人々の遺体を収容したり、死を免れた人々を安全な場所へ誘導するなど、しばしば危険を伴う経験を通じて得られたものである。貴重なご支援を頂いたショーン・ケリー博士にも謝意を表したい。

最後になったが、ランダムハウスで編集を担当してくれたナイジェル・ウィルコクソンとソフィー・ラザールは、本書の製作にあたって極めて貴重かつ必要不可欠な貢献をしてくれた。深く感謝を表する次第である。

引用されている事例に出てくる名前や個人情報は、守秘義務およびプライバシー保護の観点から必要に応じて変更が加えられている。

著作物に関する謝辞

レイナー・K、シェン・D、バイ・X、ヤン・G（編）『Cognitive and Cultural Influences on Eye Movements（眼球運動への認知的、文化的影響）』（中国・天津：人民出版社／Psychology Press、363-378ページ）に収録の論文「How we See it: Culturally Different Eye Movement Patterns Over Visual Scenes（われわれはどのように物をみるのか － 視覚場面に対する文化ごとに異なった眼球運動パターン）」（ボランド、チュア、ニスベット、2005年）より写真を２枚使用する許可を与えてくださった、ハンナ・フェイ・チュア博士に感謝申し上げたい。

また、現ゲティスバーグ大学の心理学助教授リチャード・ラッセル博士は、『Perception』誌2009年号掲載の卓越した論文「A sex difference in facial contrast and its exaggeration by cosmetics（顔のコントラストにおける性差と化粧による強調）」より、２枚の写真を快く使わせてくださった。厚く御礼申し上げたい。

サンフランシスコのエクスプロラトリアムのメグ・ベリーに感謝する。メグは、常設展示しているエイムズの部屋の写真を使用する許可を与えてくれた。

2003年の『Archives of Neurology』誌掲載「Right orbitofrontal tumor with pedophilia symptom and constructional apraxia sign（右眼窩前頭腫瘍と小児愛的症状、ならびに構成失行の兆候）」の著者のひとり、ラッセル・スワードロー博士にも、その快い援助に感謝申し上げたい。

本書のイラストを手がけてくれたイラストレーターのテリー・アイリング、筆者の研究用にエイムズの部屋のひな形を製作してくれた、ノーマン・クラークにも感謝する。

122ページに掲載されている画像は、以下に挙げる各所より承諾を得て複写したものである。図５：考える人、1880-1881（ブロンズ像）、オーギュスト・ロダン（1840-1917）／バレルコレクション、グラスゴー、スコットランド／©カルチャー・アンド・スポーツ・グラスゴー（博物館）／ブリッジマン・アート・ライブラリー。図６：円盤投げ、ギリシアのオリジナルの複製（石膏像）（白黒写真）、ミュロン（紀元前450年ごろ活躍）／ローマ国立博物館、ローマ、イタリア／アリナーリ／ブリッジマン・アート・ライブラリー。169ページの男女のモデル画像は、Bigstockphoto.com.のご好意により複写させていただいた。

14.Blackmore, S. (2007). 'Mind over matter?'. http://www.patheos.com/blogs/monkeymind/2007/08/susan-blackmore-on-ben-libet.html.

15.Libet et al. (1983) op. cit.

16.このテーマについては、ダニエル・M・ウェグナーの著書 *The Illusion of Conscious Will* (2002) Massachusetts Cambridge: MIT Press. において、広範囲にわたり秀逸な記述がなされている。初めの2章にあたる1～61ページでは、重要であり議論の的となっているこのテーマへの、洞察に富んだ導入を読むことができる。

17.Blackmore (2007) op. cit.

18.Lau, H. C., Rogers, R. D. & Passingham, R. E. (2006). 'On measuring the perceived onsets of spontaneous actions'. *Journal of Neuroscience* 26 (27): 7265-71.

19.Lau, H. C., Rogers, R. D. & Passingham, R. E. (2007). 'Manipulating the experienced onset of intention after action execution'. *Journal of Cognitive Neuroscience* 19 (1): 81-90.

20.Ajzen, I. (2002). 'Perceived behavioral control, self-efficacy, locus of control, and the theory of planned behavior'. *Journal of Applied Social Psychology* 32 (4): 665-83.

21.Bandura, A. (1982). 'Self-efficacy in human agency'. *American Psychologist* 37 (2): 122-147.

22.Rigoni, D., Kühn, S., Sartori, G. & Brass, M. (2011). 'Inducing Disbelief in free will alters brain correlates of preconscious motor preparation: The brain minds whether we believe in free will or not'. *Psychological Science* 22 (5): 613-8.

23.Vohs, K. D. & Schooler, J. W. (2008). 'The value of believing in free will: Encouraging a belief in determinism increases cheating'. *Psychological Science* 19 (1): 49-54.

24.Rigoni et al. (2011) op. cit.

25.Baumeister, R. F., Masicampo, E. J., & DeWall, C. N. (2009). 'Prosocial benefits of feeling free: Disbelief in free will increases aggression and reduces helpfulness'. *Personality and Social Psychology Bulletin* 35 (2): 260-8.

26.Vohs & Schooler (2008) op. cit.

27.Solomon et al. (2004) op. cit.

28.同上.

29.Wegner, D. M. (2004) 'Précis of *The Illusion of Conscious Will*'. *Behavioral and Brain Sciences* 27 (5) 649-59.

31.Roes, F. L. & Raymond, M. (2003). 'Belief in moralizing gods'. *Evolution & Human Behavior* 24 (2): 126-35.

32.Rounding, K., Lee, A., Jacobson, J.A. & Ji, L.-J. (2012). 'Religion replenishes self-control'. *Psychological Science* 23 (6): 635-42.

❖おわりに

1. Burns, J. M. & Swerdlow, R. H. (2003). 'Right orbitofrontal tumor with pedophilia symptom and constructional apraxia sign'. *Archives of Neurology* 60 (3): 437-40.

2. Morse, S. (2006). 'Brain overclaim syndrome and criminal responsibility: a diagnostic note'. *Ohio State Journal of Criminal Law* 3: 397-412.

3. Raine, A. (1993). *The Psychopathology of Crime: Criminal Behavior as a Clinical Disorder*. San Diego: Academic Press. 377.

4. Golding, S. L., Roesch, R. & Schreiber, J. (1984). 'Assessment and conceptualization of competency to stand trial: preliminary data on the Interdisciplinary Fitness Interview'. *Law and Human Behavior.* 8 (3/4): 321-34.

5. Fazel, S. & Danesh, J. (2002). 'Serious mental disorder in 23000 prisoners: a systematic review of 62 surveys'. *Lancet* 359 (9306): 545-50.

6. Widom, C. S. (1989). 'The cycle of violence'. *Science* 244 (4901): 160-6.

7. Baumeister, R. F. (2012). 'Self-control—the moral muscle'. *The Psychologist* 25 (2): 112-5.

8. Wegner, D. M. (2002). 'Free will in scientific psychology'. *Perspectives on Psychological Science* 3 (1): 14-19 p.14より引用

9. Baumeister, R. F. (2008). 'Free will in scientific psychology'. *Perspectives on Psychological Science* 3 (1): 14-19.

10.Hallett, M. (2007). 'Volitional control of movement: The physiology of free will'. *Clinical Neurophysiology* 118 (6): 1179-92.

11.Libet, B., Gleason, C. A., Wright, E. W., & Pearl, D. K. (1983).'Time of conscious intention to act in relation to onset of cerebral activity (readiness potential): The unconscious initiation of a freely voluntary act'. *Brain* 106 (Pt3): 623-42.

12.Soon, C. S., Brass, M., Heinze, H.-J., & Haynes, J.-D. (2008). 'Unconscious determinants of free decisions in the human brain'. *Nature Neuroscience* 11 (5): 543-5.

13.Minsky, M. (1986). *The Society of Mind.* New York: Simon and Schuster. 339. (『心の社会』マーヴィン・ミンスキー著、安西祐一郎訳、産業図書、1990年)

affects impulse buying'. *Journal of Consumer Research* 33 (4): 537-47.

16.Wargo, E. (2009). 'Resisting temptation'. *Observer* 22 (1).

17.Vohs, K. D. & Heatherton, T. F. (2000). 'Self-regulatory failure: A resource-depletion approach.' *Psychological Science* 11 (3): 249-54.

18.Inzlicht, M., McKay, L., & Aronson, J. (2006). 'Stigma as ego depletion: How being the target of prejudice affects self-control'. *Psychological Science* 17 (3): 262-9.

19.Baumeister (2012) op. cit.

20.Inzlicht, M. & Gutsell, J. N. (2007). 'Running on empty: neural signals for self-control failure'. *Psychological Science* 18 (11): 933-7.

21.Gailliot, M. T., Baumeister, R. F., DeWall, C. N., Maner, J. K., Plant, E. A., Tice, D. M. et al. (2007). 'Self-control relies on glucose as a limited energy source: Willpower is more than a metaphor'. *Journal of Personality and Social Psychology* 92 (2): 325-36.

22.Kurzban, R. (2010). 'Does the brain consume additional glucose during self-control tasks?'. *Evolutionary Psychology* 8 (2): 244-59.

23.Comfort, A. (1967). *The Anxiety Makers: Some Curious Preoccupations of the Medical Profession*. London: Nelson: 70-113.

24.実際のところ、神により殺される原因となったオナンの罪は、マスターベーションでも膣外射精でもなく、亡くなった兄のために子をもうけることを拒んだことであった（創世記 38：9)。

25.Comfort (1967) op. cit.

26.Ainslie, G. (1975). 'Specious reward: A behavioral theory of impulsiveness and impulse control'. *Psychological Bulletin* 82 (4): 463-96.

27.Baumeister, R. F., Gailliot, M., DeWall, C. N. & Oaten, M. (2006). 'Self-regulation and personality: How interventions increase regulatory success, and how depletion moderates the effects of traits on behavior'. *Journal of Personality* 74 (6) December: 1773-801.

28.Solomon, S., Greenberg, J., & Pyszczynski, T. (2004). 'Lethal consumption: Death-denying materialism.' in Kasser, T. & Kanner, A. (eds.). *Psychology and consumer culture: The struggle for a good life in a materialistic world*. Washington, DC: American Psychological Association. 131-2.

29.Culotta, E. (2009). 'On the origin of religion'. *Science* 326 (5954): 784-7.

30.Kay, A. C., Moscovitch, D. A. & Laurin, K. (2010). 'Randomness, attributions of arousal, and belief in God'. *Psychological Science* 21 (2): 216-8.

❖第12章　自制心を鍛えるには

1. Guerber, H.A. (1927). *Myths of Greece and Rome*. London: George G. Harrap & Co. 313.

2. Hofmann, W., Baumeister, R. F., Förster, G. & Vohs, K. D. (2012). `Everyday temptations: An experience sampling study of desire, conflict, and self-control'. *Journal of Personality and Social Psychology*. 102 (6): 1318-35.

3. Baumeister, R. F. (2008). 'Free will in scientific psychology'. *Perspectives on Psychological Science* 3 (1): 14-9.

4. Mischel, H. N. & Mischel, W. (1983). 'The development of children's knowledge of self-control strategies'. *Child Development* 54 (3): 603-19.

5. McClure, R. F. (1986). 'Self control and achievement motivation in young and old subjects'. *Psychology: A Journal of Human Behavior* 23 (1): 20-2.

6. Duckworth, A. L. & Seligman, M. E. P. (2005) 'Self-discipline outdoes IQ in predicting academic performance of adolescents'. *Psychological Science* 16 (12): 939-44.

7. Baumeister, R. F. (2012) 'Self-control—the moral muscle'. *The Psychologist* 25 (2): 112-5.

8. Vohs, K. D. & Schooler, J. W. (2008). 'The value of believing in free will: Encouraging a belief in determinism increases cheating'. *Psychological Science* 19 (1): 49-54.

9. Baumeister, R. F., Vohs, K. D. & Tice, D. M. (2007). 'The strength model of self-control'. *Current Directions in Psychological Science* 16 (6): 351-5.

10. Nordgren, L. F. & Chou, E. Y. (2011). 'The push and pull of temptation: The bidirectional influence of temptation on self-control'. *Psychological Science* 22 (11): 1386-90.

11. Baumeister, R. F., Bratslaysky, E., Muraven, M. & Tice, D. M. (1998). 'Ego depletion: Is the active self a limited resource?'. *Journal of Personality and Social Psychology* 74 (5): 1252-65.

12. Muraven, M., Collins, R. L. & Neinhaus, K. (2002). 'Self-control and alcohol restraint: An initial application of the self-control strength model'. *Psychology of Addictive Behaviors* 16 (2) June: 113-20.

13. Baumeister, R. F, Sparks, E. A., Stillman, T. F. & Vohs, K. D. (2008). 'Free will in consumer behavior: Self-control, ego depletion, and choice'. *Journal of Consumer Psychology* 18 (1): 4-13.

14. Loewenstein, G. (2000). 'Emotions in economic theory and economic behavior'. *Preferences, Behavior, and Welfare* 90 (2): 426-32.

15. Vohs, K. D. & Faber, R. J. (2007). 'Spent resources: Self-regulatory resource availability

15.Suicide（自殺）は、ラテン語 sui caedere（自らを殺すこと）から来ている。自殺は世界で第10位の死因であり、緊縮財政を敷いた数年のうちにその割合は急速に上がってきている。今や自殺率は半世紀前と比べて60パーセントも上昇しているが、その増加のほとんどは先進工業国において起こっている。毎年約100万の人々が自ら命を絶っており、未遂者は1000万から2000万人にものぼる。アメリカでは、自殺件数は殺人件数に約2倍という差をつけており、肝臓病やパーキンソン病を押しのけ死因第11位という位置を占めている。自殺を試みるのは男性より女性の方が多いが、実際に成功するのは男性の方が多い。これは、男性の方がより強力で効果的な方法、例えば拳銃自殺や首つり自殺を選択するのに対し、女性は薬物の過剰摂取のように比較的弱い手法を用いるからであると考える専門家もいる。薬物の過剰摂取は女性の自殺の約3分の2を占め、男性の自殺の3分の1を占めている。出典：'Suicide Prevention'. *WHO Sites: Mental Health*. 16 February 2006. http://www.who.int/mental_health/prevention/suicide/suicideprevent/en/. 'U.S.A. Suicide: 2007 Official Final Data'. *American Association of Suicidology*. www.suicidology.org.

16.Becker, K., Schmidt, M. H.（2005）. 'When kids seek help on-line: Internet chat rooms and suicide'. *Reclaiming Children and Youth: The Journal of Strength-Based Interventions* 13（4）: 229-30.

17.Baker, F.（2009）. 'Inquest rules on gay teen goaded to suicide by baying Derby mob'. *Pink News* 16 January.

18.de Bernières, L.（1996）'Legends of the Fall'. *Harper's Magazine*. Januaryより引用

19.Ellis（2011）op. cit.

20.Ramachandran, V. S.（2000）. 'Mirror neurons and imitation learning as the driving force behind "the great leap forward" in human evolution'. *Edge*. http://www.edge.org/3rd_culture/ramachandran/ramachandran_p1.html

21.同上.

22.Iacoboni, M., Woods, R. P., Brass, M., Bekkering, H., Mazziotta, J. C. & Rizzolatti, G.（1999）. 'Cortical mechanisms of human imitation'. *Science* 286（5449）: 2526-8.

23.Rizzolatti, G. & Arbib, M. A.（1998）. 'Language within our grasp'. *Trends in Neurosciences* 21（5）: 188-94.

24.Le Bon, G.（1895/2002）. *The Crowd: A Study of the Popular Mind*. New York: Dover Publications. 8.（『群衆心理』ギュスターヴ・ル・ボン著、櫻井成夫訳、講談社、1993年）

25.Reicher and Stott（2011）op. cit.

26.Schachter, S. & Singer, J.（1962）. 'Cognitive, social, and physiological determinants of emotional state'. *Psychological Review* 69: 379-99.

27.Reicher and Stott（2011）op.cit.

力を示している。現代のビジネスという観点から言えば、数人のみにその行動を模倣させることのできる能力だ。ミリヘレンの値が高ければ高いほど、その著名人のブランド宣伝役としての商業的価値は高くなる。

3. 1937年の完成以来、1500人を超える人々が、サンフランシスコにあるゴールデンゲートブリッジ上の高さ75メートルから海へと身を投げ、その命を絶っている。実際、自殺および自殺未遂があまりに頻繁に発生するため、2006年にはドキュメンタリー映画監督のエリック・スティールが、カメラでその様子を撮影し始めた。撮影中の数カ月間のうちに、24人が橋から身を投げた。これは、だいたい15日に1人のペースであった。出典：Matier, P. & Ross, A. (2005). 'Film captures suicides on Golden Gate Bridge'. *San Francisco Chronicle*,19 January.

4. サセックスの沿岸警備隊員ドン・エリスのインタビュー。

5. 同上.

6. 同上.

7. *Daily Telegraph* 4 August 2011.

8. 「暴動」「暴徒」「略奪」「略奪者」といった単語を筆者が用いているのは一般的な言語使用に則ったものであり、これらの指示語、および特定の政治的立場を取ることへの筆者の賛意を表すものではない。

9. Malkani, G. (2011). 'Britain burns the colour of "A Clockwork Orange"'. *Financial Times* 13/14 August. 12.

10. Reicher, S. & Stott, C. (2011). *Mad Mobs and Englishmen? Myths and Realities of the 2011 Riots*. Kindle edition.

11. 同上.

12. Lambert, O. (2012). 'My child the rioter'. *Wonderland*. BBC 2, 31 January.

13. 自殺の手法について56カ国で調査を実施したところ、首つりが最もよく使われる手段であることが判明した。男性の場合は半数をやや超える程度を占め、女性の場合は4人に1人が首つり自殺であった。アメリカでは、全自殺者の半数をやや超える人々が拳銃を用いているが、窒息や服毒による自殺も相当一般的であり、両者を合計すると、合衆国内の自殺の約40パーセントを占めている。他の手段としては、喉や手首の切りつけ、意図的な溺死、焼身自殺、意図的な餓死、感電、薬物の過剰摂取などが挙げられる。体を打ちつけることによる自殺の中には、高層ビル、橋、崖などからの飛び降り、高所にある窓からの身投げ、電車やバス、トラックなどへの飛び込み、さらには自動車、バイク、モーターボート、自家用機などによる意図的な事故が含まれる。出典：Ajdacic-Gross, V. et al. (2008). 'Methods of suicide: International suicide patterns derived from the WHO mortality database'. *Bulletin of the World Health Organization* 86 (9): 726-32.

14. Stack, S. (2003). 'Media coverage as a risk factor in suicide'. *Journal of Epidemiology & Community Health* 57 (4): 238-40.

8. Blythman, J. (2004). *Shopped*. London: Fourth Estate. 15.

9. 誰が世界で最初の真のスーパーマーケットを開いたのかについては、長らく議論が続いている。この論争に終止符を打つため、全米食品マーケティング協会とスミソニアン協会が問題について調査を行い、マイケル・J・カレンこそがその栄誉を受けるにふさわしいと結論を出した。

10.Lebhar, G. M. (1963). *Chain Stores in America, 1859-1962*. 3rd edn. New York: Chain Store Publishing Corporation. 226-8.（『チェーンストア —— 米国100年史』ゴドフリー・M・レブハー著、倉本初夫訳、商業界、1964年）

11.Levitt, T. (1975). 'Marketing myopia'. *Harvard Business Review*. September-October. Reprint 75507.

12.Scamell-Katz, S. (2012) *The Art of Shopping: How We Shop and Why We Buy*. London: LID Publishing. 69.（『無意識に買わせる心理戦略』サイモン・スキャメル＝カッツ著、黒輪篤嗣訳、イースト・プレス、2014年）

13.Derbyshire, D. (2004) 'They have ways of making you spend'. *Daily Telegraph*. 31 December. より引用

14.Scamell-Katz (2012) op. cit. 111.

15.Derbyshire (2004) op. cit.

16.James, W. (1890). *The Principles of Psychology*. New York: Holt. 291-2.（『心理学の根本問題』ジェームス著、松浦孝作訳、三笠書房、1940年）

17.買い物体験の質を高めるための方法については、以下の記述を参照：Lewis, D. & Bridger, D. (2000). *The Soul of the New Consumer: Authenticity, What We Buy and Why in the New Economy*. London: Nicholas Brealey. 128-47.

18.Underhill, P. (1999). *Why We Buy. The Science of Shopping*. New York: Simon & Schuster. 11.（『なぜこの店で買ってしまうのか —— ショッピングの科学』パコ・アンダーヒル著、鈴木主税、福井昌子訳、早川書房、2014年）

❖第11章　模倣衝動

1. Cooley, C. H. (1998). *On Self and Social Organization*. Chicago: University of Chicago Press. 20-2.

2. 潜在的なロールモデルの評価を行うため、筆者はミリヘレンという尺度を開発した。これは、神話に登場するトロイアのヘレネ —— 彼女がパリスに連れて行かれたことが、トロイア戦争の原因とされる —— から名づけたものだ。ヘレネの美貌については、劇作家のクリストファー・マーロウが次のように書いている。「これが一千隻の船を船出させ、数々の天をも揺るがすイリウムの塔を焼き払わせた顔なのか？」（『フォースタス博士の悲劇』Christopher Marlowe著、熊崎久子訳、駒澤短期大學英文科、「英文学」、32〔2003年〕、33〔2004年〕、34〔2005年〕）1ミリヘレンは、1隻の船を船出させるだけの著名人の能

27.同上.

28.'McDonald's orders up augmented reality from total immersion, in global promotion for Fox's "Avatar"'. Serious Games Market, 19 December 2009, http://seriousgamesmarket.blogspot.com/2009/12/serious-games-as-ar-extensive.html（2010年4月10日閲覧）

29.Wansink, B., van Ittersum, K. & Painter, J. E.（2006）. 'Ice cream illusions Bowls, spoons, and self-served portion sizes'. *American Journal of Preventive Medicine* 31（3）: 240-3.

30.Wansink, B. & van Ittersum, K.（2003）. 'Bottoms up! The influence of elongation on pouring and consumption volume'. *Journal of Consumer Research* 30（December）: 455-63.

31.Wansink（2006）op. cit.

32.Benedict, C., Brooks, S. J., O'Daly, O. G., Almèn, M. S., Morell, A.,Åberg, K., Gingnell, M., Schultes, B., Hallschmid, M., Broman, J.-E., Larsson, E.-M. & Schiöth, H. B.（2012）'Acute sleep deprivation enhances the brain's response to hedonic food stimuli: an fMRI study'. *Journal of Clinical Endocrinology and Metabolism*. Publishing online 97（3）E-7.

33.Naek, D.T., Wood, W., Wu, M. & Kurlander, D.（2011）. 'The pull of the past: When do habits persist despite conflict with motives?'. *Personality and Social Psychology Bulletin* 37（11）: 1428-37.

❖第10章　衝動買い

1. Sorensen, H.（2009）. *Inside the Mind of the Shopper*. New Jersey: Wharton School Publishing. 8.（『「買う」と決める瞬間――ショッパーの心と行動を読み解く』ハーブ・ソレンセン著、テイラーネルソンソフレス・インフォプラン監訳、大里真理子、スコフィールド素子訳、ダイヤモンド社、2010年）

2. Applebaum, W.（1951）. 'Studying customer behavior in retail stores'. *Journal of Marketing*, 16（2）（October）: 172-8.

3. Stern, H.（1962）. 'The significance of impulse buying today'. *Journal of Marketing*, 26（2）（April）: 59-62.

4. Rook, D. W.（1987）. 'The buying impulse'. *Journal of Consumer Research* 14（2）（September）: 189-99.

5. Hausman, A.（2000）. 'A multi-method investigation of consumer motivations in impulse buying behavior'. *Journal of Consumer Marketing* 17（5）: 403-26.

6. Rook（1987）op. cit.

7. 筆者はスーパーマーケットという語を総称的に用いているが、その中には比較的小規模のものから9000平方メートル以上の売り場面積を有する格納庫のような巨大店舗まで、あらゆるサイズのものが含まれている。

(21): 1620-2, 1625, 1627.

13.Kelley, A. E., Bakshi, V. P., Haber, S. N., Steininger, T. L., Will, M. J. & Zhang, M. (2002). 'Opioid modulation of taste hedonics within the ventral striatum'. *Physiology & Behavior* 76 (3): 365-77.

14.Bisogni, C. A., Falk, L. W., Madore, E., Blake, C. E., Jastran, M., Sobal, J. et al. (2007). 'Dimensions of everyday eating and drinking episodes'. *Appetite* 48 (2): 218-31.

15.Beaver, J. D., Lawrence, A. D., van Ditzhuijzen, J., Davis, M. H., Woods, A., & Calder, A. J. (2006). 'Individual differences in reward drive predict neural responses to images of food'. *Journal of Neuroscience* 26 (19): 5160-6.

16.Wang, G. J., Volkow, N. D., Logan, J., Pappas, N. R., Wong, C. T., Zhu, W. et al. (2001). 'Brain dopamine and obesity'. *Lancet* 357 (9253): 354-7.

17.Nederkoorn, C., Jansen, E., Mulkens, S. & Jansen, A. (2006). 'Impulsivity predicts treatment outcome in obese children'. *Behaviour Research and Therapy*. 45 (5): 1071-5.

18.Pelchat, M., Johnson, A., Chan, R., Valdex, J. & Ragland, J. D. (2004). 'Images of desire: Food-craving activation during fMRI'. *Neuroimage* 23 (4): 1486-93.

19.Schlosser, E. (2001). *Fast Food Nation*. New York: Houghton Mifflin Co. 3. (『ファストフードが世界を食いつくす』エリック・シュローサー著、楡井浩一訳、草思社、2013年)

20.Wang et al. (2001) op. cit.

21.Johnson, P. M. & Kenny, P. J. (2010). 'Dopamine D2 receptors in addiction-like reward dysfunction and compulsive eating in obese rats'. *Nature Neuroscience* 13 (5): 635-41.

22.Ackerman, J. (2012). 'The ultimate social network'. *Scientific American* 306 (6) June: 36-43.

23.Blaser, M. J. (2005). 'Global warming and the human stomach: Microecology follows macroecology'. *Transactions of the American Clinical and Climatological Association* 116: 65-76.

24.Maddock, J. (2004). 'The relationship between obesity and the prevalence of fast food restaurants: state-level analysis'. *American Journal of Health Promotion* 19 (2): 137-43.

25.Wang, G. J., Volkow, N. D., Thanos, P. K. & Fowler, J. S. (2004). `Similarity between obesity and drug addiction as assessed by neurofunctional imaging: a concept review'. *Journal of Addictive Disease* 23 (3): 39-53.

26.'Fresh fruit, hold the insulin', *Scientific American* 306 (5): 12. Comment. Board of Editors.

また脂肪と比べれば密度は2倍であるため、脂肪が少なく骨が丈夫で、かつ筋肉もよくついている場合、BMIが高くなってしまう。この理屈だと、ワールドクラスのアスリートの多くは太りぎみか、または肥満だということにすらなってしまうのである。

3.生活活動強度が軽い人で、体脂肪率が高く筋肉量の少ない人物であれば、この公式もある程度は役立つ一方、体調がよく健康的で、ひきしまった体の人の場合だと、この公式ではまったく誤った答えが出てしまうことになる。

4.ケトレーは数学者であり、「平均人」という観念を作り上げた。人口全体に関して言う限りはそれで問題はないが、1人1人に適用してしまえばばかげたことになる。われわれ全員が1.5本の足を持ち（足が1本だけの人はいるものの、3本以上の人はいない！）、2.4人の子どもを抱えていると述べるような、ナンセンスなことになってしまうのである。

5.BMIは数学的ないんちきであると言われている。何パーセントのような数字を1つ示すことで、実態とはかけ離れた科学的権威があるかのような雰囲気を醸しだしているのである。

6.BMIが示しているのは、体重には4つの異なるカテゴリー――やせ気味、太り気味、肥満、そして標準的――が存在し、それを正確に分類するには小数点以下の数字まで見る必要があるという、不正確かつばかばかしい内容である。

5. Wang, YC., McPherson, K., Marsh, T., Gortmaker, S.L. & Brown, M. (2011). 'Health and economic burden of the projected obesity trends in the USA and the UK', *Lancet* 378 (9793): 815-25.

6. Chester, J. & Montgomery, K. (2007). 'Interactive food & beverage marketing: Targeting children and youth in the digital age'. Report from Berkeley Media Studies Group, May.

7. Berridge, K. (1996). 'Food reward: Brain substrates of wanting and liking'. *Neuroscience and Biobehavioral Reviews* 20 (1): 1-25.

8. Ventura, A. K. & Mennella, J. A. (2011). 'Innate and learned preferences for sweet taste during childhood'. *Current Opinion in Clinical Nutrition and Metabolic Care* 14 (4): 379-84.

9. Berthoud, H. R. (2011). 'Metabolic and hedonic drives in the neural control of appetite: Who is the boss?'. *Current Opinion in Neurobiology* 21 (6): 888-96.

10. Coll, A. P., Farooqi, I. S. & O'Rahilly, S. (2007). 'The hormonal control of food intake'. *Cell* 129 (2): 251-62.

11. Cota, D., Tschöp, M. H., Horvath, T. L. & Levine, A. S. (2006). 'Cannabinoids, opioids and eating behavior: The molecular face of hedonism?'. *Brain Research Reviews* 51 (1): 85-107.

12. Erlanson-Albertsson, C. (2005). 'Sugar triggers our reward-system. Sweets release opiates which stimulates the appetite for sucrose— insulin can depress it'. *Lakartidningen* 102

39.Clark, R. D. & Hatfield, E. (1989). 'Gender differences in receptivity to sexual offers'. *Journal of Psychology & Human Sexuality* 2 (1): 39-55.

40.Conley et al. (2011) op. cit.

41.Finkel, E. J. & Eastwick, P. W. (2009). 'Arbitrary social norms influence sex differences in romantic selectivity'. *Psychological Science* 20 (10): 1290-5.

42.Fisher, T. D., Moore, Z. T. & Pittenger, M. J. (2012). 'Sex on the brain?: An examination of frequency of sexual cognitions as a function of gender, erotophilia, and social desirability'. *Journal of Sex Research* 49 (1): 69-77.

43.Conley et al. (2011) op. cit.

❖第9章　食べ過ぎの衝動

1. Wansink, B. (2006). *Mindless Eating*. London: Bantam Books. 106-23.(『そのひとクチがブタのもと』ブライアン・ワンシンク著、中井京子訳、集英社、2007年)

2. 「肥満」という用語は軽蔑的であるとして一部のイギリス政府関係機関から批判が出ており、「肥満」に言及するよりも「より健康的な体重」について語り ── 健康や特定のコミュニティの問題については、もっと一般的に話をした方がよいかもしれないとの提案がなされている。皮肉なことに、この提言は *Obesity: Working With Local Communities*.(肥満：地域社会の研究)という題の論文の中で発表されたものだった。英国肥満フォーラムのスポークスマンであるタム・フライは次のようなコメントを出している。「子どもを相手にしたような話し方はすべきでない。適切な用語を用いることに何の問題もあるはずはないのだから。遠回しに言えば、人々は混乱するばかりだ。相手を見下すにもほどがある。肥満は明確に定義された、世界保健機関の定める基準であって、誰もが理解できるものだ」

3. BMIは、体重(ポンド)に703をかけ、それを身長(インチ)の2乗で割ることにより求めることができる(訳注：メートル法の場合は、体重〔キログラム〕を身長〔メートル〕の2乗で割れば求められる)。例えば、体重150ポンド、身長5フィート8インチ(訳注：約68キログラム、173センチメートル)の人ならば、BMIは22.8となり($150 \times 703/68^2$)、体重は理想的な範囲に収まっていることになる。14ポンド(訳注：約6.4キログラム)体重が増えれば太りぎみのカテゴリーに入れられ(BMI=25)、万一体重が急激に増え199ポンド(訳注：約90キログラム)にまで達してしまうと、肥満ということになる(BMI=30)。

4. ランベール・アドルフ・ジャック・ケトレーにより考案されたBMIだが、これを集団ではなく個人に適用してしまうと、科学的事実の仮面をかぶったえせ統計学になってしまう。ケトレーはベルギーの偉大な数学者ではあったが医師ではなく、政府の依頼を受けてこの公式を編み出したのだった。より適切に資金を分配するため、ベルギーの人々の肥満の度合いを素早く簡単に調べる方法を政府が求めていたからである。ケトレーは明確に、BMIは個人の肥満度を測るために使うべきではなく、そもそも使うことはできないと述べた。以下に、BMIをうのみにすべきでないもっともな理由を6つ挙げていこう。

1.BMIは、科学的に意味のあるものではない。ケトレーはデータ全体とつじつまが合う公式をつくるため、身長を2乗することを余儀なくされたのである。

2.この公式では、骨、筋肉、脂肪の相対的比率が考慮に入れられていない。骨は筋肉より密度が高く、

26.Meston, C. M. & Frohlich, P. F. (2003). 'Love at first fright: Partner salience moderates roller-coaster-induced excitation transfer'. *Archives of Sexual Behavior*. 32 (6): 537-44.

27.Dutton, D. & Aron, A. (1974). 'Some evidence for heightened sexual attraction under conditions of high anxiety'. *Journal of Personality and Social Psychology* 30 (4): 510-7.

28.Cohen, B., Waugh, G. & Place, K. (1989). 'At the movies: An unobtrusive study of arousal-attraction'. *Journal of Social Psychology* 129 (5): 691-3.

29.Lavater, J. C. (1880). *Essays on Physiognomy; for the Promotion of the Knowledge and the Love of Mankind*. Gale Document Number CW114125313. 2005年5月15日に Gale Group, Eighteenth Century Collections Online より取得（オリジナルは1772年刊行）。

30.Zebrowitz, L. A. (1997). *Reading Faces: Window to the soul?* Boulder, CO: Westview Press. 116-139.（『顔を読む：顔学への招待』レズリー・A・ゼブロウィッツ著、羽田節子、中尾ゆかり訳、大修館書店、1999年）

31.Wiggins, J. S., Wiggins, N. & Conger, J. C. (1968). 'Correlates of heterosexual somatic preference'. *Journal of Personality and Social Psychology* 10 (1): 82-90.

32.Beck, S. B., Ward-Hull, C. I. & McLear, P. M. (1976). 'Variables related to women's somatic preferences of the male and female body'. *Journal of Personality and Social Psychology* 34 (6): 1200-10.

33.Coward, R. (1984). *Female Desire*. London: Paladin. 231.

34.『フォーブス』誌は2001年、ビデオソフトやインターネット、雑誌、有料視聴番組などを含めると、アメリカ国内のポルノの価値総額は26億から39億ドルにのぼると試算した。

35.Ellis, B. J. (1992). 'The evolution of sexual attraction: Evaluative mechanisms in women'. In Barkow, J., Cosmides, L. & Tooby, J. (eds.) *The Adapted Mind*. New York: Oxford University Press. 267-88.

36.Pennebaker, J. W., Dyer, M. A., Caulkins, R. S., Litowitz, D. L., Ackreman, P. L., Anderson, D. B. & McGraw, K. M. (1979). 'Don't the girls get prettier at closing time: A country and western application to psychology'. *Personality and Social Psychology Bulletin* 5 (1): 122-5.

37.Conley, T. D., Moors, A. C., Matsick, J. L., Ziegler, A. & Valentine, B.A. (2011). 'Women, men, and the bedroom: Methodological and conceptual insights that narrow, reframe, and eliminate gender differences in sexuality'. *Current Directions in Psychological Science* 20 (5): 296-300.

38.Petersen, J. L. & Hyde, J. S. (2010). 'A meta-analytic review of research on gender differences in sexuality, 1993-2007'. *Psychological Bulletin* 136 (1): 21-38.

真が２枚できあがるのである。http://ifitshipitshere.blogspot.com/2011/02/echoism-your-left-side-vs-your-right.htmlを参照のこと。

12.Ford, C. S. & Beach, F. A. (1951). *Patterns of Sexual Behavior*. New York: Harper & Row. 90-94. (『性行動の世界 上』Ｃ．Ｓ．フォード、Ｆ．Ａ．ビーチ著、安田一郎訳、至誠堂、1967年)

13.Jones, B. C., Little, A. C., Burt, D. M. & Perrett, D. I. (2004). 'When facial attractiveness is only skin deep'. *Perception* 33 (5): 569-76.

14.Møller, A. P., Soler, M. & Thornhill, R. (1995). 'Breast asymmetry, sexual selection, and human reproductive success'. *Ethology and Sociobiology* 16 (3):207-19.

15.Furnham & Baguma (1994) op. cit.

16.Lavrakas, P. J. (1975). 'Female preferences for male physiques'. 5月にシカゴの Midwestern Psychological Association で提出された論文。

17.Rose, C. (2011). 'The relevance of Darwinian selection to an understanding of visual art'. Personal communication.

18.Marlowe, F. & Wetsman, A. (2001). 'Preferred waist-to-hip ratio and ecology'. *Personality and Individual Differences* 30 (3): 481-9.

19.Singh, D. (1993). 'Adaptive significance of female physical attractiveness: Role of waist-to-hip ratio'. *Journal of Personality and Social Psychology* 65 (2): 293-307.

20.思春期までは、男女のWHRはどちらも約0.9とほぼ変わらない値である。だが、その後はエストロゲンの影響で女性の骨盤が発達する一方、男性はその影響を受けないままである。男性の場合、思春期を過ぎてもウエスト・ヒップ比はほとんど変化せず、0.9という理想的なWHRを保つ。

21.Furnham, A., McClelland, A. & Omer, L. (2003). 'A cross-cultural comparison of ratings of perceived fecundity and sexual attractiveness as a function of body weight and waist-to-hip ratio'. *Psychology, Health and Medicine* 8 (2): 219-30.

22.Mazur, A., (1986) 'U.S. trends in feminine beauty and overadaptation'. *Journal of Sex Research* 22 (3): 281-303.

23.Marlowe & Wetsman (2001) op. cit.

24.紅茶を飲むための最初期の容器は、中国から輸入されていた。これには取っ手がなく、「ティーボウル」と呼ばれた。取っ手のついた最初のカップはロバート・アダムスによる発明で、1750年頃になってようやく登場した。

25.Sinclair, R., Hoffman, C., Mark, M., Martin, L. & Pickering, T. (1994). 'Construct accessibility and the misattribution of arousal: Schachter and Singer revisited'. *Psychological Science* 5 (1): 15-9.

and social risk-taking behaviors'. *Personality and Individual Differences* 51 (4): 412-6.

12.Kuhnen, C. M. & Chiao, J. Y. (2009). 'Genetic determinants of financial risk taking'. *PLoS ONE* 4 (2): e4362.

13.BBC World Service のインタビュー 'Discovery' programme, May 2012.

14.Kosfeld, M., Heinrichs, M., Zak, P. J., Fischbacher, U. & Fehr, E. (2005). 'Oxytocin increases trust in humans'. *Nature* 435 (7042): 673-6.

15.BBC World Service のインタビュー op. cit.

❖第8章　愛の衝動

1. Russell, B. (1967). *The Autobiography of Bertrand Russell, 1872-1914 Vol. 1*. London: George Allen and Unwin Ltd. 75-82. (『ラッセル自叙伝 第1 (1872年—1914年)』バートランド・ラッセル著、日高一輝訳、理想社、1968年)

2. 同上. 75ページ

3. Desmond, A. & Moore, E. (1991). *Darwin*. London: Michael Joseph. 257. (『ダーウィン：1809-1851 ── 世界を変えたナチュラリストの生涯 I』、エイドリアン・デズモンド、ジェイムズ・ムーア著、渡辺政隆訳、工作舎、1999年)

4. Martineau, H. (1983). *Autobiography* Vol. 2. London: Virago. 175-7.

5. Joyce, J. (1922/2010). *Ulysses*. Ware, Hertfordshire: Wordsworth Classics. 682. (『ユリシーズ IV』ジェイムズ・ジョイス著、丸谷才一、永川玲二、高松雄一訳、集英社、2003年)

6. Liebowitz, M. R. (1983). *The Chemistry of Love*. New York: Little Brown. 37-49. (『ケミストリー オブ ラブ ── 恋愛と脳のメカニズム』マイケル・R・リーボウィッツ著、鎮目恭夫訳、産業図書、1983年)

7. Izard, C. E. (1960). 'Personality similarity and friendship'. *Journal of Abnormal and Social Psychology* 61 (1): 47-51.

8. Lewis, D. (1985) op. cit. 15-18.

9. Levinger, G. & Breedlove, J. (1966). 'Interpersonal attraction and agreement: A study of marriage partners'. *Journal of Personality and Social Psychology* 3 (4): 367-72.

10.Furnham, A., Baguma, P. (1994). 'Cross-cultural differences in the evaluation of male and female body shapes'. *International Journal of Eating Disorders* 15 (1): 81-9.

11.写真家のジュリアン・ウォルケンシュタインは、左右が完全に対称な顔をつくる技術を開発している。まずは従来通りの、パスポートに用いる類いの正面向きの写真を撮影し、中央でそれを切断する。次に、片方の左右を反転させ、それを同じ側とくっつけることで、顔の右半分と左半分から成る別々の人物写

Sisyphus and Other Essays. New York: Vintage Books. 94.（『シーシュポスの神話』収録「不条理な論証」カミュ著、清水徹訳、新潮社、1969年）

18.Proulx, T. & Heine, S. J.（2009）. 'Connections from Kafka: Exposure to meaning threats improves implicit learning of an artificial grammar'. *Psychological Science* 20（9）: 1125-31.

19.Dijksterhuis, A. & Nordgren, L. F.（2006）. 'A theory of unconscious thought'. *Perspectives on Psychological Science* 1（2）: 95-109.

❖第7章　個人差がある理由

1. Coates, J. M. & Herbert, J.（2008）. 'Endogenous steroids and financial risk taking on a London trading floor'. *Proceedings of the National Academy of Science USA* 105（16）: 6167-72.

2. Coates, J. M., Gurnell, M. & Rustichini, A.（2009）. 'Second-to-fourth digit ratio predicts success among high frequency financial traders'. *Proceedings of the National Academy of Science USA* 106（2）: 623-8.

3. Putz, D. A., Gaulin, S. J. C., Sporter, R. J. & McBurney, D. H.（2004）. 'Sex hormones and finger length. What does 2D:4D indicate?'. *Evolution and Human Behavior* 25（3）: 182-9.

4. Manning, J. T., Scutt, D., Wilson, J. & Lewis-Jones, D. I.（1998）. 'The ratio of 2nd to 4th digit length: A predictor of sperm numbers and concentration of testosterone, luteinizing hormone and oestrogen'. *Human Reproduction* 13（11）: 3000-04.

5. Coates et al.（2009）op. cit.

6. Kondo, T., Zákány, J., Innis, J. W. & Duboule, D.（1997）. 'Of fingers, toes and penises'. *Nature* 390（6655）: 29.

7. Bailey, A. A. & Hurd, P. L.（2005）. 'Finger length ratio（2D:4D）correlates with physical aggression in men but not in women'. *Biological Psychology* 68（3）: 215-22.

8. Roiser, J. P., de Martino, B., Tan, G. C. Y., Kumaran, D., Seymour, B., Wood, N. W. & Dolan, R. J.（2009）. 'A genetically mediated bias in decision making driven by failure of amygdala control'. *Journal of Neuroscience* 29（18）: 5985-91.

9. Csathó, A., Osváth, A., Bicsák, E., Karádi, K., Manning, J. & Kállai, J.（2003）. 'Sex role identity related to the ratio of second to fourth digit length in women'. *Biological Psychology* 62（2）: 147-56.

10.Manning, J. T.（2002）. *Digit Ratio: A Pointer to Fertility, Behavior, and Health*. New Brunswick, NJ: Rutgers University Press. 68-71.

11.Stenstrom, E., Saad, G., Nepomuceno, M. V. & Mendenhall, Z.（2011）. 'Testosterone and domain-specific risk: Digit ratios（2D:4D and rel2）as predictors of recreational, financial,

理学、精神医学の分類、犯罪の科学捜査用精神医学などの分野においてなされた。1889年9月、精神病の再発を感じたカンディンスキーは、自ら命を絶った。

3. Whitson J. A. & Galinsky, A. D. (2008). 'Lacking control increases illusory pattern perception'. *Science* 322 (5898): 115-7.

4. Lewis, D. (2004). *The Man Who Invented Hitler*. London: Hodder Headline. 6.

5. 筆者らによる研究は、1986年に行われた研究を再現したものである。以下参照：Rozin, P., Millman, L. & Nemeroff, C. (1986). 'Operation of the laws of sympathetic magic in disgust and other domains'. *Journal of Personality and Social Psychology* 50 (4): 703-12.

6. Kelly, D. (2011). *Yuck!* Cambridge, MA: MIT Press. 65.

7. Gregory, R. (2004). 'The blind leading the sighted'. *Nature* 430 (7002): 836.

8. Ostrovsky, Y., Meyers, E., Ganesh, S., Mathur, U. & Sinha, P. (2009). 'Visual parsing after recovery from blindness'. *Psychological Science* 20 (12): 1484-91.

9. Russell, R. (2009). 'A sex difference in facial contrast and its exaggeration by cosmetics'. *Perception* 38 (8): 1211-9.

10. Russell, R. (2003). 'Sex, beauty, and the relative luminance of facial features'. *Perception* 32 (9): 1093-1107.

11. Gervais, W. M. & Norenzayan, A. (2012). 'Analytic thinking promotes religious disbelief'. *Science* 336 (6080): 493-6.

12. Zhong, C.-B. & DeVoe, S. E. (2010). 'You are how you eat: Fast food and impatience'. *Psychological Science* 21 (5): 619-22.

13. Segall, M. H., Campbell, D. T. & Herskovits, M. J. (1966). *The Influence of Culture on Visual Perception*. Indianapolis: Bobbs-Merrill Co. Inc. 213.

14. Masuda, T. & Nisbett, R. E. (2001). 'Attending holistically versus analytically: Comparing the context sensitivity of Japanese and Americans'. *Journal of Personality and Social Psychology* 81 (5): 922-34.

15. Boland, J. E., Chua, H. F. & Nisbett, R. E. (2009). 'How we see it: Culturally different eye movement patterns over visual scenes'. In Rayner, K., Shen, D., Bai, X. & Yan, G. (eds.) *Cognitive and Cultural Influences on Eye Movements*. Tianjin, China: People's Press/ Psychology Press. 363-78.

16. 同上.

17. Camus, A. (1955). 'An Absurd Reasoning'. In O'Brien, J. (ed. & trans.) *The Myth of*

まったのだった！

19.Benton, D.（1982）. 'The influence of androstenol—a putative human pheromone—on mood throughout the menstrual cycle'. *Biological Psychology* 15（3-4）: 249-56.

20.Baron, R. A.（1981）. 'Olfaction and human social behavior: Effects of a pleasant scent on attraction and social perception'. *Personality and Social Psychology Bulletin* 7（4）: 611-6.

21.Kotler, P.（1973-4）. 'Atmospherics as a marketing tool'. *Journal of Retailing* 49（4）: 48-64.

22.Lewis, D.（2012）. *Retail Atmospherics: A Practical Guide to Serving Your Customers Right in the 21st Century*. www.themindlab.orgからダウンロードできる。

23.Morrison, M.（2002）. 'The power of music and its influence on international retail brands and shopper behaviour: a multi-case study approach'. Australia and New Zealand Marketing Academy Conference 2001.

24.Yalch, R. & Spangenberg, E.（1990）. 'Effects of store music on shopping behavior'. *Journal of Services Marketing* 4（1）: 31-9.

25.Yalch, R. & Spangenberg, E.（1993）. 'Using store music for retail zoning: a field experiment'. *Advances in Consumer Research* 20（eds. McAlister, L. & Rothschild,. M. L.）Provo, UT. Association for Consumer Research: 632-6.

26.Rolls, E. T., Grabenhorst, F. & Parris, B. A.（2008）. 'Warm pleasant feelings in the brain'. *Neuroimage* 41（4）: 1504-13.

27.Fiske, S. T., Cuddy, A. J. C. & Glick, P.（2007）. 'Universal dimensions of social cognition: warmth and competence'. *Trends in Cognitive Sciences*. 11（2）: 77-83.

28.Ijzerman, H. & Semin, G. R.（2009）. 'The thermometer of social relations'. *Psychological Science* 20（10）: 1214-20.

❖第6章　衝動を招く視覚の力

1. パレイドリアは、視覚に限られたものではない。筆者はかつて、旧式の無線受信機からあの世の声が聞こえると主張する、教養があり、見たところは正気な男女グループにインタビューしたことがある。この現象は、発見者であるラトビアの超心理学者コンスタンティン・ラウディヴの名前から「ラウディヴの声」として知られ、電子的に生成された音声内に発生すると言われている。筆者には、空電が激しくなったようにしか聞こえなかったが！

2. 商人の息子であったヴィクトル・カンディンスキーは、シベリアに1849年3月24日に生まれた。彼は医学訓練を1872年に終え、モスクワの病院にて総合診療医として4年勤務した後、精神に異常をきたして精神病院に収容された。退院後は精神科医として働き、自らの経験をもとに最初の著作を著した。カンディンスキーは精神感応や思考察知、思考伝播、強制発話、強制運動といった、「精神自動症」という用語に含まれるいくつかの精神病理学的症状について記述した。最後に挙げた症状は、のらにカンディンスキー・クレランボー症候群と呼ばれるようになった。彼の精神医学に対する主要な貢献は、精神病

ると、*Eudia pavonia*の離れ業はなおいっそう驚嘆に値するといえよう。

6. Fuller, G. N. & Burger, P. C.（1990）. 'Nervus Terminalis（cranial nerve zero）in the adult human'. *Clinical Neuropathology* 9（6）: 279-83.

7. Von Bartheld, C. S.（2004）. 'The terminal nerve and its relation with extrabulbar "olfactory" projections: lessons from lampreys and lungfishes'. *Microscopy Research and Technique* 65（1-2）: 13-24.

8. フッター派の人々が迫害された主な理由の1つは、彼らが平和主義者であり、宗教的信条のためにいかなる種類の軍事的活動にも参加できず、また（警官や兵士が身につけるような）制服を着ることも、軍事支出を賄うための税を納めることも禁止されているからであった。このような行政当局からの様々な場面における逸脱が高じ、信者以外とのいかなる接触をも禁ずる決まりを自ら課すに至っている。

9. Morgan, K., Holmes, T. M., Schlaut, J., Marchuk, L., Kovithavongs, T., Pazderka, F. & Dossetor, J. B.（1980）. 'Genetic variability of HLA in the Dariusleut Hutterites. A comparative genetic analysis of the Hutterities, the Amish, and other selected Caucasian populations'. *American Journal of Human Genetic*s 32（2）: 246-57.

10.Ober, C., Weitkamp, L. R., Cox, N., Dytch, H., Kostyu, D. & Elias, S.（1997）. 'HLA and mate choice in humans'. *American Journal of Human Genetics* 61（3）: 497-504.

11.Herz, R.（2007）. *The Scent of Desire*. New York: HarperCollins. 126-8.（『あなたはなぜあの人の「におい」に魅かれるのか』レイチェル・ハーツ著、前田久仁子訳、原書房、2008年）

12.Sukel, K.（2012）. *Dirty Mind*. New York: Free Press. 88.

13.Koyama, M., Saji, F., Takahashi, S., Takemura, M., Samejima, Y., Kameda, T., Kimura, T. & Tanizawa, O.（1991）. 'Probabilistic assessment of the HLA sharing of recurrent spontaneous abortion couples in the Japanese population'. *Tissue Antigens* 37（5）: 211-17.

14.Laitinen, T.（1993）. 'A set of MHC haplotypes found among Finnish couples suffering from recurrent spontaneous abortions'. *American Journal of Reproductive Immunology* 29（3）: 148-54.

15.Wedekind, C., Seebeck, T., Bettens, F. & Paepke, A. J.（1995）. 'MHC-dependent mate preferences in humans'. *Proceedings of the Royal Society of London* 260（1359）: 245-9.

16.Li, W., Moallem, I., Paller, K. A. & Gottfried, J. A.（2007）. 'Subliminal smells can guide social preferences'. *Psychological Science* 18（12）: 1044-9.

17.Tybur, J. M., Bryan, A. D., Magnan, R. E. & Hooper, A. E. C.（2011）. 'Smells like safe sex: Olfactory pathogen primes increase intentions to use condoms'. *Psychological Science* 22（4）: 478-80.

18.拒絶されたことに我慢ならなかった妻たちは、報復として男たちを追跡し、発見した男は全員殺害してし

D.（2011）. 'ADHD and EEG-neurofeedback: a double-blind randomised placebo-controlled feasibility study'. *Journal of Neural Transmission* 118（2）: 275-84.

21.NIMHウェブサイトでのDr Jay Gieddのインタビュー 'Development of the Young Brain', 2 May 2011. http://www.nimh.nih.gov/news/media/2011/giedd.shtml

22.Smith, D.（2009）'The wonder of the teen brain'. *The Age* 30 Marchに引用されたスティーブン・ウッドの発言。

23.Giedd, J. N.（2008）. 'The teen brain: insights from neuroimaging'. *Journal of Adolescent Health* 42（4）: 335-43.

24.Smith（2009）op. cit.

25.McAnarney, E. R.（2008）. 'Adolescent brain development: Forging new links?'. Editorial in *Journal of Adolescent Health* 42（4）April: 321-3.

26.Steinberg, L. & Scott, E. S.（2003）. 'Less guilty by reason of adolescence: Developmental immaturity, diminished responsibility, and the juvenile death penalty'. *American Psychologist* 58（12）: 1009-18.

27.Steinberg, L.（2004）. 'Risk taking in adolescence: What changes, and why?'. *Annals of the New York Academy of Sciences* 1021: 51-8.

28.'When enough is too much: Perspectives on emotions and behaviors that go too far'. Theme program at the APS 22nd Annual Convention in Boston, 27-30 May, 2010.

29.Steinberg, L.（2007）. 'Risk taking in adolescence. New perspectives from brain and behavioral science'. *Current Directions in Psychological Science* 16（2）. 55-9.

30.Smith（2009）op. cit.

❖第5章　様々な感覚と衝動性

1. Lewis, D.（1985）. *Loving and Loathing*. London: Constable & Co. 48.

2. Lewis, D.（1985）op.cit. 50.

3. Stoddart, D. M.（1990）. *The Scented Ape: The Biology and Culture of Human Odour.* Cambridge: Cambridge University Press. 49-62.

4. MacFarlane, A.（1975）. 'Olfaction in the development of social preferences in the human neonate'. *Ciba Foundation Symposium* 33: 103-17.

5. 動物界において嗅覚の鋭さナンバーワンの記録を保持しているのは、*Eudia pavonia*（ヤママユガ科の蛾）の雄で、約11キロメートル離れた未交尾の雌のフェロモンを探知することができる。このフェロモンは雌の体内に0.0001ミリグラムしか存在しないアルコールから生成されるものであり、このことを考慮す

adjustment'. *Pediatrics* 60: 621-4.

8. Daruna, J. H. & Barnes, P. A. (1993). 'A neurodevelopmental view of impulsivity'. In McCown, W. G., Johnson, J. L. & Shure, M. B. (eds.) *The Impulsive Client: Theory, Research and Treatment*. Washington D.C.: American Psychological Association. 25.

9. Zuckerman, M. (1991). *Psychobiology of Personality.* Cambridge: Cambridge University Press. 3-4.

10. Daruna & Barnes (1993) op.cit. 26.

11. Silverman & Ragusa (1990) op. cit.

12. Olson, S. L., Bates, J. E. & Bayles, K. (1990). 'Early antecedents of childhood impulsivity: The role of parent-child interaction, cognitive competence, and temperament'. *Journal of Abnormal Child Psychology* 18 (3): 317-34.

13. Miller, G. E., Lachman, M. E., Chen, E., Gruenewald, T. L., Karlamangla, A. S. & Seeman, T. E. (2011). 'Pathways to resilience: Maternal nurturance as a buffer against the effects of childhood poverty on metabolic syndrome at midlife'. *Psychological Science* 22 (12): 1591-9.

14. Polanczyk, G., de Lima, M. S., Horta, B. L., Biederman, J. & Rohde L. A. (2007). 'The worldwide prevalence of ADHD: a systematic review and metaregression analysis'. *American Journal of Psychiatry* 164 (6): 942-8.

15. Faraone, S. V., Biederman, J. & Mick, E. (2006). 'The age-dependent decline of attention deficit hyperactivity disorder: a meta-analysis of follow-up studies'. *Psychological Medicine* 36 (2): 159-65.

16. Swanson, J. M., Sergeant, J. A., Taylor, E., Sonuga-Barke, E. J., Jensen, P. S., & Cantwell, D. P. (1998). 'Attention-deficit hyperactivity disorder and hyperkinetic disorder'. *Lancet* 351 (9100): 429-33.

17. メチルフェニデートによる副作用例：不眠、神経過敏、頭痛。アトモキセチンによる副作用例：食欲減退、頭痛、眠気、腹痛、嘔吐、吐き気。デクスアンフェタミンは心臓や目の疾患、および胃腸、筋骨格、神経系、腎臓、生殖器官、皮膚、血管などの障害と関連づけられている。

18. 重要な点を指摘しておくと、副作用のリストはさらに追加が行われ変更される可能性があり、現在書かれているものの多くがまもなく時代遅れになるだろう。

19. Charach, A., Figueroa, M., Chen, S., Ickowicz, A., & Schachar, R. (2006) 'Stimulant treatment over 5 years: effects on growth'. *Journal of the American Academiy of Child and Adolescent Psychiatry* 45 (4): 415-21.

20. Lansbergen, M. M., van Dongen-Boomsma, M., Buitelaar, J. K. & Slaats-Willemse,

21.Biran, I. & Chatterjee, A. (2004). 'Alien hand syndrome'. *Archives of Neurology* 61 (2): 292-4.

22.Lhermitte, F. (1983). '"Utilization behaviour" and its relation to lesions of the frontal lobes'. *Brain* 106 (2): 237-55.

23.トーマス・ブラウン（1663-1704）を退学処分にした後、クライスト・チャーチの学部長であったジョン・フェル教授（1625-86）は、マールティアーリスの警句集第33番*Non amo te, Zabidi, nec possum dicere quare: Hoc tantum possum dicere non amo te.*を訳すことができれば処分を取り消そうと言った。若かりしトーマスは、この嘲りの詩をもって返答したのだった。

24.Gigerenzer, G. & Todd, P. M. (1999). *Simple Heuristics That Make Us Smart*. Oxford: Oxford University Press. 21.

25.Wright, R. (2005). *A Short History of Progress*. Edinburgh: Canongate Books Ltd. 55.（『暴走する文明——「進歩の罠」に落ちた人類のゆくえ』ロナルド・ライト著、星川淳訳、日本放送出版協会、2005年）。考古学者の推定では、十分に実証されている文明が最初に登場したのは紀元前3000年ごろ、シュメールとエジプトにおいてであった。文明のおこりについては、1万2000年ほど前に初めて作物の栽培が始まったときであると考える学者が多い。

26.Shermer, M. (2012). 'What we don't know'. *Nature* 484 April: 447.

❖第4章　発達途上の脳

1. Spear, L. P. (2000). 'The adolescent brain and age-related behavioral manifestations'. *Neuroscience and Biobehavioral Reviews* 24 (4): 417-63.

2. Patton, G. C., Coffey, C., Sawyer, S. M., Viner, R. M., Haller, D. M., Bose, K., Vos, T., Ferguson, J. & Mathers, C. D. (2009). 'Global patterns of mortality in young people: a systematic analysis of population health data'. *Lancet* 374 (9693): 881-92.

3. Tarter, R. E., Cornelius, J. R., Pajer, K., Gardner, W., Blackson, T., Clark, D., Mezzich, A., Kirisci, L. & Vanyukov, M. (2003). 'Neurobehavioral disinhibition in childhood predicts early age at onset of substance use disorder'. *American Journal of Psychiatry* 160 (6): 1078-85.

4. Lewis, D. (1978). *The Secret Language of Your Child*. London: Souvenir Press.

5. Silverman, I. W. & Ragusa, D. M. (1990). 'Child and maternal correlates of impulse control in 24-month-old children'. *Genetic, Social and General Psychology Monographs* 116 (4): 435-73.

6. Rothbart, M. K. (1988). 'Temperament and the development of inhibited approach'. *Child Development* 59 (5): 1241-50.

7. Carey, W. B., Fox, M. & McDevitt, S. C. (1977). 'Temperament as a factor in early school

であり、また優れた臨床医であった。以後の近代認知神経科学発展の礎を築いたのもガルである。ただ、当時のほとんどの医学者たちにとっては、骨相学の匂いをかすかにでも感じれば、それだけで目の前の理論をいかさまとして切り捨てるには十分だったのである。以下参照：Uttal, W. R. (2001). *The New Phrenology: The Limits of Localizing Cognitive Processes in the Brain*. Cambridge, MA: MIT Press.

9. Ferrier, D. (1878). 'The Goulstonian lectures on the localisation of cerebral disease'. *British Medical Journal*: 397-442.

10. Mataró, M., Jurado, M. A., García-Sánchez, C., Barraquer, L., Costa-Jussà, F. R. & Junqué, C. (2001). 'Long-term effects of bilateral frontal brain lesion: 60 years after injury with an iron bar'. *Archives of Neurology* 58 (7): 1139-42.

11. 同上. 1140ページ

12. 同上. 1142ページ

13. Cardinal, R. N., Parkinson, J. A. & Everitt, B. J. (2002). 'Emotion and motivation: the role of the amygdala, ventral striatum, and prefrontal cortex'. *Neuroscience and Biobehavioral Reviews* 26 (3): 321-52.

14. Whalen, P. J., Kagan, J., Cook, R. G., Davis, F. C., Kim, H., Polis, S., McLaren, D. G., Somerville, L. H., McLean, A. A., Maxwell, J. S. & Johnstone, T. (2004). 'Human amygdala responsivity to masked fearful eye whites'. *Science* 306 (5704): 2061.

15. Benson, D. F. & Blumer, D. (eds.) (1975). *Psychiatric Aspects of Neurologic Disease*. New York: Grune & Stratton Inc. 158. (『精神医学と神経学の境界領域』D．F．ベンソン、D．ブラマー編、山下格監訳、金剛出版、1982年)

16. Wallace, J. F. & Newman, J. P. (1990) 'Differential effects of reward and punishment cues on response speed in anxious and impulsive individuals'. *Personality and Individual Differences* 11 (10): 999-1009.

17. Corr, P. J., Pickering, A. D. & Gray, J. A. (1995). 'Personality and reinforcement in associative and instrumental learning'. *Personality and Individual Differences* 19 (1): 47-71.

18. Pickering, A. D. & Gray, J. A. (1999). 'The neuroscience of personality'. In Pervin, L. A. & John, O. P. (eds.) *Handbook of Personality: Theory and Research*. 2nd edn. New York: Guilford Press. 277-99.

19. Gray J. A. (1973). 'Causal theories of personality and how to test them'. In Royce, J. R. (ed,) *Multivariate Analysis and Psychological Theory*. London: Academic Press. 409-63.

20. Eslinger, P. J. & Damasio, A. R. (1985). 'Severe disturbance of higher cognition after bilateral frontal lobe ablation: patient EVR'. *Neurology* 35 (12): 1731-41.

ii) Boston Society for Medical Improvement (1849). Records of Meetings (Vol.VI) Countway Library Mss, B MS b.92.2.

iii) Haas, L. F. (2001). 'Phineas Gage and the science of brain localisation'. *Journal of Neurology, Neurosurgery and Psychiatry* 71: 761.

iv) Harlow (1868) op. cit. Reprinted (1993) in: *History of Psychiatry* 4: 274-81.

v) Harlow, J. M. (1848). 'Passage of an iron rod through the head'. *Boston Medical and Surgical Journal* 39: 389-93.

vi) Harlow, J. M. (1849). Letter in 'Medical miscellany'. *Boston Medical and Surgical Journal* 39: 506-7.

vii) Jackson, J. B. S. (1849). Medical Cases (Vol.4, Cases Number 1358-1929, pp 720 and 610). Countway Library Mss, H=MS b 72.4.

viii) Jackson, J. B. S. (1870). *A Descriptive Catalogue of the Warren Anatomical Museum*. Boston, MA: Williams.

ix) Macmillan, M. (2008). Phineas Gage—unravelling the myth'. *The Psychologist* 21 (9) September: 828-31.

x) O'Driscoll, K. & Leach, J. P. (1998). '"No longer Gage": an iron bar through the head'. *British Medical Journal* 317: 1673-4.

5. 両方ともに、現在はハーバード大学のウォーレン解剖学博物館にて展示されている。

6. Broca, P. (1861). 'Perte de la parole, ramollissement chronique et destruction partielle du lobe antérieur gauche du cerveau'. *Bulletin de la Société Anthropologique* 2: 235-8.

7. Broca, P. (1861). 'Nouvelle observation d'aphémie produite par une lésion de la moitié postérieure des deuxième et troisième circonvolutions frontales gauches'. *Bulletin de la Société Anatomique* 36: 398-407.

8. 医者の中には、脳機能局在論は骨相学という論破された学説を当世風に仕立て上げたものにすぎない、と主張する者も多かった。19世紀末になってもなお、骨相学は大きな論争の的だったのである。ウィーンの医師フランツ・ヨーゼフ・ガルによって生み出された骨相学は、体が別個の器官によって構成され、それぞれが特定の生理的機能を果たしているのとまったく同じように、脳もまた様々な「精神器官」から成っていて、それぞれが特定の知的・感情的役割を果たしていると主張した。このような考え方は、モジュール化された脳についての伝統的な神経科学的思考と一致する部分が大いにあるが、ガルはそこから考えを1歩先に進めすぎてしまった。そのために、革命的だった彼のアイデアはえせ科学に成り果ててしまったのである。ガルは、これらの脳の部位の発達度合いは頭蓋骨の外から測定することが可能であると主張した。精神「能力」——例えば、知恵や謙虚さ——が発達していればいるほど、その真上の骨にはより大きな「ふくらみ」が発生するというのである。現代では即座にばかげたこととして一蹴されるようなものであるが、これは決してやぶ医者による説などではなかった。ガルは当代きっての神経解剖学者

action: The role of "placebic" information in interpersonal interaction'. *Journal of Personality and Social Psychology*. 36 (6): 635-42.

11.Langer E. (1989) *Mindfulness* op. cit. 14-15.（『心はマインド…――"やわらかく"生きるために』エレン・ランガー著、斎藤茂太訳、フォー・ユー、1989年）

12.同上. 22ページ

13.スイスの結晶学者ルイス・アルバート・ネッカーは1832年、様々な結晶のスケッチをじっくりと見ているうちに、この錯視に初めて気がついた。

14.Adamson, R. E. (1952). 'Functional fixedness as related to problem solving: a repetition of three experiments'. *Journal of Experimental Psychology* 44 (4): 288-91.

15.Dickman, S. J. (1990). 'Functional and dysfunctional impulsivity: personality and cognitive correlates'. *Journal of Personality and Social Psychology* 58 (1):95-102.

16.同上.

17.Herbert, W. (2010). 'On second thought', *Denver Post*, 28 October.

❖第3章　衝動性と脳科学

1. 例えば、以下参照：*That Elusive Spark*, a play by Janet Munsil; 'The Ballad of Phineas P. Gage' by Crystal Skillman, music by Joshua Goodman (http://www.youtube.com/watch?v=f7066QRhWmM); the song 'Phineas Gage' by Dan Under (http://www.youtube.com/watch?v=3vndKirATAg). さらに、以下も参照のこと：Macmillan, M. (2000). *An Odd Kind of Fame. Stories of Phineas Gage*. Cambridge, MA: MIT Press.

2. この語はおそらく、「詰め物」「栓」を意味するフランス語tamponもしくはtaponに由来すると思われる。

3. Harlow, J. M. (1868). 'Recovery from the passage of an iron bar through the head'. *Publications of the Massachusetts Medical Society* 2: 327-47.

4. フィニアス・ゲージについての筆者の説明は、様々な一次資料および二次資料に基づいたものである。その中でも最も貴重な資料の1つが、上の注1に挙げた、マルコム・マクミランによる2000年の著作である。メルボルン大学心理学科フェロー教授のマクミランが生んだこの本は、見事なまでに調査の行き届いたものであり、本事件に興味のある人なら誰にとっても必読であろう。マクミランは根本資料に幅広くあたるのみならず、ゲージのエピソードが長年にわたり、脳機能局在論についてある特定の意見を持った者の主張のために都合良く引用されてきたことについて、しっかりとした批判を展開している。マクミランは次のように述べている。「ゲージのエピソードが示しているのは、数少ない事実の寄せ集めがいかに容易くポピュラーな科学神話へと変容し……特定の理論的立場を擁護するために用いられてしまう危険性があるかということだ」。他の出典は以下の通り：

   i) (1851). 'A most remarkable case'. *American Phrenological Journal and Repository of Science, Literature, and General Intelligence* 13: 89, column 3.

った。今度は、スタインにはCしか与えられなかった。

3. Lakoff, G. & Nunez, R. E. (2000). *Where Mathematics Comes From: How the Embodied Mind Brings Mathematics into Being*. New York: Basic Books. 27. (『数学の認知科学』G．レイコフ、R．ヌーニェス著、植野義明、重光由加訳、丸善出版、2012年)

4. マイケル・ポスナーとC. R. R. スナイダーは、より遅く思慮深い方式を「conscious processing（意識的処理)」と呼び、素早く無意識的な方式を「automatic activation（自動起動)」と呼んだ（Posner, M. & Snyder, C. R. R. (1975). 'Attention and cognitive control'. In Sloso, R. L. (ed.) *Information Processing and Cognition: The Loyola Symposium*. New York: Wiley.55-8.）その他の心理学者による呼び名を挙げると、「associative vs. rule based（連想型：規則準拠型)」「input modules vs. higher cognition（入力モジュール：高次認知)」「explicit vs. implicit（明示的：潜在的)」「impulsive vs. reflective（衝動的な：思慮深い)」などがある。より中立的な形で表現するために、システム1とシステム2という用語も広く用いられてきた。本書ではその目的に適うように、ヴュルツブルク大学心理学科のフリッツ・シュトラック教授とローランド・ドイチュ教授の提案している命名法に従い、「衝動的な」「思慮深い」という呼び方を採用する(Strack, F. & Deutsch, R. (2004). `Reflective and impulsive determinants of social behavior'. *Personality and Social Psychology Review* 8 (3): 221.)。これら2つのシステムは別々のものであり、まったく異なった進化の歴史をたどり、違う脳の部位によって動かされていると広く信じられている。だが、この考え方には批判がないわけではない。神経科学者や認知心理学者の中には、2つのシステムを別々の範疇に入れて区別するのではなく、様々な処理方式から成る連続体の両極にある存在としてとらえるべきだと主張する者もいる。この見方には筆者も賛成ではあるが、両者を別個の存在として表現したとしても理解に支障が出ることは一切なく、またそうした方が、これらの観念をずっと容易に説明できるのである。

5. Sellers, P. (2002). 'Something to prove: Bob Nardelli was stunned when Jack Welch told him he'd never run GE. "I want an autopsy!" he demanded'. *Fortune* 24 June.

6. 最初のローレンツ暗号機であるSZ40（SZは「暗号付加」を表すSchlüsselzusatzから来ている）は、1940年に実験的に導入された。性能を強化したものもすぐに現れた。1942年の中頃になると、ベルリンのドイツ軍最高司令部と占領したヨーロッパ各地の陸軍司令部との間で最高機密のやりとりを行えるようにするため、SZ42が一般に使われるようになった。ナチスは、暗号が破られることはないし、機密情報も漏洩するはずがないという揺るぎない自信をずっと持っていた。それは間違いであったのだが。これについては、アルバート・W・スモールによるスペシャル・フィッシュ・レポートの中においてわかりやすく説明されており、http://www.codesandciphers.org.uk/documents/small/smallix.htmにて閲覧可能である。

7. Hinsley, F. H. & Stripp, A. (1993). *Codebreakers: The Inside Story of Bletchley Park*. Oxford: Oxford University Press. 141-66. ローレンツ暗号の開発と解読に関するトニー・セールの記事がhttp://www.codesandciphers.org.uk/lorenz/fish.htmにて公開されている。

8. Langer, E. (1989). *Mindfulness*. Cambridge, MA: Da Capo Press: 43. (『心はマインド…――"やわらかく"生きるために』エレン・ランガー著、斎藤茂太訳、フォー・ユー、1989年)

9. 同上. 15ページ

10. Langer, E., Blank, A. & Chanowitz, B. (1978). 'The mindlessness of ostensibly thoughtful

は、これをイギリス政府による報復行為であったととらえる人が多い。

3. 筆者が撮影したベルファストの写真の一部は、www.dlpl.orgにて閲覧が可能である。

4. ケリーズ・セラーズは、1798年にイギリス支配に対する反乱を企てていた際に、共和党の英雄ヘンリー・ジョイ・マクラッケンとユナイテッド・アイリッシュメンが会合していた場所だった。

5. 警察オンブズマンによる2011年2月の報告書によると、この残虐行為の初期捜査段階において、警察側に「捜査上の先入観」があったという。爆発は輸送中のIRAの爆弾が原因であると信じこみ、爆破事件について適切な捜査が行えず、結局誰も告発されなかったとして、オンブズマンは王立アルスター警察隊員を非難した。現在、かつてパブがあった場所には、犠牲となった人々全員の名が刻まれた簡素な記念碑が立っている。

6. 当記述は、2011年10月14日*Daily Mail*紙掲載の、グレンダ・クーパーによる素晴らしく感動的な記事「9/11 Survivors of the Twin Towers（9/11ツインタワーを生きのびた人々）」をはじめとする、複数の生存者の証言をもとにしている。

7. トニーが45歳で筆者のもとに相談に訪れたのは、父親の死後、仕事中にパニック発作に襲われるようになったからだった。トニーの父親が癌で死に瀕していたとき、病院側の約束では、もし容体が悪化した場合はトニーと兄に連絡するということだった。しかし、実際には病院は連絡を怠り、その晩トニーが到着した際には、父親はすでに亡くなっていた。自分と兄のせいで農場に損害が発生し、父親を失業寸前にまで追い込んでしまったことを謝れずにいたトニーは、深い罪悪感をずっと抱えていたのだった。大惨事の後、両親は事故に関して息子たちをしかることはしなかったし、実際のところ、それについて話し合うことすら避けていた。父親が亡くなる前に謝りたいと思っていたトニーだったが、病院の不手際のためにそれがかなわず、耐え難いほどの罪悪感に苛まれていたのだった。

8. *Belfast Telegraph* Friday 20 August 2011.

9. James, W.（1890/1950）. *The Principles of Psychology 2*. New York: Dover Publications Inc. 542.（『心理学の根本問題』ジェームス著、松浦孝作訳、三笠書房、1940年）

❖第2章　無意識のゾンビ脳

1. Atkinson, A. P., Thomas, M. & Cleeremans, A.（2000）. 'Consciousness: Mapping the theoretical landscape'. *Trends in Cognitive Sciences* 4（10）: 375.

2. Solomons, L. & Stein, G.（1896）. 'Normal motor automation'. *Psychological Review* 36: 492-572. ウィリアム・ジェイムズと彼の若き生徒であったガートルード・スタインの2人の間には、ある有名な逸話がある。リンダ・ワグナー・マーティンによる1995年の著書*Favored Strangers: Gertrude Stein and Her Family*（魅力ある他人――ガートルード・スタインとその家族）（New Brunswick, NJ: Rutgers University Press）の中で紹介されている話だが、スタインがジェイムズの課した哲学の試験に気乗りしなかったときのこと、彼女は解答用紙の上の方にこう書いたのだった。「ジェイムズ教授へ。本当に申し訳ないのですが、今日はどうしても、哲学のテストを受ける気分にはまったくなれないのです」。それから、スタインは教室を出て行った。あくる日、スタインのもとに、ウィリアム・ジェイムズからはがきが届いた。それにはこう書かれていた。「スタイン様へ。あなたの気持ちは痛いほどわかります。自分もよくそんな気分になりますから」。このメッセージの下には、彼女の解答にクラスで1番良い点数を与えると書かれていた。憤慨した周りの学生が強く抗議したため、結局スタインはテストを受けさせられることにな

6. テオフィル・ボネは1620年3月15日、医者の息子として、また孫として、ジュネーブにて生をうけた。一時はロングヴィル公の侍医をつとめたボネだったが、難聴のために医療を諦めざるをえず、著作に専念するようになった。1689年3月29日に死去。1700年には、著書*Sepulchretum*〈墓地の意〉がCramer & Perachonによってパリで刊行された。フルタイトルは*Theophili Boneti Medicinae Doctoris, Sepulchretum Sive Anatomia Practica, ex Cadaveribus Morbo Denatis, Proponens Historias et Observationes Omnium Humani Corporis Affectuum, ipsorumq; causus reconditas revelans. Quo Nomine tam Pathologiae Genuinae, quam Nosocomiae Orthodoxae Fundatrix, imo Medicinae Veteris ac Novae Promptuarium dici meretur. Cum Indicibus necessariis. Editio Altera, Quam Novis Commentariis*である。

7. フィリップ・ピネル（1745-1826）は、精神病患者の人道的な看護方法の発展に貢献したフランスの医師だった。1800年の著作*Traité médico-philosophique sur l'aliénation mentale; ou la manie*（『精神病に関する医学＝哲学論』フィリップ・ピネル著、影山任佐訳、中央洋書出版部、1990年）の中で、ピネルは心理学によって方向づけられた治療法について述べている。1806年には*A Treatise on Insanity*（狂気の治療）というタイトルで英訳され、19世紀のフランスや英米の精神科医たちに多大なる影響を与えた。

8. 1869年5月1日、イリノイ州ノーマル近くの農場に生まれたウォルター・ディル・スコットは、人材の選抜や宣伝など、様々なビジネスの分野に心理学を応用した。1903年に、スコットは本テーマについての最初の著作*The Theory and Practice of Advertising*（『模範広告術』ウオルタア・ヂル・スコット著、佐々木十九訳、佐藤出版部、1915年）を世に出し、1909年にはピッツバーグのカーネギー技術学校にて応用心理学教授、およびセールスマンシップ研究所所長となった。スコットは1955年にその生涯を終えた。

9. Hirt, E.（1905）*Die Temperamente, Ihr Wesen, Ihre Bedeutung Fur Das Seelische Erleben Und Ihre Besonderen Gestaltungen*. Wiesbaden: J. F. Bergmann.

❖第1章　命を救ってくれた衝動

1. 1971年8月9日月曜日、イギリス軍はプロテスタントが多くを占めるRUC（王立アルスター警察隊）とともに、「デメトリウス作戦」を実行した。この中で、準軍事組織に属していると告発された人々は全員、裁判なしで逮捕・拘留を受けた。これが、インターンメント（強制収容）の始まりである。インターンメントの開始から4年間で、342人の大人や若者たち ―― そのほとんどがカトリックであった ―― が拘留され、11人が殺された。1975年まで続いたこのインターンメントは、北アイルランド首相ブライアン・フォークナーの命令に基づいて開始されたものだった。公安部とMI5は450人のテロ容疑者をリストアップしたが、追跡し強制収容に成功したのはそのうちの350人にとどまった。イギリスはフォークナーに対し、容疑のかかったロイヤリストの準軍事組織隊員もリストに加えるよう迫ったが、フォークナーはそれを断固として拒否し、彼らは1人として強制収容されることはなかったと言われている。

2. 「The Men Behind the Wire（ザ・メン・ビハインド・ザ・ワイヤー）」は1971年12月14日、リリース・レコードよりダブリンにて発売された。「装甲車に戦車に銃　息子をさらいにやって来た　人はみな味方するだろう　檻の中の者たちに」というリフレインから始まるこの曲は、またたく間にアイルランドのヒットチャートにランクインした。「ザ・メン・ビハインド・ザ・ワイヤー」は数カ月間チャートインを続け、アイルランドでそれ以前にリリースされたどのシングルよりも多くを売り上げた。1972年1月下旬にはアイルランドのヒットチャートで1位に輝き、それから3週間トップを保ち続けた。印税は強制収容をうけた人々の家族へと寄付された。マクギガンはのちに罪状もなく逮捕され、強制収容された。アイルランドで

注と引用

❖はじめに

1. 定義の例を以下に挙げる：「behaviour with no thought whatsoever（思考を一切伴わない行動）」(Stanford, M. S. & Barratt, E. S. (1992). 'Impulsivity and the multi-impulsive personality disorder'. *Personality and Individual Differences*. 13 (7): 831-4)；「action or instinct without recourse to ego restraint（自我による束縛を受けない行動や本能）」(English, H. (1928). *A Student's Dictionary of Psychological Terms*. Yellow Springs OH: Antioch Press)；「swift action of mind without forethought or conscious judgement（事前の考慮や意識的な判断を伴わない迅速な精神作用）」(Demont, L. (1933). *A Concise Dictionary of Psychiatry and Medical Psychology*. Philadelphia: Lippincott)；「human behaviour without adequate thought（十分な思考を伴わない人間の行動）」(Hinsie, L. & Shatzky, J. (1940). *Psychiatric Dictionary*. New York: Oxford University Press)；「a sudden and strong desire, especially desires originating in the Id（急激かつ強力な欲望で、特にイドから生じるもの）」(Smith, L. (1952). *A Dictionary of Psychiatry for the Layman*. London: Maxwell)；「the failure to resist an impulse, drive or temptation that is harmful to oneself or others（自身や他者に有害な衝動、動因、誘惑を我慢できないこと）」(Sutherland, S. (1989). *Macmillan Dictionary of Psychology*. London: The Macmillan Press)；「behaviours or responses that are poorly conceived, premature, inappropriate, and that frequently result in unwanted or deleterious outcomes（無思慮で時期尚早、かつ不適切であり、しばしば望ましくない有害な結果をもたらす行動もしくは反応）」(Greenberg, J. & Hollander, E. (2003). 'Brain function and impulsive disorders'. *Psychiatric Times* 1 March 2003).

2. そもそも悪魔とは実際のところ何者なのか、そしてどのような呼び名で知られていたのかについては、時代ごとにその事情は異なっていた。「サタン、ベルゼバブ……といった古い名前に加えて、悪魔は『新約聖書』では「この世の王」「巨大なるドラゴン」「年長けた蛇」「悪魔たちの王」「空の天使の王」「不信の子たちのうちに今働いている霊」「アンチクリスト［反キリスト］」などと呼ばれている」ポール・ケーラスは著書の中でこう述べている。「サタンはこの世における神の王国とあい戦い、敵対する帝国の創設者として描かれている」以下参照：Carus, P. (1969). *The History of the Devil and the Idea of Devil*. New York: Lands End Press.（『悪魔の歴史』ポール・ケーラス著、船木裕訳、青土社、1994年）

3. Sprenger, J. & Henricus Institoris (1486/1968). *Malleus Maleficarum*. London: Folio Society. 18-19.

4. 1484年、教皇インノケンティウス8世は大勅書*Summis desiderantes affectibus*（スンミス・デジデランテス）を発した。教皇はその中で、ある悪魔的な陰謀に「多くの男女」が関与しており、彼らは「悪魔や睡眠中の異性と交わる魔物どもに身を委ね、まじない、呪文、魔術、その他呪いの言葉やわざ、極悪非道、忌まわしき犯罪行為を行い……穢れた醜行と堕落した乱行を重ね、結果自らの魂を致命的な危機に瀕せしめることをもいとわず……あまたの人民に恥辱と危険を及ぼしている」と警告した。

5. McCown, W. G. & DeSimone, P. A. (1993). 'Impulses, impulsivity, and impulsive behaviors: a historical review of a contemporary issue'. In *The Impulsive Client: Theory, Research, and Treatment*. Washington D.C.: American Psychological Association. 8.

著者》》 デイビッド・ルイス
Dr. David Lewis
独立系の研究機関マインドラボ・インターナショナルの創設者であり研究主幹。研究やビジネスに役立てる目的で脳の活動を分析するという先駆的な研究を行い、「ニューロマーケティングの父」と呼ばれる。衝動的行動の心理学、神経学、遺伝学研究を専門に行うインパルス・リサーチ・グループの創設メンバーでもある。本書で明かされているように、若い頃はジャーナリストをしていた時期もあった。著書に『買いたがる脳』(日本実業出版社)など。

訳者》》 得重達朗(とくしげ・たつろう)
1987年、山口県生まれ。小中高時代を兵庫県西宮市で過ごす。上智大学文学部英文学科卒業。千葉県柏市在住。現在は翻訳活動を行うかたわら、学習塾で子どもたちに英語の指導を行っている。

翻訳協力　トランネット
校閲　円水社

なぜ「つい」やってしまうのか
衝動《しょうどう》と自制《じせい》の科学《かがく》

2015年3月7日　初版発行

著者　デイビッド・ルイス
訳者　得重達朗
発行者　小林圭太
発行所　株式会社CCCメディアハウス
〒153-8541　東京都目黒区目黒1丁目24番12号
電話　03-5436-5721(販売)
03-5436-5735(編集)
http://books.cccmh.co.jp

ブックデザイン　竹内雄二
印刷・製本　慶昌堂印刷株式会社

Printed in Japan　ISBN978-4-484-15108-3